고미숙의
근대성 3부작
01

근대적 시공간과 민족의 탄생

계몽의 시대

고미숙의 근대성 3부작 01

계몽의 시대 : 근대적 시공간과 민족의 탄생

발행일 초판5쇄 2023년 3월 30일(癸卯年 乙卯月 丁亥日) | **지은이** 고미숙 | **펴낸곳** 북드라망 | **펴낸이** 김현경 |
주소 서울시 종로구 사직로8길 24 1221호(내수동, 경희궁의아침 2단지) | **전화** 02-739-9918 |
이메일 bookdramang@gmail.com

ISBN 978-89-97969-31-9 04910 978-89-97969-34-0(세트) | 이 도서의 국립중앙도서관 출판시도서목록(CIP)
은 서지정보유통지원시스템 홈페이지(http://seoji.nl.go.kr)와 국가자료공동목록시스템(http://
www.nl.go.kr/kolisnet)에서 이용하실 수 있습니다.(CIP제어번호: CIP2014010099) | Copyright ⓒ **고미숙**
저작권자와의 협의에 따라 인지는 생략했습니다. 이 책은 지은이와 북드라망의 독점계약에 의해 출간되었
으므로 무단전재와 무단복제를 금합니다. 잘못 만들어진 책은 서점에서 바꿔 드립니다.

책으로 여는 지혜의 인드라망, 북드라망 **www.bookdramang.com**

근대적 시공간과 민족의 탄생

계몽의
시대

고미숙 지음

BookDramang
북드라망

〈설국열차〉와 계몽의 시대

문득 영화 〈설국열차〉가 떠오른다. 초대형 블록버스터지만 재미보다는 메시지가 강렬한 영화였다. 문은 앞에만 있는 것이 아니라 옆에도 있다는 것. 앞을 보고 줄기차게 달려가면 기차의 머리칸에 도달한다. 거기에는 꼬리칸과 동일한 삶이 반복되고 있다. 거죽만 다를 뿐 삶을 지배하는 가치와 패턴은 동일하다. 하지만 아무도 그렇게 생각하지 않는다. 저 앞에는 뭔가 다른 것이 있을거라고, 머리칸에선 뭔가 대단한 일이 벌어질 거라고, 거기에 도달하면 '인생역전'할 수 있을 거라고.

　속도에 대한 강박도 거기에서 비롯한다. 앞으로, 앞으로! 대체 왜? 그게 선이고 진리이니까. 그것만이 의미있는 인생이니까.

스마트폰이 나오면 좀 달라질 줄 알았다. 디지털은 고정된 레일 위를 달리는 기차가 아니라 사방 어디로든 연결될 수 있는 물결 혹은 파동 같은 것이니, 더 이상 서두를 필요도 남보다 앞서 갈 필요도 없지 않은가. 완전 착각이었다. 스마트폰이 나온 이래 속도경쟁은 더더욱 치열해졌다. 더 빨리! 더 멀리! 이젠 선이고 뭐고 다 필요 없다. 그냥 달린다. 왜? 멈추는 게 더 힘드니까. 멈추면 죽을 것 같으니까.

그래서 정말 궁금해졌다. 대체 이 속도에 대한 강박은 언제 어디로부터 유래한 것일까? 저 20세기 초 근대계몽기 때부터다. 근대는 기차와 함께 도래했고, 마침내 세상을 기차로 만들었다. 기차는 오직 종착점을 향해 달려갈 뿐 '사이 공간'을 모른다. 때문에 기차가 지나간 모든 공간은 매끈해진다. 차이와 이질성이 사라지기 때문이다. 이 매끄러운 시공간 위에 초월적 척도들이 솟아난다. 인간중심주의, 민족, 그리고 계몽적 지식과 교육 등등. 〈설국열차〉의 머리 부분을 장식하고 있는 것들이다.

이 항목들은 여전히 우리 삶을 지배하고 있다. 자본의 고도화와 더불어 조금씩 얼굴과 몸매를 바꿔 가면서. 이 지배를 수락하는 한 새로운 가치의 생성은 불가능하다. 계보학적 탐색이 필요한 이유가 여기에 있다. '기원의 장'으로 돌아가 그 기호들이 탄생하는 현장을 포착하는 것, 하여 그 기호들이 결코 자명한 것이 아니라 우발적으로 돌출한 것임을 목격하는 것, 그것이 이 계보학이 겨냥하는 지점이다.

〈설국열차〉의 옆문을 열고 나오면 설원이 펼쳐진다. 생존자인 '꼬마'는 북극곰과 마주친다. 눈앞에 생명과 야생의 대지가 펼쳐진 것. 그렇다! 근대성 안에서는 근대를 벗어날 길이 없다. 옆문을 박차고 나올 때, 즉 그 중심에서 '외부'를 사유할 때 그때 비로소 출구가 열릴 것이다. 이 책 또한 '출구찾기'의 일환이 되기를 희망한다.

*　　*　　*

1. 이 책에 등장하는 자료들은 주로 근대계몽기에 속한 것들이다. 근대계몽기란 이 땅에 근대성이 정초된 '기원의 장'으로 1894년(갑오동학혁명/갑오개혁)에서 1910년(한일병합)까지를 이르는 말이다. 한편으론 일제 병탄倂呑이 진행된 시기이지만, 다른 한편 계몽운동이 왕성하게 벌어진 연대이기도 하다.

당시는 신문이 문명과 구국의 첨병이었다. 『독립신문』, 『대한매일신보』, 『황성신문』 등이 그 중심에 있었다. 특히 『대한매일신보』의 활약은 눈부시다. 이 매체의 계몽운동이 가장 절정에 이른 순간이 1907년이다. 을사조약(1905년)에 이어 이 해에 체결된 정미7조약으로 이미 대세는 기울었다. 그런데 놀랍게도 이 해는 언문일치운동이나 국채보상운동 등 문명개화를 향한 계몽운동이 범국민적 차원에서 벌어진 시기이기도 했다. 이 시대의 중요한 거울인 '계몽가사'가 폭발적으로 창작되기 시작한 것도 이때부터다. 그런 점에서 이 책은 '응칠'(응답하라 1907)의 한 버전에 해당한다.

2. 나는 자타공인(⌒⌒) 고전평론가다. 고전평론이란 오래된 고전을 우리 시대의 첨예한 문제와 '사선으로' 연결하는 글쓰기를 말한다. 이 작업을 제대로 수행하려면 근대성에 대한 심층적 탐구는 기본이다. 『한국의 근대성, 그 기원을 찾아서』(2001), 『나비와 전사』(2006), 『이 영화를 보라』(2008) 등이 그간에 제출된 결과물이다.

　디지털 문명이 고도화되면 '근대성'이라는 테마는 시효가 다할 것이라 생각했다. 하지만 착각이었다. 21세기가 되어도 사람들의 의식은 놀라울 정도로 20세기에 갇혀 있었다. 어떤 점에선 더더욱 긴박되었다. 하여, 근대성에 대한 계보학적 탐색이 여전히 유효하다는 판단하에 이 '근대성 3부작'을 출간하게 되었다. 이전에 제출한 세 권의 저술을 주제별로 '리메이크' 하면서 부분적으로 수정·첨삭을 가하였다. 주제의 밀도는 높이고 독자들과의 소통회로는 넓히자는 취지에서다. 이 책『계몽의 시대』는 그 3부작의 제1권이다.

2014년(갑오년) 4월

남산 아래 '감이당' 공부방에서

고미숙

차 례

책머리에 05

1장
속도의 경이, 시공간의 재배치

1. 속도의 파시즘 ─ 죽거나 나쁘거나! 16
2. '기차' ─ 문명의 빛과 그림자 18
   기차의 도래 ─ 공포와 경이 22
3. '잠/꿈/종'의 수사적 배치 27
   깨몽! 27 | '시간 ─ 기계'의 일상 32
4. 기차, 공간을 쏘아 버리다! 37
   '라면교' 혹은 라멘교 37 | '사이 공간들'의 소멸 39
   공감각의 증발 44 | 우주적 공감의 결락 46
5. 진화론, 기차의 다른 얼굴 49
   우승열패의 신화 49 | 천시(天時)에서 인시(人時)로! 53
   이야기로서의 역사 57 | 차이와 간극 59 |
   진보라는 척도 ─ 시간의 '가속화' 65
6. 맺으며 ─ 시간의 유목주의는 가능한가? 71

2장
인간, '만물의 영장'이 되다!

1. '지독한' 사랑! 79
2. 구국의 길, 문명의 길 ─ 기독교! 82
   십자가의 퍼레이드 82 | 기독교 = 민족주의 83 | 개신교 87
3. 성서와 칼 91
   '너희가 야훼를 아느냐?' 91 | 피와 칼 93 |
   악마와 싸우는 군대 95 | 이분법 98

4. 신이 인간을 창조한 뜻은? 99

창조와 진화 100 | 이성 — 창조주의 선물 104

인성(人性)과 물성(物性) — 같은가? 다른가? 106 | 다산의 상제(上帝) 110

5. 자연의 '인간화' 113

은유의 과잉, 자연의 증발 113 | 우화의 범람 — 도덕적인, 너무나 도덕적인 117

6. 맺으며 — 나우시카, 나우시카! 124

3장
'민족' 혹은 새로운 '초월자'의 출현

1. 민족, 그 신성한 초월자의 출현 136

'총애'에서 '민족'으로 136

2. 민족담론, 그 역설의 지층들 143

차이에서 동일성으로, 우주에서 국경 안으로 144 |

유기체적 전체성론 — 오로지 국권만이! 149 | '단일민족'이라는 신화 158

3. '한'(恨)은 우리 민족 고유의 정서인가? 169

피의 메타포, 에로틱한 정염 171 | '영웅'에서 '님'으로 174 |

서편제, 그리고 멜로드라마들 181

4. 맺으며 — 최면술, 기억, 달라이라마 182

4장
근대적 '앎'의 배치와 '국수'(國粹)

1. 이매진 노 스쿨, 이매진 노 커리큘럼! 191

2. 앎에는 국경이 있다! 196

알면 사랑한다? 196 | 한문은 중국의 것! 199

3. 천리(天理)에서 격치(格致)로 202

최종심급은 이익 202 | 수학의 특권화 207 | 신체성의 증발 209

4. '국민 만들기'와 국수(國粹) 212

'국수'(國粹)로서의 역사 213 | 문학, 국민교양의 첨단 219

5. 맺으며 — '사막에서 번역하기' 226

부록 : 영화로 읽는 근대성

황산벌 — 거시기! 표상을 전복하다 232

서편제 — '한'(恨)과 '예술'의 은밀한 공모 265

일러두기

1 이 책에 인용되어 있는 『독립신문』, 『대한매일신보』 등을 비롯한 근대계몽기의 자료들은 원문 그대로가 아니라 현대적 표기로 수정을 가한 문장입니다(원문은 '한국역사정보통합시스템' 홈페이지 www.koreanhistory.or.kr에서 '근현대신문자료'를 선택하시면 보실 수 있습니다). 또한 인용문의 강조 표시(고딕체로 표기)는 모두 인용자의 것입니다.

2 근대계몽기의 자료를 제외한 인용 서지의 표기는, 해당 서지가 처음 나오는 곳에 지은이, 서명, 출판사, 출판 연도, 인용 쪽수를 모두 밝혔으며, 이후에 다시 인용할 때는 지은이, 서명, 인용 쪽수만으로 간략히 표시했습니다.

3 영화를 다루는 부록에 나오는 영화의 대사들은 표준어 표기를 따르지 않고 입말 그대로 표기했습니다.

4 신문 및 잡지 이름, 단행본, 장편, 자료집 등에서는 겹낫표(『 』)를 썼으며, 신문 및 잡지의 기사, 논문, 단편, 단행본의 장제목 등에는 낫표(「 」)를 썼고, 영화나 드라마에는 꺾쇠표(< >)를 사용했습니다.

1장
속도의 경이, 시공간의 재배치

"천지가 아무리 오래되었다고 하나 끊임없이 새롭고,
일월이 아무리 오래되었다고 하나 빛은 날마다 새롭다.
썩은 흙에서 지초가 돋으며, 썩은 풀에서 반딧불이 생긴다."
— 연암 박지원, 「초정집서」楚亭集序

"역사적 분석을 연속적인 것의 담론으로 간주하는 것, 그리고
인간의 의식을 온갖 역사적 진화 및 행위의 근원적인 주체로
간주하는 것, 이 두 가지는 동일한 사고체계의 양면이다."
— 미셸 푸코, 『지식의 고고학』

물음 1 내가 주고받은 그 숱한 이메일들은 어디에 저장되어 있을까? 컴퓨터 안에? 허공 어디쯤인가에? 4차원의 공간에? 또 분명히 발송했는데, 수신되지 않은 메일이 있다. 그 편지는 어디로 사라진 것일까? 정말로 사라진 건가? 아니면 지금 어느 허공 속을 맴돌고 있는 건가? 가끔 나는 이런 것들이 몹시 궁금해진다. 좀 유치한가? 그럼 질문을 이렇게 바꾸면 어떤가? 인터넷이라는 시공간은 과연 존재하는가? 존재하지 않는가? 분명 존재한다. 컴맹인 나조차 이미 그 공간이 없이는 살아갈 수 없을 정도니. 허나, 그건 나의 가시성 밖에 있다. 눈으로 보고 만질 수가 없다. 그 공간으로 진입하려면 반드시 네트에 접속해야 한다. 결국, 그것은 존재하기도 하고, 존재하지 않기도 한다. 비유비무非有非無!

물음 2 누구나 알고 있듯이, 밤하늘에 빛나는 별은 별의 '현재'가 아니다. 별은 수억 광년을 달려와야만 우리를 만날 수 있다. 그러므로 지금 우리가 보고 있는 건 별의 아득한 '과거'다. 그런데 우리는 별을 보며 미래의 꿈과 동경을 투사한다. 즉, 별을 본다는 행위에는 수많은 시간들이 동시적으로 겹쳐져 있다. 오케스트라의 화음처럼. 중중무진重重無盡!

물음 3 골목에서 한 아이가 정신없이 놀고 있다. 순간, 한 모퉁이에서 트럭이 돌진해 온다. 아이는 갑자기 커다란 외침을 듣는다. "빨리 피해!" 그 소리에 깜짝 놀라 아이는 자기도 모르게 옆으로 비껴선다. 세월이 한참 흐른 뒤, 그 아이는 승려가 되었다. 쉰이 넘은 어느 날, 참선을 하다 삼매三昧에 든 순간, 눈앞에 한 아이가 골목에서 트럭에 치일 뻔한 장면을 목격한다. 스님은 전신으로 아이에게 메시지를 전한다. '빨리 피해!'라는. 결국 그 옛날 자신을 구해 준 목소리는 수십 년 뒤의 '자기'였던 것. 정화 스님이 일본의 한 사찰에서 수행하실 때 전해들은 이야기라고 한다. 미래의 나가 지금의 나, 아니 과거의 나를 구한다고? 영화 <터미네이터>나 보르헤스의 소설에 나오는 공상과학이 아니다. 요컨대, 미래와 과거는 시작도 끝도 없이 맞닿아 있다. '뫼비우스의 띠'처럼. 그래서 "깨달으면 지금 좋고, 미래만 좋은 게 아니라, 과거까지 좋아진다." 법륜, 『붓다, 나를 흔들다』, 샨티, 2005, 18쪽

1. 속도의 파시즘 — 죽거나 나쁘거나!

그러므로 시간은 단수가 아니다. 단수란 과거·현재·미래를 일직선 위에 배열하는 것을 뜻한다. 시간이 단수라고 여기는 한, 위의 물음들은 그저 불가지不可知 혹은 신비주의의 영역으로 떨어지고 만다. 그러나 시간은 단수가 아니다. 유有와 무無의 경계를 넘나들고, 관현악의 화음처럼 중첩되어 있으며, 뫼비우스의 띠처럼 시작과 끝이 맞물려 있다. 시공간이 연출하는 이 화려한 퍼레이드를 목격하면서 어떻게 과거·현재·미래가 하나의 선분 위에 일렬로 늘어서 있다고 생각할 수 있겠는가. 그렇다고 이것들을 그저 '포스트모던'의 징후로 돌

리는 건 적절치 않다. 분명 근대 이전에도 시간은 '복수'였다. 중세적 문명론은 천天·지地·인人이 함께 어우러진 복합적 시공간을 전제하고 있다.

시간이 단수가 된 건 그야말로 20세기 근대의 산물이다. 우주의 운행, 사계절의 순환, 대지의 질적 차이 등을 지워 버리고, 오직 인간의 활동만으로 역사를 구성하게 되면서 시간은 단 하나의 척도로 가늠되었다. 시간의 '주름들'이 얇게 펼쳐지면서 과거와 현재, 미래가 일직선으로 늘어서게 된 것이다. 그와 동시에 시간은 계산가능하고, 통제가능한 것으로 간주되었다. 어떤 대상을 수로 측정할 수 있다는 건 모든 것이 동일한 질량으로 이루어졌음을 전제한다——균질화!

모든 시간이 동일한 질량으로 이루어졌다고? 오, 그건 정말 상상조차 하기 어렵다. 사랑하는 이와 뜨겁게 섹스를 나누는 시간과 증오와 분노로 마음지옥을 헤매는 시간, 혁명적 열정으로 바리케이드 위를 지키는 전사의 시간이 어떻게 동질화될 수 있단 말인가? 토굴에서 9년간 면벽한 달마대사의 시간과 아무런 목표도 의지도 없이 방황을 거듭한 나의 20대가 어찌 같은 척도로 측정될 수 있을 것인가? 그럼에도 우리는 시간을 수로 계산하고, 그에 대한 맹목적 집착을 멈추지 않는다.

왜? '시간이 돈'이기 때문이다. 시간을 균질화하는 배후의 동력은 바로 화폐라는 '숨은 신'이다. 시간은 돈이다! 돈이기 때문에 단 한 순간도 허투루 써서는 안 된다. 시간을 낭비하는 자는 처벌받아 마땅하다. 자본주의 사회가 고귀한 가치처럼 내세우는 '노동의 신성함' 역시 그 기저에는 '시간의 화폐화'라는 원리가 작동한다. 그러므로 공통 상식처럼 통용되는 '노동/게으름의 이분법'은 실제론 돈이 되는 '짓'을 하느냐 여부에 달려 있다. 자신이 아무리 즐거워도 돈이 안 되면 그건 시간을 낭비하는 것이고, 따라서 마땅히 비난받아야 한다. 아니, 그 이전에 스스로 알아서 죄책감을 느낀다. 자신에게, 가족에게, 그리고 국가와 인류에게. 속도에 대한 신앙은 여기서부터 비롯된다.

요컨대 지금, 우리 시대를 지배하는 속도의 문화는 화폐화된 시간의 단선성 그 자체에 있다. 잘게 쪼개서 화폐로 계산하고 오로지 앞을 향해 나아가도록 강제하는, 참을 수 없는 존재의 피로함. 오직 앞만 보고 달려가는 맹목의 리듬, 속도! 영화 <설국열차>가 보여 주듯, 이 궤도를 벗어나는 순간, 삶은 산산히 부서지고 만다——죽거나 나쁘거나! 오직 하나의 방향으로만 시선을 고정시키고, 그 '외부'를 꿈꾸지 못하게 하는 것, 이것을 이름하여 '속도의 파시즘'이라 할 수 있으리라. 속도의 파시즘, 그것은 저 20세기 초 기차와 함께 이 땅에 도래하였다.

2. '기차'— 문명의 빛과 그림자

경부철도가

우렁차게 토하는 기적소리에
남대문을 등지고 떠나가서

빨리 부는 바람의 형세 같으니
날개 가진 새라도 못 따르겠네

늙은이와 젊은이 섞어 앉았고
우리네와 외국인 같이 탔으나
내외친소 다 같이 익혀 지내니
조그마한 딴 세상 절로 이뤘네

1908년 최남선은 기차의 경이를 이렇게 노래하였다. 바람처럼
빠르고 '노·소·내·외'의 경계를 가로질러 다 함께 지내는 '딴 세상',
기차는 그런 것이었다. 그로부터 90여 년 뒤, 기차에 대한 또 하나의
은유가 만들어졌다.

쇠의 공단이 내려다보이는
캄캄한 어둠속 철둑 위에 나는 앉아 있었다
어둠에 싸여 보이지 않는 바다를 보고 있었다
별들이 보이지 않는 수평선 위로 떠오르고 있었다
한점 바람도 없는 고요는 시간도 지워 버렸다

한순간, 불빛도 없는 검은 기차가
검은빛 강렬한 바퀴를 무지막지한 힘으로
등줄기를 서늘하게 훑고 지나간다

쇠의 무게, 쇠의 힘, 태고로부터 응결된

시간의 무게가 실려 있고

연소된 인간의 피와 땀과 혼이

쇠의, 그 심장부에서 살아온 역사

인간의 힘과 피를 증거해 온 쇠의 역사가

밝혀지지 않는 어둠속으로 무섭도록 질주한다

백무산, 「기차」, 『인간의 시간』, 창비, 1996

백무산. 박노해와 함께 저 '불의 연대'인 1980년대를 빛낸 전위적 노동자 시인. 알다시피, 그 시절엔 새마을호가 초특급이었다. 보통사람들은 신혼여행 때나 큰맘 먹고 탈 수 있는 등급이었다. 대개는 무궁화호나 통일호를, 더 가난한 사람들은 좌석번호도 없고 시간도 한참 걸리는 비둘기호를 타야 했다. KTX의 등장 전후로 통일호, 비둘기호는 어디론가 사라져 버렸고, 새마을호와 무궁화호는 그저 그런 보통열차가 되었으니, 참 '기차 팔자(?)'도 무상하기 그지없다.

그 시절 '새마을호/통일호/비둘기호'라는 기차의 등급을 가지고 계급적 풍자의 칼날을 벼렸던「기차를 기다리며」, 『만국의 노동자여』, 청사, 1988 백무산은 1990년대 중반, 이제는 기차 자체의 위력에 압도당한다. 등줄기를 서늘하게 훑고 지나가는 밤기차를 보며 그는 "쇠의 무게, 쇠의 힘, 태고로부터 응결된 / 시간의 무게", "연소된 인간의 피와 땀과 혼이 / 쇠의, 그 심장부에서 살아온 역사"를 환기한다. 그에게 있어 기차는 곧 태초로부터 이어져 온 인간의 노동이 그 정점에서 이룩한 결정체로 다가왔던 것이다.

　과연 그렇다. 근대문명의 위력을 기차보다 더 명료하게 보여 주는 대상이 어디 있으랴. 사실 20세기는 기차보다 더 빠른 기계들을 숨가쁘게 토해 냈다. 비행기며 잠수함, 우주선 등. 그럼에도 우리는 왜 여전히 기차에 압도되는가. 비행기의 비상은 허공과의 거리 때문에 시신경을 자극하는 데 한계가 있고, 우주선이나 잠수함은 아예 가시권 밖에 있다. 그러나 기차는 그 질주하는 위력을 신체가 뚜렷이 감지할 수 있다. 눈앞을 화살, 아니 총알처럼 스쳐 지나가는 스피드! 그리고 산맥조차도 관통해 버리는 무지막지한 파워!

　어디 최남선과 백무산뿐인가. 독일의 혁명적 낭만주의 시인 하인리히 하이네는 1843년 파리에서 루앙과 오를레앙으로 가는 노선이 개통되었을 때, "무시무시한 전율, 결과를 예상할 수 없고 예측할 수도 없는 엄청난 일, 혹은 전례 없는 일이 일어났을 때 우리가 느끼는 그러한 무시무시한 느낌"을 언급하면서, 철도를 화약과 인쇄술 이래로 "인류에게 커다란 변화를 가져오고, 삶의 색채와 형태를 바꾸어 놓은 숙명적인 사건"이라고 경탄했다. 볼프강 시벨부시, 『철도여행의 역사』, 박진희 옮김, 궁리, 1999, 53쪽

　그 이후, 기차는 아주 오랫동안 다채롭고도 이질적인 메타포들을 그 휘하에 거느리고 다녔다. 예컨대 19세기 생시몽주의자들에게 그러했듯이, 기차는 여전히 '자유와 평등'의 상징이 되기도 하고, 사회주의자들에겐 '계급투쟁' 혹은 '전위'를 환유하기도 하고, 복고주의자들에게는 ──영화 <박하사탕>에서처럼── 첫사랑의 순연한 순간

으로 돌아가는 추억의 '타임 터널'이 되기도 한다. 그만큼 기차가 환기하는 은유의 그물망은 넓고도 깊었던 것.

주지하듯이, 산업화 이전의 교통수단은 대부분 자연의 흐름을 좇아간 것이었다. 배는 물이나 바람의 흐름으로 움직였고, 육지에서의 이동은 산악이나 협곡 같은 지형의 불균질성 혹은 수레를 끄는 가축의 속성과 힘에 결박되어 있었다. 그러나 증기력의 발명은 이런 식의 모방관계를 해체시켰다. 예컨대 1790년 존 피치의 증기보트 실험을 목격한 이에게는 그것이 나아가는 직선경로가 특히 주목의 대상이었다. 이 증기보트는 '자연스러운' 배의 이동 경로를 취하는 것이 아니라 놀랍게도 '직선으로' 움직였던 것이다. 바람과 파도에 맞서 대양을 가로질러 가는 배! 증기력은 여기서 일종의 폭력, 외부 자연으로부터 독립한 파워, 자연에 저항하여 자신을 관철시키는 에너지 등으로 표상되었던 것이다.시벨부시, 『철도여행의 역사』, 19쪽

철도 역시 그러하다. 자연의 불균질성과 우연성을 과감히 제거하면서 두 점 사이의 최단거리인 '직선의 매혹'을 구현한다. 그리하여 이 아름답고도 폭력적인 직선의 힘 앞에서 시공간은 전혀 새롭게 탄생한다. 철도야말로 근대적 시공간을 탄생시킨 주체라고 한다면 지나친 과장일까?

기차의 도래 — 공포와 경이

그러면 철도 없이 살아가던 동양은 이것을 어떻게 맞이했던가?

지금 일본 탁지대신 정상형씨도 횡빈橫濱:요코하마과 동경東京:도쿄 사이에 처음으로 철도 놓는 일을 영국 사람들과 의론하여 작정하였다. 그때 일본 완고당들이 나라에 철도를 놓으면 선왕의 영혼들이 무덤 속에서 놀란다며 이런 일을 하려는 사람은 역적이라 하여 자객들이 정상형씨를 칼로 얼굴을 쳤는데 다행히 죽지 아니하고 지금까지 살아 있어 …… 그런데 지금은 동경 횡빈 사이만 철도가 있는 것이 아니라 일본 전국에 철도가 해마다 늘어간다. 그때 완고당들이 지금은 나서서 철도를 많이 놓아야 나라가 된다고 말들을 하며 정상형씨는 그 칼 맞은 까닭에 후생들이라도 이 대신의 사업과 공덕을 더 칭송하며 정상형씨가 그 칼자국을 얼굴에 가지고 다니며 세계인에게 자랑하니

『독립신문』 1898년 3월 1일자 논설

철도가 '은둔의 제국' 동아시아에 준 충격을 간접적으로 보여 주는 텍스트다. 선두주자였던 일본으로서도 선왕의 영혼들이 놀란다고 했을 정도로 기차의 속도와 굉음은 일찍이 경험해 보지 못한 무엇이었다. 아무리 그래도 그렇지. 자객들까지 동원해서 테러를 감행하다니. 역시 사무라이 전통은 못 속이는 건가. 하지만 근대적 제도와 방식이 일상에 정착되기까지엔 이런 식의 폭력과 충돌이 수도 없이 일어났음을 염두에 두면, 그렇게 기이한 현상이랄 것도 없다.

그런가 하면, 테러까지 감행하던 완고당들이 결국엔 열렬한 철도 예찬론자가 될 수밖에 없었던 건 그만큼 기차의 사회적 효과가 대

단했기 때문이다. 요컨대, 무덤 속 영혼을 놀라게 할 만큼 위압적이지만, 또한 동시에 부국강병의 물적 토대이기도 했던 것이다.

기차는 그렇듯 공포와 경이라는 빛과 그림자를 동시에 거느리고서 '조용한 아침의 나라', 조선에 도래했다.

> 정부에서 미국 사람과 서울 인천 사이에 철도를 약조하여 미국돈 2백만 원가량이 국중에 들어올 터인즉 이 일로 인해 벌어먹고 살 사람이 조선 안에 여러 천 명이 될 터이요 철도가 된 후에는 농민과 상민들이 철도로 인하여 직업들이 흥왕할 터이요 또 조선 백성들에게 철도가 큰 학교가 될지라 개화의 실상을 보지 못한 조선 인민들이 철도가 흥왕하는 것을 보면 개화 학문이 어떠한 것인 줄을 조금 짐작할 듯하며 높은 학문과 제조법을 배우고자 하는 백성이 많이 생길 터
>
> 『독립신문』 1896년 7월 2일자 논설

조선의 상황도 크게 다르지 않다. 먼저 철도는 거대한 노동시장을 창출함과 동시에 문명개화를 실감 있게 보여 주는 생생한 증거다. 말하자면 철도는 문명의 빛이며 개화의 상징이었던 것이다. 하지만 그것은 급진개화파들의 원망願望의 투영일 뿐, 실제로 기차는 제국의 폭력을 가시화하는 무기였다. 반半식민지 국가에서 철도는 "제국주의 국가의 자본·상품·군대·이민을 침투시키는 한편, 그곳으로부터 원료·식량을 수탈하는 역할을 담당하는 경우"정재정, 『일제침략과 한국철

도』, 서울대 출판부, 1999, 5쪽가 대부분이었기 때문이다.

게다가 일본은 러일전쟁 기간 중 불과 3년 만에 1천여 킬로미터에 이르는 방대한 경부·경의철도를 부설하였다. 그것은 연선沿線의 땅을 시가 10분의 1 가격으로 수탈하면서정재정, 『일제침략과 한국철도』, 300쪽, 열악한 기술과 장비를 연인원 1억 명의 한국인 노동자의 노역을 동원함으로써 가능한 것이었다.정재정, 앞의 책, 306쪽 물론 이 과정에서 엄청난 '반反철도투쟁'이 벌어져 철도는 의병들과 연선주민들의 집중적 타격목표가 되었다. 말하자면 "철도 연선은 일본 제국주의의 한국 침략과 이에 저항하는 한국인들의 반제국주의 투쟁이 정면으로 부딪쳤던 민족모순의 분출지대"정재정, 같은 책, 256쪽였던 셈이다.

『대한매일신보』(1906년 3월 9일자)의 한 시사문답에선 그 고통을 이렇게 표현하고 있다. "그놈이 쇠를 많이 먹어서 그런지 간간이 지르는 소리가 일단 철성이라 만일 우리나라 인민은 계속 어리석고 그놈은 점차 왕성해지면 장차 전국의 쇳조각이라고는 구경할 수 없을" 것이라고. 기차를 마구마구 쇠를 먹어치우고 무지막지한 소리를 내는 괴물에 빗대고 있다. 그래서 "그놈 왕래하는 곳마다 인민이 견딜 수가 없어 전토와 가옥을 부치지 못하고 청산에 묻힌 백골까지도 보전치" 못할 것이라 절규한다. 우리가 지금 디스토피아를 다룬 SF를 볼 때 느끼는 공포감과 흡사하다.

제 사곡 군용지단 열파하니 산천초목 슬퍼하고 문전옥토 쓸데 있나 저 농부가 호미 놓고 거리에서 방황한다 시르렁 둥덩실

『대한매일신보』1908년 1월 11일자 시사평론

저 농부가 삽을 메고 원하나니 시국이라 군용철도 부역하니 땅 바치고 종 되었네 일 년 농사 실업하고 유리개걸 눈물이라

『대한매일신보』1908년 2월 7일자 시사평론

산아 산아 청진항을 개방하고 경편철도 부설하니 북한산천 험준함도 범위 중에 들었구나 거기 살던 백성들은 절로 유리 거산일세 그 사기도 네 알리라

『대한매일신보』1908년 5월 14일자 시사평론

이 한맺힌 노래들만 보더라도 철도를 놓기까지 감내해야 했던 반식민지 민중의 고난을 짐작하고도 남음이 있으리라. 백무산의 말처럼 철로마다에는 민중의 '피와 땀과 혼'이 절절히 배어 있었던 것이다. 개화파들이 기차가 몰고 오는 빛과 영광만을 보았다면, 여기에 담긴 것은 기차를 만들기까지의 핏빛 그림자다. 이런 정황에 대해서는 박천홍, 『매혹의 질주, 근대의 횡단』, 산처럼, 2003 참고 ── 매혹과 폭력 사이! 말하자면 기차는 식민지 민중들에게 자신이 열어젖힐 새로운 세계에 대한 가혹한 대가를 요구했던 셈이다. 이렇게 해서 조선의 국토에는 철도가 마치 혈맥 혹은 신경세포처럼 누루 뻗어 나갔고, 그 가공할 속도와 엄청난 파워는 마침내 시공간의 배치를 완전히 탈바꿈시켰다.

3. '잠/꿈/종'의 수사적 배치

깨몽!

"잠을 깨세 잠을 깨세 사천 년이 꿈속이라"(「동심가」)── 누구나 한 번쯤은 들어보았을 이 창가에는 서구와 동양 사이의 시공간적 차이가 은유적으로 함축되어 있다. 동양은 잠들어 있고, 그 길고 긴 역사는 단지 꿈으로 표상된다. 잠과 꿈은 운동이 없는 시간이다. 동양의 시간은 운동이 없고, 서양의 시간은 운동이 있다니?──언어도단言語道斷! 하지만 '있고 없고'의 차원이 아니라, 문제는 어떤 것을 운동으로 볼 것인가에 달려 있다면 언어의 길이 완전히 끊어진 것은 아니다.

> ①
> 세계 형편 살펴보니 경쟁하는 이 시대에 지각 없는 한인들은 안방 속에 깊이 누워 때 가는 줄 모르는지 코를 골며 잠만 자니 크게 불러 깨워 볼까
> 꿈꾸는가 꿈꾸는가 세계문명 저 각국은 해군연습 하려 하고 군함제조 분주하여 전투력을 시험일세 해가 이미 높았으니 어서 바삐 일어나게
> 꿈꾸는가 꿈꾸는가 세계문명 저 각국은 토지개척 하려 하고 황무지를 조사하여 불원간에 출장일세 해가 이미 높았으니 어서 바삐 일어나게
>
> 『대한매일신보』 1908년 10월 1일자 시사평론

②

깨라 깨라 잠 깨어라 이웃집에 닭소리는 지동치듯 자주 울고 동천변
에 계명성은 등불같이 올라온다 풍진요란 이 시대에 네 아무리 무
심한들 캄캄하게 꿈만 꾸나 어서 바삐 잠 깨어라
깨라 깨라 잠 깨어라 화개천지 문명기초 동서양이 분다하다 경쟁하
는 이 시대에 네 아무리 숙맥인들 토굴 속에 돈견같이 아무 방침 생
각 않고 잉편하게 잠만 자나 어서 바삐 잠 깨어라

『대한매일신보』 1909년 3월 16일자 시사평론

①은 국가를, ②는 개인을 대상으로 잠을 깨라고 외치고 있다. 해
군연습, 토지개척, 민권확장, 지식발달 등등. 이것들이 문명국, 문명
인이 하는 '낮의 활동'이다. 이것들이 시간의 운동을 주도한다. 이런
식의 운동이 없는 아시아, 특히 조선은 깊고 푸른 밤이자 시간이 멈
추어 있는 지대이다. 그러나 세계는 지금 해가 높다. 즉, 한낮의 무대
위에서 숨가쁘게 돌아가고 있다. 그러나 조선은 '칠흑 같은 어둠' 속
에서 깊이 잠들어 있다. 중세가 곧 암흑으로 표상되고 있는 것이다.
그러므로 밤에서 낮으로, 어둠에서 빛의 세계로 걸어 나오게 하기 위
해서는 잠을 깨워야 한다.

어떻게 해야 잠을 깨울 수 있을까? 먼저, 종을 쳐야 한다. 하여,
종에 대한 수사학이 범람하기 시작한다.

삼각산 상 상상봉에 저 종 한번 높이 들고 큰 철퇴를 힘껏 쳐서 굉장

할사 그 소리로 한양 성중 깊은 밤에 완고사상 못 변한 자 시세형편 모르는 자 두 귀창이 뚫어지게 어서 바삐 깨워내어 홍수도도 이 시대에 중흥인물 되게 하고

백두산 상 상상봉에 저 종 한번 높이 들고 벽력같이 울려내어 웅장할사 그 소리로 십삼도의 모든 인민 이 시대를 모르고서 잠만 자는 그 사람을 새 정신이 번쩍 나게 어서 바삐 깨워내어 이십 세기 무대상에 새 국민이 되게 하고

곤륜산 상 상상봉에 저 종 한번 높이 들고 우렁차게 두드리어 동양천지 광막한데 얕은 꾀를 부려가며 아시아의 제 동종을 압제하며 해치는 놈 두 눈알이 둥그렇게 어서 바삐 깨워내어 서세동점 이 세계에 평화생활 하게 하고

육주오양 너른 곳에 저 종 한번 높이 들고 인○자선 큰 망치로 장쾌하게 소리 내어 풍운참담 동서양에 남의 국가 빼앗으니 남의 민족 박멸하는 제국주의 쓸어내고 도덕심을 고동하여 십오만만 동포들이 태평동락 하게 할까

『대한매일신보』 1909년 10월 6일자 시사평론

종은 깊이 잠들어 있는 개인과 국가, 그리고 한 시대를 일깨우기 위한, 일종의 '알람'이다. 지금은 중세의 여명 혹은 문명의 새벽. 그러므로 아침을 부르기 위한 종소리를 울리는 것이 계몽주의자들의 몫이다. 하지만 사천 년간 잠든 나라를 깨우기 위해서 그 소리의 진폭과 울림은 얼마나 커야 할 것인가. 그래서 삼각산, 백두산, 곤륜산, 오

대양 육대주 등등. 가능한 한 높은 곳으로, 가능한 한 넓은 곳으로 가서 종을 울려야만 한다. 그래야만 깊은 꿈에서 헤어날 수 있으니까.

밤과 잠에 대한 적대감, 이것 역시 근대적 사유의 한 축을 차지한다. 그 결과, 20세기 내내 밤의 길이는 조금씩 줄어들었고, 더불어 잠은 하루의 일상 가운데 가장 무시해도 좋을 과정이 되어 버렸다. 음양의 관점에서 보면, 이건 명백히 '우주적 대칭'의 파괴다. 밤은 음기가 작용하는 시간이고, 음기가 충전되지 않으면 낮의 기운인 양기도 제대로 작용할 수 없다. 또 밤이야말로 인간이 우주와 영적으로 교통할 수 있는 시간이라는 점을 감안하면, 밤의 실종이 무엇을 의미하는지 명백해진다. 즉, 그것은 자연과의 단절을 표상하는 것이다.

밤과 잠은 그렇다 치고, 꿈이라는 낱말이 이렇게 한심한(?) 의미로 쓰이는 경우가 또 있을까. 노동이나 생산과 연결되지 않는 것은 몽롱한 꿈에 불과한 것이다. 일하거나 꿈꾸거나. 꿈은 현실로 건너오지 못하고, 현실은 결코 꿈과 소통하지 못한다. 근대문명은 이 사이에 철통같은 장성을 쌓았다. 꿈과 현실의 가혹한 이분법! 이처럼, 낱말의 의미란 어떤 항들과 계열을 이루는가, 또 어떻게 엮이느냐에 따라 천양지차로 갈라지는 법이다. 아무튼 이렇게 해서 '잠/꿈/종'이라는 트리오는 가장 단순하고 가장 명쾌한 방식으로 계몽담론의 전령 역할을 수행하였다.

그런데 마침내 종소리보나 너 진폭이 큰 '소리들'이 등징한다. 은유가 아닌 실재로서.

침침칠야 이 천지에 이천만 인 가련하다 들보 위에 저 제비는 불 붙는 줄 왜 모르나 동해풍랑 몇날 전에 삼천 리 강토 둥둥 뜬다 윤선소리에 잠 깨어라

꿈에 노는 내각대신 목전공명 탐치 마라 이 나라의 위급형세 태산 밑에 알리로다 애급이집트 월남베트남 못 보는가 경계할 일 저기 있다 기차소리에 잠 깨어라

몽롱하게 조는 원로 일평생이 국은이라 남의 집일 아니어든 수수방관 웬일인가 문명열국 본을 받아 자강력을 양성하오 초인종소리에 잠 깨어라

혼돈세계 각부관인 월급푼에 팔렸구나 이 강산이 없어지면 저 관직은 있을손가 감액하고 남는 자리 외방손님 다 뺏는다 전화소리에 잠 깨어라

희미하다 관찰군수 무슨 행정 하였는가 풍진도처 일어나고 백성사방 유리해도 침식방책 전혀 없다 총소리에 잠 깨어라

『대한매일신보』 1908년 1월 18일자 시사평론

윤선輪船: 증기기관 동력으로 움직이는 배, 기차, 초인종, 전화, 총——이 일련의 소리들은 모두 근대 도시문명의 발명품들이다. 이것들은 속도와 소리를 동시에 지니고 있다. 아니, 이들의 소리는 모두 속도의 다른 표현이다. 이질적인 시공을 단번에 관통하는 속도, 그것이 동반하는 힘이 소리로 표현된다. 이 소리 앞에서 어찌 놀라지 않을 수 있으랴. 깊이 잠들어 있는 조선동포를 깨우는 데 이보다 더 효과적인 소

리들이 또 있을까. '종'이라는 메타포는 이 '리얼'한 소리들에 비하면 추상적이고, 그래서 무력하기 그지없다.

그리고 이 계열들의 중심에 기차가 있다. 기차의 속도, 기차의 굉음, 기차의 파워는 다른 것들을 모두 흡인하고도 남을 만큼 단연 압도적이다. 요컨대, 기차는 조선을 긴 잠에서 깨우기에 충분할 정도로 우렁찬 '종'이었던바, 이 소리로 하여 조선은 밤의 휘장을 걷고 낮의 세계로 뚜벅뚜벅 걸어 들어갈 수 있었다.

'시간-기계'의 일상

기차가 연출하는 속도의 경이 앞에서 조선은 비로소 '시간-기계' 속으로 진입한다. "근대적 시간-기계는 '선분적 시간'"이라 할 수 있고, "이는 직선적, 추상적 시간의 선분적 분할과 그에 대한 특정한 활동 내지 동작의 대응으로 구성"된다. "여기에는 물론 각 순간이 갖는 시간성을 추상하고 그것을 동질화하는 과정이 전제되며, 이 점이 직선적 시간의 중요한 특징"이진경, 『근대적 시·공간의 탄생』, 그린비, 2010, 225쪽이다. 잘게 분할되면서, 직선으로 뻗어 나가는 근대적 시간의 이미지! 그것은 무엇보다 철도에 의해 표상될 수 있었다.

그 시간의 공간적 표상이 바로 시계다. 근대적 시간은 시계에 의해 지배된다. 시계는 시간을 살게 쏘개서 공간적으로 배열해 놓은 기계이다. 시계는 처음엔 시간을 표시하기 위한 도구였지만, 그 도구는 곧바로 인간의 신체를 지배하는 존재로 전도된다. 시계를 신체에 새기는 것, 이것이야말로 문명인이 되는 첫번째 코스다.

『태극학보』 1호(1906년 8월)에 보면, 동경 유학생의 하루가 이렇게 기록되어 있다. '책상 위에 걸어둔 성매종醒寐鐘이 땡땡 6점을' 알리면 일어난다. 식사를 마치면 '벽상에 걸린 시종時鐘이 7점을 울린다.' '학교에 도달하여 10분가량 쉬고 상학종을 기다려 교실로 들어간다.' '매 시간마다 10분씩 쉰 다음 수학·물리·지리 등을 정오까지 공부한다.' '정오로부터 0시 반 30분간은 점심시간, 각자 휴대한 점심을 먹은 다음 운동장에서 체조나 유희로 정신을 활발히 한다.' '개학종이 다시 울리면 운동장에 모여 병식체조를 훈련하고 나머지 과목을 마친 다음 2점 반 폐학종과 함께 학교문을 나온다.' '5점 종에 저녁을 먹고 우에노上野공원 근처 연못으로 산보한다.' '학과 자습, 10점에 취침.' 말하자면, 아침에 눈을 떠서 다시 잠들 때까지 시계 종소리의 지휘를 받는 셈이다. '시계-인간' 혹은 '시간-기계'의 등장!

시간은 이제 분 단위로 분절되었다. 하루를 열두 단위로 나누던 것에서 분 단위로 구획된 시간 속으로 진입한 것이다. 이것은 시간을 촘촘하게 지각하는, 다시 말하면 빠르게 지나가는 것으로 파악하게 되었음을 의미한다.

물론 근대 이전에도 지식인들에게 있어 하루의 일상은 촘촘하게 배열되었다. 다소 희화적으로 묘사되었지만, 『양반전』에 나오는 양반의 하루 일과는 그야말로 빡빡하다.──"언제나 동이 트기 전에 일어나서 유황에 불을 댕겨 기름불을 켜놓고는 두 발꿈치로 꽁무니를 고이고 앉아 눈으로 코끝을 내려다보고 있어야 한다. 얼음판에 박통 굴리듯이 『동래박의』東來博議를 죽죽 내려 외워야 한다.” “『고문진보』古文眞寶와 『당시품휘』唐詩品彙를 깨알만큼 베껴 쓰되 한 줄에 백 자씩은 써야 한다.” 박지원, 『나는 껄껄선생이라오』, 홍기문 옮김, 보리, 2004, 84~85쪽 이 정도만 해도 대단히 강도 높은 일과에 해당한다. 멀리 갈 것 없이, '선禪의 전통'이 강한 사찰에서도 그 점은 충분히 확인된다. 학인 스님들의 일과는 새벽 3시에서 밤 9시까지 잠시도 빈틈이 없다. 행주좌와行住坐臥, 어느 한순간도 화두를 놓쳐서는 안 되고, 좌선을 할 경우엔 '한 호흡'까지 알아차려야 한다. 이런 건 동경 유학생의 시계로는 도저히 포착불가능한 미세단위에 해당한다. 또 한 가지. 한편으론 미세하게 분절되지만, 다른 한편 계절이나 일 년, 나아가 12간지, 60갑자, 겁劫 등 엄청나게 큰 단위가 뒤에 배경으로 깔려 있다.

그런데 어째서 이런 식의 시간의식을 모조리 꿈속에서 헤매는 것으로 취급했을까? 대체 왜? 해답은 간단하다. 그런 것은 '문명적' 활동이 아니기 때문이다. 결국, 문명과 비문명 사이의 경계는 시간을 얼마나 잘게 쪼개는가가 아니라, 시간을 어떤 태도로 전유하는가에 달려 있다. 즉, '시간-기계'란 하루를 분 단위로 잘게 쪼개서 잘 활용해야 한다는 의미만이 아니라, '시간이 곧 금'이라는 명제에 절대적으로 복종한다는 의미를 지닌다. 지금이야 시간이 금이라는 건 온 국민의 상식이지만, 당시로서는 실로 파격적인 발상이었다. 그 때문에, 계몽주의자들은 이 명제를 선파하기 위해 선력을 기울인다. 가장 내표적인 것이 1898년 4월 30일자 『매일신문』의 논설이다. 분량이 상당하지만, 한번 음미해 볼 만하다.

먼저, 서두는 "서양 글에 '때가 즉 돈'이라 하는 말이 있어 그 사람들은 만일 한 시각이라도 놀고 보내면 즉 돈을 몇 원 내어 버린 줄로 알아 누구든지 놀고 먹는 사람은 세상에 천하고 쓸데없는 인생으로 대접"한다는 것으로 시작한다. 그런데 우리나라 사람은 그걸 모르기 때문에 일하기도 싫어할 뿐 아니라, 직업이 있어도 남한테 알리기를 부끄럽게 여긴다. '일 없이 논다'고 해야 체면이 더 선다는 것이다.

이런 한심한 습속을 맹렬하게 비난하고 난 뒤, 아주 구체적으로 '시간이 돈이 되는' 과정을 설명해 준다. 예컨대 이런 식이다. 서양의 경우, 한 명이 열두 시간씩 한 달 30일 동안을 일하고 월급 10원을 받는다 치면, 일당은 33전 3리가량이고, 시간당 수당은 2전 5리가 된다. 만약 일을 못하면 그 시간만큼 월급을 감하게 된다. "그런 고로 사람마다 잠시를 허비치 않고 밤낮 분주히 다투는 것이 시각"이라는 것이다. 그럼 이런 식의 계산을 전 국민으로 확대, 적용하면 어떻게 될까?

1,200만 명에 늙고 어리고 병들어 일 못하는 사람을 절반으로 잡고 보더라도 600만 명가량이 될지니 그 600만 명만 시간을 헛되이 버리지 않을 것 같으면 한 시 동안에 합하여 버는 돈이 15만 원가량이니 하루 열두 시에 밥 먹고 옷 갈아 입고 쉬는 걸을 세 시를 제하고 아홉 시만 쳐도 합하여 버는 돈이 하루 동안에 135만 원가량이니 한 달 30일 통계하면 4,050만 원가량이요 1년 열두 달을 통계하면 4억 8,600만 원가량이라

이렇게 값진 시간을 몇천 년 동안을 내다 버리고 지냈으니 대체 그 잃은 돈이 얼마나 되겠느냐, 한 사람이 하루 한 냥씩만 남겨도 600만 냥이 되고, 1년이면 1억 8천만 냥이니 나라가 어찌 부강해지지 않겠느냐는 한탄이 쏟아진다. 이어서, '시간은 천금'이라는 명제를 다시 한번 강조한 다음, 그러므로 "시간을 헛되이 보내는 사람은 다만 쓸데없는 병신"일 뿐 아니라, "나라에 한 가지도 이롭게 하는 바는 없고 나라 안에 있는 재물만 축내는 죄인"이라고 못박는다. 아니, 그걸로도 부족하다. "분주히 일하여 나라의 재물을 불리는 백성의 원수"다. 허, 참으로 과격한 어법 아닌가. 그만큼 계몽적 열정에 불을 지핀 테마였던 셈이다.

　시간이 돈으로 환산되면 밤은 그저 낮의 엑스트라가 되어 버린다. 밤에는 일을 할 수 없으므로. 이런 불합리한 상황을 그냥 두고 볼 리가 없다. 앞에서도 언급했듯이, 점차 밤의 길이를 줄일 건 불 보듯 뻔한 일이다. 결국 그렇게 해서 지금, 우리 시대는 밤을 잃어버렸다. 또 밤이 사라지면서 잠 또한 계속 줄어들었다. 특히 밤 12시 이전에 자는 잠이란 미개의 표현이 되었다. 심지어 밤이 되면 쌩쌩하게 돌아다니고, 아침이 되면 그때부터 잠을 자기 시작하는 '신인류'도 출현하였다. 밤새도록 홈쇼핑을 할 수 있고, 밤새 게임을 할 수 있고, 밤새 즐길 수 있는 짓들이 수두룩하기 때문이다. 이것은 음양의 대칭성을 완벽하게 거스르고 있다는 섬에서 '돌연변이'임에 틀림없다. 그들의 몸과 일상이 얼마나 건조할지는 말할 나위도 없지 않은가. 이 지경이니 꿈을 꿀 시간이 어디 있으랴. 밤과 잠과 꿈을 빼앗긴 시대 ——아마도 언젠가 근대는 이렇게 규정될 것이다.

그렇게 보면, 근대 이전의 조선이 '밤과 잠과 꿈'의 은유로 표상된 것은 지극히 자연스럽다.

"천지가 아무리 오래되었다고 하나 끊임없이 새롭고, 일월이 아무리 오래되었다고 하나 빛은 날마다 새롭다." 박지원, 「초정집서」

"천지의 높고 넓음과 과거와 현재의 흘러감을 보면, 또한 거룩하고 기이하지 아니한가." 이덕무, 『이목구심서』耳目口心書

이런 공염불(?) 속에는 도무지 시간이 돈이라는 상상이 들어설 자리가 없다. 그러나 이제 그 같은 낡은 시대는 지나갔다. 시간이 곧 돈이 되는 새로운 시대가 도래한 것이다. 그러므로 문명인이 되려면, 애국자가 되려면 가장 먼저 '시간-기계'가 되어야 한다. 시계의 종소리, 기차의 기적소리의 지휘를 받는 '시간-기계'가.

4. 기차, 공간을 쏘아 버리다!

'라면교' 혹은 라멘교

나는 강원도 정선군에 있는 광산촌 출신이다. 다른 광산촌들과 마찬가지로 그곳 역시 주변이 온통 산으로 첩첩이 둘러싸여 있다. 그런데 읍내의 한가운데, 산과 산 사이에 거대한 구름다리가 놓여 있다. 그 다리는 격자틀처럼 축조되었기 때문에 전문용어로 '라멘^Ramen교'라 했다. 특수한 용법이라 교과서에까지 등장하기도 했다. 가장 낮은 격자에만 올라가도 눈이 핑 돌 정도로 높이가 대단했다. 그 시절 그 정도의 구름다리를 만들려면 어마어마한 비용이 들었을 것이다. 석탄 공급을 원활하게 하기 위한 국책의 일환이었음은 말할 것도 없다.

한데, 우리는 '라멘'이라는 독일어의 뜻을 전혀 몰랐기 때문에 '라면교'라고 불렀다. 당시 라면은 그야말로 사람들을 휘어잡은 '신문명의 맛'이었다. 아마도 발음이 비슷하니까 혼동이 일어난 모양이다. 나중에 원래 이름이 라멘교라는 걸 알고는 좀 머쓱해했던 기억이 난다. 그런데 따지고 보면 그 같은 착오가 전혀 황당하지만은 않은 것이, 일단 라면의 모양도 격자꼴 아닌가. 게다가 라면이 몰고 온 충격역시 그 다리가 준 충격 못지않게 메가톤급이었다는 점에서 나름 연관성이 있었던 셈이다. 산과 산 사이를 직선으로 가로질러 갈 수 있다니. 그런 걸 감히 상상하고 또 그 상상을 현실로 옮길 생각을 하다니. 기차의 상상력은 그토록 대단했던 것이다.

19세기 유럽에서 철도는 총알에 종종 비유되었다. 즉, "철도는 일종의 발사체의 폭력적 힘으로 이동 거리를 공간을 가로질러 쏘아 버리는 것"^시벨부시, 『철도여행의 역사』, 20쪽으로 지각되었기 때문이다. 그리고 이러한 속도의 경이는 공간을 한없이 축소시켜 버렸다. 즉 이미 언급한 바와 같이, 철도는 기존의 교통수단들이 숙명적으로 지닐 수밖에 없었던 유동성, 임의성을 제거해 버렸다. '완전한 길은 매끄럽고, 평평하고 단단하고 직선이어야만 한다.' 그러므로 기차의 진행을 가로막는 것들은 굴착이나 터널, 구름다리 등 모든 수단을 강구하여 뚫고 나아가야 한다. 내 고향에 있는 '라면교', 아니 라멘교처럼. 이렇게 하여 역학적인 규칙성이 지역과 자연환경의 불규칙성을 제압해 버리는 역전이 일어난다. 시벨부시, 앞의 책, 36쪽 하이네의 말처럼 '철도를 통해 공간은 살해당했다!'

'사이 공간들'의 소멸

> 기해 중에 둥둥 떠서 운동하는 지구성이 동반구를 등에 업고 달구경을 시켜 주며 서반구를 앞에 안고 태양빛을 쬐어 주니 삼천 리 한반도는 정밤중이 되었구나 지구성이 돌아가며 어느 때나 밝아볼까
>
> 『대한매일신보』 1910년 4월 9일자 시사평론

과학적 정보를 과잉으로 구사하는 이런 식의 표현법은 계몽기 텍스트에 빈번하게 출현한다. 말하자면, 시간의 흐름은 지구의 자전에 의한 것이고, 한반도는 우주의 한가운데 둥둥 떠서 운동하는 지구의 일부라는 것이다. 즉, 시간은 엄밀하게 측정가능하고, 아울러 공간 또한 객관적 위상을 지닌다는 점을 강조하고 있는 언술이다. 시공간의 모든 아우라를 제거해 버린 이 '썰렁함'이란! 하지만 당시에는 나름대로 참신하고 지적인 수사학으로 간주되었을 터이다. 과학은 그

자체로 '모던의 상징'이었으니까. 공간의 무한확장 역시 과학이라는 '빽'이 있었기에 가능했다.

비행기에 높이 앉아 서반구로 돌아드니 강권숭상 저 세계에 인의예지 쓸데없고 약한 자를 먹는 것만 본을 뜨고 전례되어 대포 한 방 놓는 곳에 만국공법 허사되니 경쟁열이 태산 같은 저 추물을 쓸어다가 대서양에 몰아넣고

벽공 위에 다시 올라 동반구로 돌아드니 망망대륙 적막하여 무인지경 되었는데 무호동중 호리들만 이리 뛰고 저리 뛴다 잠시 세력 있다 하고 저렇듯이 방자하니 허욕열이 불꽃 같은 저 추물을 쓸어다가 태평양에 몰아넣고

『대한매일신보』 1910년 4월 23일자 시사평론

세계만국 유람코자 비행선을 타고 앉아 한양성을 작별하고 반공중에 떠올라서 원시경을 높이 대고 풍진세계 굽어보니 만국도성 깨알 같고 사방호걸 부유 같다 동포들을 경성코자 보는 대로 기록한다 전국 힘을 다 들여서 양차전쟁한 후에 태평양의 청정도가 한 시절을 만났다고 상야[上野; 우에노]공원 앵도화는 십일홍을 자랑하고 부용후요(사리체프)산 불구멍은 독한 연기 내뿜는다 굉장하다 아시아의 일본국이 저기로다

원수 밑에 살기 싫어 혁명전쟁 수십 년에 십만 방리 면적 중에 동족인민 삼천만이 망국유한 쾌설하고 태평가를 부르는데 반도강산 신

면목은 삼색기가 표불하니 부럽도다 구라파의 이태리가 저기로다

죽을 망정 자유코자 독립전쟁 칠팔 년에 한량 없는 피를 흘려 압제

받던 수치 씻고 새 천지에 건국하고 공화안락 누릴 적에 문명화가

찬란하고 자유종이 우는구나 아름답다 북미주의 합중국이 저기로다

집집마다 영문되고 사람마다 군사되어 불공대천 저 적병을 피 흘

리며 격파한 후 서반아의 속박 벗고 새 국가를 건설하니 태평양과

대서양은 좌우호위 되었구나 좋을시고 남미주의 독립국들 저기로다

『대한매일신보』 1910년 2월 27일자 시사평론

계몽담론의 시야는 이렇듯 세계를 향해 열려 있다. 우주, 지구, 동반구, 서반구, 아시아주, 북미주, 그리고 일본, 한반도, 이탈리아 등등. 이런 식의 위상학이 보편화되었다. 그러니까 한편으론 근경에서 원경으로, 다른 한편으론 아득한 원경에서 근경으로, 양방향을 자유자재로 오가면서 한눈에 꿰뚫고 있는 것이다. 이를테면, 기차소리에 잠을 깨고 보니 엄청난 속도와 거대한 스케일의 '공간'이 목전에 펼쳐져 있었던 것이다.

그런데 이런 식의 위상학이 가능하려면 공간들 사이의 질적 차이가 소멸되어야만 한다. 즉, 양적 차이 외에는 어떤 것도 걸림이 없을 때라야 이런 식의 확장이 가능해진다. 시간이 단수가 된 것처럼 공간 또한 무수한 '주름들'이 펼쳐지면서 한없이 얇아졌다. 과학의 눈으로 세계를 보게 되는 순간, 여러 겹으로 접혀 있던 주름들이 졸지에 매끈하게 펴진 것이다.

서방 금성 물어보자 금융고갈 이 천지에 이천만 중 저 인민은 생활
방침 묘연하다 어린 처자 밥 달라고 늙은 부모 춥다 한들 푼전 변통
할 수 있나 죽자 하니 나라 근심 살자 해도 계책없네 대한정형 이러
한데 누를 위해 밝았느냐

동방 목성 물어보자 목석심장 아니어든 이런 참경 당하여서 낙루통
곡 아닐 자가 남녀 물론 없으련만 야속할사 저 인민은 서로 환난 당
한대도 구제할 뜻 전혀 없고 시기모해뿐이로다 대한정형 이러한데
누를 위해 밝았느냐

『대한매일신보』 1909년 4월 3일자 시사평론

만고영웅 나파륜은 연단상에 썩 나서며 무슨 일을 경륜튼지 할 수
없다 하지 말고 부국강병 급히 하여 귀국국경 삼천 리만 지켜보려
하지 말고 온 세계를 점령한 후 금성 목성 토성까지 이민하기 생각하
소 적이 국량 있을진대 어려울 게 무엇 있노

『대한매일신보』 1910년 2월 17일자 시사평론

인용문 첫번째 자료는 돈호법과 유음활용 등을 통해서 서방 금
성, 동방 목성에 이어 북방 수성, 남방 화성, 중앙 토성 등 오성을 내
세우고 있다. 그런데 여기서 오성은 더 이상 '별'이 아니다. 지구와 마
찬가지로, 그것들 역시 우주에 떠 있는 또 다른 행성 중의 하나일 뿐
이다. 즉, 이 별들은 신비로운 아우라가 몽땅 소거된 채 균일한 이미
지만을 분사한다. 루카치의 말마따나, '밤하늘의 별을 보고 길을 찾던

시대는 끝'난 것이다. 탈마법화의 마력! 그러므로 여기서 중요한 것은 별과의 대화라는 서정적 장치가 아니라, 공간 감각이 우주 전체로 확장되어 있음을 과시하는 계몽기 특유의 수사학이다.

두번째는 더욱 가관이다. 나폴레옹의 입을 빌려 제국주의적 욕망을 토로하면서, 별들까지 식민지 개척의 대상으로 삼겠노라고 한다. 부국강병이라는 제국의 논리가 공간적으로 무한히 뻗어 나가 금성, 목성, 토성까지 다 그 자장 안에 포섭하고 있는 것이다. 황당무계한 수사로 보이지만, '우주여행의 시대'가 코앞에 다가온 지금의 시점에서 보면, 그렇게 치부할 것만도 아니다. 근대과학의 공간 감각이 제국주의적 욕망과 마주치면 모든 것이 정복의 대상이 된다는 걸 이보다 더 잘 보여 줄 순 없으리라.

이렇듯 철도는 이전에는 감히 상상할 수조차 없었던 광활한 신천지를 열어젖혔지만, 그것은 어디까지나 이질적인 공간들을 연결해 주던 '사이의 공간'을 없앰으로써 가능했다. 수레나 마차, 역마 등 이전의 수송수단에선 매우 중요한 고리였던 '사이 공간'이 기차 수송에서는 사라졌다. 기차는 단지 출발과 목적만을 안다. 시벨부시, 『철도여행의 역사』, 53~54쪽 그리하여 '풍광 공간'이 '지리적인 공간'으로 변환한다. "지리적인 공간은 하나의 닫혀진, 그리고 그런 한에서 전체 구조 속에서 조망이 가능한 공간이다." 시벨부시, 앞의 책, 71~72쪽 요컨대 단 몇 시간 내에 전체를 눈앞에 펼쳐 보이는 파노라마! 이것이 여행의 새로운 배치였던 것이다. 우주를 한눈에 조망할 수 있었던 것도, 별을 이민의 대상으로 간주할 수 있었던 것도 다 같은 맥락에 있다. 즉, 공간을 얇게 펼친다는 건 수많은 '사이 공간들'의 소멸을 초래했다.

공감각의 증발

그와 동시에 여행자와 공간 사이의 긴밀하고도 내적인 관계 또한 파괴되어 버렸다. 그런 점에서 사이 공간이 소멸된다는 건 인간과 공간 사이의 다양한 감각적 네트워크가 사라진다는 것을 의미하기도 한다. 그러므로 이제 『열하일기』 같은 여행기는 더 이상 가능하지 않다. 그 여행기가 특별했던 건 출발지와 목적지 사이에 존재하는 무수한 사이 공간들로 인해서였다. 모두가 중국은 되놈의 나라라며 눈길도 주지 않은 채 오로지 목적지만을 향해 나아가는 집합적 배치 속에서 연암은 끊임없이 '샌다'. 사이 공간들 속으로. 그 속에서 그는 오감을 총동원하여 마주치는 모든 것들과 접속을 시도한다. 그 순간, 사이 공간과 그의 감각은 혼연히 뒤섞인다. 예컨대, 저 유명한 「호곡장론」 好哭場論의 경우만 해도 그렇다.

> "훌륭한 울음터로다! 크게 한번 통곡할 만한 곳이로구나!" 박지원, 『세계 최고의 여행기 열하일기』(상), 고미숙·길진숙·김풍기 옮김, 북드라망, 2013, 138쪽

요농의 느넓은 광야를 마주하자 언암은 이렇게 탄성을 터뜨린다. 웬 울음? 물론 역설이다. 그런데 이 역설은 실로 다채로운 의미들을 분사한다. 먼저, 이 탄사는 '세계 최대의 문화제국', 건륭제의 청

나라 문명을 접한, 한 변방의 지식인이 느낀 충격의 표현이다. 그런 가 하면, 거기에는 끝없이 펼쳐지는 대지 앞에서 문득 엄습하는 생의 무상감이 깔려 있다. 또 다른 한편, 그것은 희로애락애오욕喜怒哀樂愛惡慾, 곧 칠정七情의 극한에서 솟구치는 '생의 환희'로서의 울음이기도 하다. 즉, "기쁨이 사무치면 울게 되고, 노여움이 사무치면 울게 되고, 즐거움이 사무치면 울게 되고, 사랑이 사무치면 울게 되고, 욕심이 사무치면 울게" 된다. "불평과 억울함을 풀어 버림에는 소리보다 더 빠름이 없고, 울음이란 천지간에 있어서 우레와도 같"은바, 지극한 정이 우러나오면, 그때 울음과 웃음은 다르지 않다는 것이다.

물론 이것이 다가 아니다. 연암은 다시 묻는다. 갓난아기는 태어나자마자 왜 울음을 터뜨리는가? 물음도 느닷없지만, 대답은 더욱 가관이다. "아기가 태 속에 있을 때는 캄캄하고 막힌 데다 에워싸여 답답하다가, 하루아침에 넓은 곳으로 빠져 나와 손과 발을 주욱 펼 수 있고 마음이 시원스레 환하게 되니 어찌 참된 소리로 정을 다해서 한바탕 울음을 터뜨리지 않을 수 있겠느냐"고 한다. '생에 대한 무한 긍정'!

이처럼 의미가 사방으로 분사될 수 있는 건 그만큼 이 텍스트 안에 다양한 감각들이 혼용되어 있기 때문이다. 그 감각들은 부채살처럼 펼쳐지기도 하고, 혹은 극한을 향해 달려가기도 하고, 혹은 아주 다른 것으로 변이되기도 한다. 공감각의 퍼레이드!

『열하일기』에는 연암과 사이 공간들이 펼치는 이런 식의 화려한 수사학이 범람한다. 이런 배치하에선 연암이라는 존재 자체가 하나의 '사이 공간'이다. 낯설고 이질적인 흐름들이 자재롭게 어울릴 수 있는 '사이 존재'.

하지만 기차여행에선 이런 식의 공감각적 배치가 불가능하다. 공감각은 커녕 시각적 울림조차 향유하기 어렵다. 여행자와 공간이 접속할 수 있는 '사이성'이 모두 증발되었기 때문이다. 기차의 편리함과 속도는 그 대가로 주어진 것이다.

우주적 공감의 결락

바뀐 것은 여행의 배치만이 아니다. 더 근본적인 건 우주와 마음 사이에서 일어났다. 심학心學의 원조, 육상산陸象山이 사상적으로 크게 자각했던 것은 열세 살 때의 일이라 한다. 열세 살 때 그는 책을 읽다가 '우주'라는 두 글자에 부딪히게 되었다. 주석에 이르기를, 사방과 아래 위를 우宇라 하고, 과거·현재·미래의 시간의 흐름을 일컬어서 주宙라고 한다고 되어 있는 것을 읽고는 "과연 무궁한 것이다. 사람과 천지만물이란 모두 이 무궁함 속에 있는 것이다"라고 깨달았다고 한다. 그러고는 그 감격을 이렇게 적어 놓았다. "우주 내의 일은 곧 나의 분수 안의 일, 나의 분수 안의 일은 곧 우주의 일이다"시마다 겐지, 『주자학과 양명학』, 김석근·이근우 옮김, 까치, 1986, 129쪽라고.

열세 살이라는 나이노 놀랍거니와 우주, 무궁, 천지만물 등이 표상하는 스케일 또한 경이롭기 짝이 없다. 다음의 글도 그 연장선상에 있다.

우주, 이는 곧 나의 마음이고, 나의 마음, 이는 곧 우주이다. 동해에서 성인이 나오더라도 그 마음은 이와 같고 이 이치도 같게 된다. 서해에서 성인이 나오더라도 이 마음은 같게 되고 이 이치도 같게 된다. 남해, 북해에서 성인이 나오더라도 이 마음은 같게 되고 이 이치도 같게 된다. 천백세 위로부터 천백세 아래에 이르기까지 성인이 나온다면 이 마음, 이 이치는 모두 같다. 시마다 겐지, 『주자학과 양명학』, 129쪽

여기서 심학의 테제나 사상사적 배경 따위는 일단 제쳐두기로 하자. 지금 우리가 눈여겨 볼 것은 우주와 동서남북 천지에다 천백세 위와 아래를 망라하는, 광대무변의 시공간성이다. 이것과 저 20세기 초의 오성과 지구에 대한 인식은 어떻게 다른 것일까? 물론 수많은 차이들이 있다. 하지만, 가장 두드러진 건 시공간과 주체 사이의 공감의 측면이다. 즉, 육상산은 우주를 사유하는 순간, 곧바로 우주적 공감 속으로 진입한다. 그 공명의 지대에선 주체와 공간이 하나로 어우러지면서 아주 특이한 시공간이 탄생된다. 주체도, 대상도 없이 '우주가 곧 마음이고 마음이 곧 우주'인 특이한 시공간적 흐름이. 그리고 그에 걸맞게 시간 또한 무한팽창한다. 요순시대를 마치 어제 일처럼 회상하고 수천 년의 역사를 자유자재로 주파하는 사유방식도 바로 여기에서 비롯한다.

육상산은 특히 두드러진 경우이고, 근대 이전의 철학은 모두 우주적 공감을 지향하였다. 불교, 도교는 말할 것도 없고, 공자의 '인'은

에서 주자의 '천리'天理, 양명의 '양지'良知, 그리고 연암의 '명심'冥心에 이르기까지 개념의 구체적 운용방식에선 차이와 대립이 있을지언정 그 베이스에 '우주적 파토스'가 깔려 있는 것만은 다르지 않다. 19세기의 사상가 최한기는 동양의 기학적 전통은 물론 서양 근대과학까지 섭렵하여 독창적인 기학을 완성하였는데, 그 역시 "말을 하지 않으면 그만이려니와 말을 하면 천하인이 취해 쓸 수 있고 발표하지 않으면 그만이려니와 발표하면 우내인宇內人이 감복할 수 있어야 한다"고 설파했다.임형택, 「개항 전 유교지식인의 '근대' 대응논리─최한기를 중심으로」, 『유교문화와 한국사회』, 1999 19세기 말까지도 '우주적 합일에의 충동'이 여전히 꿈틀거렸던 것이다.

근대적 시공간의 표상에는 정확하게 이런 특이성이 결락되었다. 인간은 더 이상 우주와 공명하지 못한다. 별의 운동과 위치를 정확히 꿰뚫고, 심지어 그것을 정복할 수는 있을지언정 우주와 소통할 수 있는 길은 모조리 차단되었다. 이젠 어떤 학자도, 심지어 천체 물리학자라 해도 우주와 공명하는 길을 찾으려 하지 않는다. 어디까지나 우주는 우주고, 나는 나일 뿐이다. 시간 표상 또한 지극히 협소해졌다. 천 년은 고사하고, 백 년의 시간조차 한 번에 조망하지 못한다.

'사이성'이 사라진다는 건 이것과 저것 사이에 확연한 위계가 설정됨과 동시에 주인과 노예의 권력관계가 구성된다는 의미이기도 하다. 이 관계 안에선 누구도 자유롭지 못하다. 노예는 물론 주인조차도. 인간과 우주의 관계 또한 그러하다. 소유할 수는 있되, 결코 그것과 공감할 수는 없는 것, 그것이 바로 근대인의 우주다.

5. 진화론, 기차의 다른 얼굴

우승열패의 신화

> 噫라 自有天地以來로 生物之類의 血氣之屬이 無時不有競爭焉하니 勝者는 主하고 敗者는 奴하며 勝者는 榮하고 敗者는 辱하며 勝者는 樂하고 敗者는 苦하며 勝者는 存하고 敗者는 滅하나니 値其競爭之局하여 凡有知覺運動之性者가 孰不求勝於他哉아 …… 然則孰勝孰敗오 하면 其唯曰 智優者는 勝하고 智劣者는 敗라 할지로다*
>
> 『서우』西友 1호, 1906년 12월호 논설 「교육이 불홍이면 생존을 부득不得」

국한문 혼용이라고 스트레스 받을 거 없다. 요점은 간단하다. '생존경쟁은 천연天然이오 우승열패는 공례公例'라는 것. 기차가 눈에 보이는 속도와 파워로 등장했다면, 진화론은 정신의 지축을 뒤흔들며 도래했다. 시간을 컨트롤하는 방식, 과거와 미래를 사유하는 법, 현재를 조직하는 법 등 시간에 대한 인식론적 지층들을 완전히 탈바꿈시켰다는 점에서 진화론은 일종의 '기차의 세계관'이라 할 수 있다.

위의 자료가 보여 주듯, 20세기 초가 되면 사람들은 모두 세계를

---

* 인용문의 한자 독음은 다음과 같다. "희라 자유천지이래로 생물지류의 혈기지속이 무시불유경쟁언하니 승자는 주하고 패자는 노하며 승자는 영하고 패자는 욕하며 승자는 낙하고 패자는 고하며 승자는 존하고 패자는 멸하나니 치기경쟁지국하여 범유지각운동지성자가 숙불구승어타재아 …… 연즉숙승숙패오 하면 기유왈 지우자는 승하고 지열자는 패라 할지로다."

생존경쟁이라는 틀로 파악하기 시작했다. 흔히 열강의 침략이 본격화되면서 불가피한 선택이었으리라 예상할 테지만, 그건 너무 안이한 해석이다. 진화론은 서구열강의 진군을 분석하는 도구이기도 했지만, 동시에 인간중심주의, 역사의 원리, 정치경제학 등 모든 영역을 전방위적으로 포괄했다. 우리의 예상과는 달리 진화론은 기독교와 충돌하지 않았다. 충돌은커녕 멋지게 손을 잡았다. 문명의 진보는 창조주인 야훼의 뜻을 실현하는 것이다, 라는 식으로. 참, 소박하다고 해야 할지 교묘하다고 해야 할지. 사실 이 정도는 약과다. 실제로 근대성은 허다한 '이율배반'을 그 안에 품고 있다. 이성을 트레이드 마크로 내세웠지만, 이성적으로 설명하기 어려울 땐 황당할 정도로 '반이성적으로' 문제를 해결했다. 진화론과 기독교의 타협은 그 가운데 하나일 뿐이다.

진화론이 어떤 과정을 거쳐 한국에 수용되었는지는 오리무중이다. 분명한 건 20세기 초 갑자기 담론의 도처에서 다양한 레토릭으로 변주되기 시작했다는 사실이다. 진화론을 세상에 유포시킨 가장 유력한 매체는 『대한매일신보』다. 대표적인 텍스트가 1909년 8월 11일자에 실린 '경쟁의 진보'라는 제목의 논설이다. 서두는 이렇다.

대저 십구 세기 이래로 세계문명의 진보됨이 돌연히 더욱 급속히 되어 일 년간에 진보된 것이 옛적 수백 년간 진보한 것보다 빠르고 십 년간에 진보된 것이 옛적 수천 년간 진보한 것보다 빠르다 이것은 실로 천지가 개벽한 이후 처음 보는 신세계다. 이것은 누구의 공덕인가? 다윈씨의 공이다. 그는 무슨 술법으로 이 공을 이루었는가? '인류경쟁론'으로 이루었다. 다윈이 나기 전 동양의 선비들은 진보가 아니라 퇴보를 주장하여 늘상 지금이 옛날만 못하다며 "오직 옛사람이 마련한 규모를 지키며 사람마다 오직 옛사람의 유전한 뜻을 준행"하고자 하였다. 단적으로, '옛사람의 노예되기'만을 구했다. 그런데 다윈씨로 인해 비로소 인류는 진보한다는, "만고에 썩지 아니하는 학술의 이치를 밝혔"다.

그 이치의 요점은 이렇다. 벌레가 짐승이 되고 짐승이 사람이 되니 사람이란 원숭이가 변화하여 된 것이라는 것. 그렇다면 이와 같은 진보의 원동력은 무엇인가? 경쟁, 두 글자가 바로 그것이다. 인간과 동물은 시시때때로 서로 경쟁하여 오직 우승한 자와 강한 자만 남기 때문에 진화가 끊이지 않는 법이다. 달리 말하면, 경쟁이 있어야 세상은 진화할 수 있다. 그래야 열등한 자들이 사라져 갈 테니까.

(다윈)씨의 이 말이 한번 나매 천하각국의 이목이 홀연 열리어서 각각 우승한 자와 강한 자 되기를 힘쓰는데 변사는 혀를 놀리며 문사는 붓을 두르고 군인은 기예를 연습하며 학자는 이치를 궁구하여 국가는 강국되기를 힘쓰며 인민은 우승한 민족되기를 힘써서 오늘날 서로 눈을 부릅뜨고 격렬하게 경쟁하는 이 천지를 조성하였으니 응위하다 다윈씨여

구라파에서는 어린애들도 이런 이치에 대해 줄줄 외고 다니는데, 한국에서는 무지몽매하여 늙은 선비들도 이 이치를 잘 알지 못한다. 하여, 그걸 깨우쳐 주기 위해 이 글을 썼다는 것이 마지막 멘트다.

단순과격한 어법이긴 하지만 이 텍스트에는 진화론을 둘러싼 이슈들이 두루 망라되어 있다. 또한 진화론이 기존의 가치들을 모조리 쓸어 버린 뒤 담론의 지평을 평정하는 과정이 적나라하게 노정되어 있다. 이 '파죽지세'의 진군 앞에선 어떤 논리나 가치도 발붙일 틈이 없어 보인다. 마치 기차가 산을 뚫고 강을 가로질러 가는 것처럼.

우승열패나 경쟁, 진보 등이 다윈의 진화론이 아니라, 헉슬리나 스펜서의 『사회진화론』에서 유래했다는 건 이제 상식 중의 상식이다. 간단히 말하면, 다윈의 진화론은 목적도, 방향도 설정하지 않는다. 적자생존 역시 우수한 종자가 살아남는다는 의미라기보다 자연선택, 곧 주어진 환경에 대한 적응력의 의미가 더 강하다. 따라서 아주 열등해 보이는 종자가 더 뛰어난 적응력을 보일 수 있는 법이다. 얼마든지! 하지만 사회진화론의 배치에 들어오는 순간, 자연선택은 철저한 우승열패의 신화로 고착되고 만다. 거기에 근대적 목적론까지 결합되면 다윈과 스펜서 사이의 갭은 더 이상 돌이킬 수 없는 지경에 이른다.

하지만, 당시엔 그런 건 별 고려대상이 아니었다. 다윈이건 스펜서건 무슨 상관이 있으랴. 세계를 움직이는 원리는 오직 '서바이벌 게임'인 것을. 우승열패의 신화는 이러한 절박함을 토양 삼아 도처에서 그 영향력을 발휘하기 시작하였다.

천시(天時)에서 인시(人時)로!

진화론은 인류의 역사를 낮은 단계에서 높은 단계로, 유아 단계에서 성인의 단계로 나아가는 것으로 파악한다. 그것을 민족 단위로 사유하는 순간 역사가 탄생된다. 시계적 시간이 양화된 평면 위에 오직 수로만 환원되었던 것처럼, 역사담론 역시 '시간의 단수화'와 함께 출현한다. 『삼국사기』와 『고려사』 기술이 잘 보여 주듯, 근대 이전에는 자연의 시간과 인간의 시간이 뒤섞여 있었다. '역사'가 신화, 전설, 정치, 제도 등 다양한 서사들로 구성되었던 것도 이러한 시간의 다중성과 연계되어 있다. 사마천이 밝혔듯, "『사기』 130권은 천과 인간의 관계를 규명하고 고금의 변화를 관통하는 원리를" 밝히기 위해 쓰여졌다.

그에 비해, 근대적 역사는 이런 시간의 다중성을 해체해 버린다. 오직 인간의 행위라는 척도만이 최종심급으로 작용한다. '시간의 탈자연화', 그것이 곧 근대적 의미의 역사라고 해도 무방하다. 20세기 초 한국에서도 그러했다. 이 점과 관련해 아주 흥미로운 자료가 하나 있다. 역시 『대한매일신보』의 논설 가운데 하나다.

저 해외열강국에서 명절이라 하는 자를 볼진대 모두 인사에 속한 것이라 인민의 생활은 국가에 매인 고로 나라를 창건한 기원의 명절이 있고 국가의 기초는 법을 세우는 데서 성립이 된 고로 입헌기념의 명절이 있으며 역사에 영광을 드리우던 그날의 명절도 있고 전국에 큰 난을 진정하던 그날의 명절도 있으며 또 그 외에 큰 종교가 나 큰 철학가의 생일로 명절을 정함도 있으니 그 명절과 그 경절이라 하는 것이 태반이나 국민의 기념하는 날이어늘 이에 한국에는 지금 사천여 년을 내려오며 다만 순환하는 천시를 보아서 청명하고 가히 사랑할 만한 날이면 이것을 명절이라 하였도다

외국의 명절은 국가기념일인데, 한국의 명절은 천시天時를 따른 것이라는 주장이다. 그러고 나서 지금은 기억도 아슴푸레한 전래명절들을 하나씩 나열한다. 정월 보름 상원, 삼월 삼일 삼짇날, 팔월 보름 추석, 구월 구일 중양절, 기타 청명, 한식, 단오, 칠석, 제석除夕 등등. 모두 "심상한 천시를 취하여 아름다운 이름을 정한" 것들이다.

오호라 대한민족이여 총명영오한 민족이 이천만이요 고유한 지방이 팔만이천 방리라 이에 국가를 창건한 지가 이미 사천이백여 년이어늘 한 번도 국민의 큰 사업을 경영하여 몇 천만 손으로 함께 뛰며 몇 천만 입으로 함께 노래를 부르고 몇 천만 마음으로 함께 경사를 축수할 큰 명절을 창조한 자가 없고 다만 하늘만 쳐다보고 달이나 밝고 바람이나 맑으며 새가 지저귀고 꽃이 웃는 날이면 이날을 가르쳐 이르되 명절이라 하니 이것이 어찌 국민의 수치라 아니 하리오 슬프다

여기에는 조선시대의 명절이 사계절의 운행 및 그에 대한 인간

의 감응이라는 원리에 대한 어떠한 고려도 없다. 그것은 단지 아무 생각없이 하늘만 쳐다보고 음풍농월한 것에 지나지 않는다. 사천이백 년간이나 그 짓을 하고 있었으니, 어찌 부끄럽지 않겠는가. 남들은 치열하게 분투하고 있는데, 태평하게 놀고 있었으니 말이다. 대충 이런 논지이다. 근대가 이전의 역사를 '타자화하는' 태도를 극명하게 보여 주는 대목이다. 즉, 현재를 척도로 이전의 시간들을 다 저급한 것으로 매도하는 것, 이런 것을 일러 '내적 오리엔탈리즘'이라고 할 수 있지 않을까? 부연하면, 서구가 동양을 타자화하는 것이 공간적 차원의 오리엔탈리즘이라면, 20세기 한국이 그 이전의 시대를 타자화하는 것은 시간적 차원의 오리엔탈리즘이라 할 수 있을 것이다. 다시 '자료'를 따라가 보자.

> 기선과 철도의 교통함이 새로우며 내치와 외교의 정책이 새로우며 그 외에 법률학술이 모두 새로워서 일체만물을 들어 새 천지를 지은 오늘날이니 힘쓸지어다 한국동포들이여 일체 새 교육을 발흥하여 마음을 맹세하며 광음을 아끼어 새 국민의 사업을 이미 이룬 후에 전국 남녀노소가 애국가를 무궁화 밑에서 태평일월에 함께 부르는 날이 진실로 이 국민의 명절이라 하노라
>
> 『대한매일신보』 1908년 8월 5일자 논설 「명절」

요컨대 국경일을 명절로 삼자는 것이다. 그러기 위해선 뭔가 기념이 될 만한 업적이 있어야 한다. 결국 결론은 '새 국민의 사업'을 추

진하자는 것. 다들 알다시피, 실제로 그렇게 되었다. 지금 우리에겐 추석과 설날을 제외한 모든 명절이 사라졌고, 그 대신 생소하기 짝이 없는 온갖 국경일들만 남았다. 오직 인간(이라기보다 민족)이 수행한 일들로만 꽉 채워진 것이다. 잃은 건 축제요, 얻은 것은 '썰렁한' 기념일뿐!

그런 점에서 위의 텍스트는 여러 모로 흥미로운 단서를 제공해 준다. 먼저, 자연의 시간이 인간의 시간과 대비되면서, 자연과의 유대를 단호히 끊어 버릴 것을 요구하고 있다. 천시天時에서 인시人時로의 전환. 전자가 순환과 반복을 특징으로 한다면, 후자는 일직선으로 펼쳐지는 선분적 시간을 특징으로 한다. 천시가 하늘을 쳐다보며 음풍농월하는, 즉 인간의 활동이 수동적으로 표현되는 시간이라면, 인시는 철도와 기선이 상징하듯 인간의 활동이 능동적으로 펼쳐지는 시간이다. 전제가 이렇게 되면, 천지와 인시는 그야말로 게임이 안 된다. 인시의 일방적 승리! 하여, 이제 인간은 자연의 일부에서 '자연에 맞선' 존재로 전이되었다.

고로, 역사의 탄생은 인간, 곧 근대인의 전면적 등장과 맥을 같이한다. 인간은 그야말로 만물의 영장, 자연의 지배자로 우뚝 서게 되었다. 그리고 바로 그 점에서 진화론은 기독교와 '행복하게' 조우할 수 있었다. 당연한 말이지만, 이렇게 되면 천재지변, 사계절의 순환, 별들의 운행 따위는 역사의 외부로 밀려날 수밖에 없다. 시간의 '탈자연화', 곧 시간의 '단수화'는 이 과정에서 그 실체를 드러내게 된다.

이야기로서의 역사

시간이 단수화되면서, 역사를 구성하는 '이야기'도 전면적으로 달라졌다. 즉, 천지자연의 운행 및 거기에 깊이 연루되어 있었던 사건의 지층들은 '비역사적'인 것으로 치부되었다. '역사, 역사적인 것'은 인간의 행위, 그중에서도 "사건과 사건, 시대와 시대 사이의 연속성을 놓치는 일이 없는" 인과론적 전망 위에서 배치된다. 임현수, 「한말 개화기 역사서술의 시간성 : 중화적 시간성의 음영」, 한국종교문화연구소 발표요지, 2004

여기서 인간의 행위가 민족 혹은 국가라는 집합체의 이야기를 뜻하는 것은 말할 나위도 없다. 앞의 텍스트에서 보듯이, 자연 속의 삶은 음풍농월하며 자족하는 무기력한 것처럼 묘사되어 있는 반면, 인간의 시간은 분명하게 범국민적, 범국가적 차원에서 이루어지는 창조적 행위를 지칭하고 있다.

신채호는 「독사신론」讀史新論에서 "국가는 민족정신으로 구성된 유기체"라고 정의하면서, "역사를 쓰는 자는 반드시 그 나라의 주인되는 종족을 먼저 나타내어, 이것으로 주제를 만든 후에 그 정치는 어떻게 흥하고 쇠하였으며 산업은 어떻게 번창하고 몰락하였으며, 그 무공은 어떻게 닦여지고 쇠퇴하였으며, 생활관습과 풍속은 어떻게 변하여 왔으며, 밖으로부터 들어온 종족을 어떻게 받아들였으며, 다른 지역의 나라들과 어떻게 교섭하였는가를 자세히 기록해야 역사라고 말할 수 있다. 만일 이와 같지 않다면, 이것은 정신이 없는 역사"가 될 것이라고 단언한다. 즉, 그가 보기에 역사를 구성하는 가장 중요한 인자는 민족정신이고, 그것을 보증해 주는 척도는 혈통에 있었던 것이다. 민족이라는 상상물이 탄생되는 지점이 바로 여기이다.

그리고 이 상상물은 이제 과거로, 과거로 소급하여 태초부터 존재했던 것처럼 '실체화'된다.

> 오호라 한국 동포여 그대네는 사천 년 신성한 역사 중 인종이 아닌가 그대네가 삼천 리 천부금탕天賦金湯; 하늘이 내린 명당을 웅거하여 사는 인민이 아닌가 그대네는 총명영오한 황인종 중 상등인이 아닌가 그대네가 문명한 단군의 자손이 아닌가 그대네가 예의지방으로 자칭하는 조선 사람이 아닌가 그대네가 수천 년 전에 문명이 이미 열려서 일본을 교도하던 삼한민족이 아닌가

『대한매일신보』 1908년 7월 28일자 논설

근대 이후의 역사서들은 구체적인 궤적에서는 차이가 있을지언정 민족의 기원과 유래를 설정하고 그 웅대한 자취를 기술한다는 점에서는 동일하다. 역사가 이런 식으로 설정되자 역사 서술에서 시작과 중간과 끝이 있는 '서사적 통일성'이 요구되었다. 연대기적으로 듬성듬성 나열되기보다 사건들 사이가 촘촘하게 이어지면서 주체와 동기들이 명료하게 부여되었다. 말하자면, 하나의 완결되고 잘 짜여진 이야기로서의 역사가 만들어졌던 것이다. 곧 민족의 대서사로서의 역사. 이 대서사야말로 근대 민족담론에 피와 살을 입힌 장본인이었다.

차이는 다른 것과의 대비 속에서 더욱 선명하게 드러나는 법. 여기서 잠깐 조선후기 민족담론에 대해 짚고 넘어가기로 하자.

차이와 간극

민족담론은 일단 외부와의 관계를 어떻게 설정할 것인가로부터 비롯한다. 조선후기의 경우에는 그 외부가 청나라 문명이었다. '중화와 사이四夷'라는 세계인식이 지배했던 중세에 중화로부터의 문명의 유입이라는 원칙은 보편적 진리였고, 따라서 그 지반으로부터 민족의 내부와 외부의 경계에 관한 담론이 활발하게 형성되기는 어려운 실정이었다. 그런데 문제는 당시 중국을 지배하고 있는 종족이 중화문명의 주체인 한족이 아니라, 오랑캐인 만주족이라는 점이다.

조선후기에 이른바 민족담론이 생성될 수 있는 요건은 바로 이러한 간극, 중화의 지배자와 중화문명이 분리된 시대적 조건에 있었다. 이때 가능한 선택지는 이런 정도일 터이다. 먼저, 중화를 지배하는 오랑캐는 문명의 담지자가 아닌 까닭에 그것은 정벌의 대상이다. 그리고 이제 중화문명은 국가적 실체를 지닌 것이 아니므로, 다시 말해 중화에 대한 '비종족적' 해석이 가능하게 되었으므로 문명의 빛을 담지한 조선이 중화의 작은 대변자, 곧 '소중화'가 된다. 북벌론의 이데올로기는 이런 방식으로 도출되었다. 더욱이 병자호란의 치욕적 수치를 겪은 바 있는 조선의 지배자들은 약자들의 '원한에 찬 복수심'을 이런 식으로 자위하면서 소중화론을 내부적 통치의 기제로 적극 활용하였다. 최근 소중화론을 민족적 자존의식의 고양으로 해석하는 경우가 심심치 않게 등장하는데, 그것이야말로 민족주의 담론이 얼마나 열등감의 산물인지를 말해 주는 생생한 증거이다.

또한 이것은 민족적 자주성이라는 정치적 언표만을 절대시하는 논리의 소산으로 하나의 담론이 어떤 현실적 배치하에서 기능하는지, 어떤 효과를 유도하는지에 대한 고려가 애초부터 거세된 사고이다. 중화주의의 지평을 넘어서기는커녕, 그 내부에 더욱 깊이 잠수하려는 욕구의 산물! 소중화론은 이런 욕구와 지식이 결합되는 메커니즘의 차원에서 접근되어야 할 것이다.

그와 대비되는 또 다른 선택지가 북학파의 것이다. 그들은 청나라를 북벌의 대상이 아니라 적극적 교통의 대상으로 간주하는 입장을 취한다.

우리나라 선비들은 한쪽 구석 땅에서 편벽된 기운을 타고나서, 발은 대륙의 땅을 밟아 보지 못했고 눈은 중원의 사람을 보지 못했고, 나고 늙고 병들고 죽을 때까지 제 강역을 떠나 본 적이 없다. …… 예禮는 차라리 소박한 것이 낫다고 생각하고 누추한 것을 검소하다고 여겨 왔으며, 이른바 사민四民: 사·농·공·상이란 것도 겨우 명목만 남아 있고, 이용후생利用厚生의 도구는 날이 갈수록 빈약해져만 갔다. 이는 다름이 아니라 배우고 물을 줄을 몰라서 생긴 폐단이다. 만일 장차 배우고 묻기로 할진데 중국을 놓아두고 어디로 가겠는가. 그렇지만 그들의 말을 들어 보면 "지금 중국을 차지하고 있는 주인은 오랑캐들이다" 하면서 배우기를 부끄러워하며, 중국의 옛 법마저도 함께 얕잡아 무시해 버린다. 저들이 진실로 변발을 하고 오랑캐 복장을 하고 있지만, 저들이 살고 있는 땅이 삼대三代;하.은.주 이래 한·당·송·명의 대륙이 어찌 아니겠으며, 그 땅 안에 살고 있 는 사람들이 삼대 이래, 한·당·송·명의 유민遺民이 어찌 아니겠는 가. 진실로 법이 훌륭하고 제도가 아름다울진대 장차 오랑캐에게 라도 나아가 배워야 하는 법이거늘, 하물며 그 규모의 광대함과 심 법心法의 정미함과 제작의 굉원宏遠함과 문장의 찬란함이 아직도 삼 대 이래 한·당·송·명의 고유한 옛 법을 보존하고 있음에랴.

박지원,「북학의서北學議序,『연암집』(하), 신호열·김명호 옮김, 돌베개, 2007, 66쪽

주周나라는 스스로 주나라이며, 오랑캐는 오랑캐일 뿐이다. 주나라 와 오랑캐 사이에는 엄격한 차이가 존재한다. 오랑캐가 주나라를 어지럽혔다고 해서 주나라의 오랜 문물까지 자기들 것으로 바꾸었 다는 말은 듣지 못했다.

청나라가 천하를 차지한 지가 백여 년이 흘렀다. 중국 백성의 자녀 들이 태어나고 보석과 비단이 생산되는 것이라든지, 집을 짓고 배 와 수레를 만들며 경작하는 방법이며, 최씨崔氏·노씨盧氏·왕씨王氏· 사씨謝氏와 같은 명문가의 씨족은 여전히 그대로 남아 있다. 그런데 저들까지 깡그리 오랑캐로 몰아세우며, 그들의 법까지 팽개친다면 그것은 크게 옳지 못한 일이다.

만약 백성들에게 이익을 가져다준다면 그 법이 오랑캐에서 나온

것이라 하더라도 성인은 그 법을 채택할 것이다. 더구나 중국의 옛
땅에서 만든 법이 아닌가.

박제가, 「존주론」尊周論, 『북학의』, 안대회 옮김, 돌베개, 2003, 278~279쪽

북학파를 대변하는 이 텍스트들은 기본적으로 북벌론과 동질적
인 지반 위에 서 있다. 즉, 여기서도 중화문명/청나라 오랑캐라는 이
원적 구획, 중화문명에 대한 동경 등이 언술의 기저를 이루고 있다.
그렇다면 북벌론과 갈라지는 지점은 어디인가? 낙후된 조선 및 그에
대비되는 청문물의 놀라운 역동성에의 자각이다. 북벌론자들이 조
선을 소중화라 본 것과 달리 북학파에게 있어 조선은 문명권에서 소
외된 편협한 변방에 불과하다.

그렇다면 어떻게 이 무기력한 곳에 문명의 활기를 불어넣을 것인
가? 유일한 통로는 중화문화의 점유자, 혹은 상속자인 오랑캐 청
나라다. 명분과 현실 사이의 불가피한 동요. "만약 백성들에게 이익
을 가져다준다면 그 법이 오랑캐에서 나온 것이라 하더라도 성인은
그 법을 채택할 것이다. 더구나 중국의 옛 땅에서 만든 법이 아닌가"
라는 교묘한 절충론은 사실 그러한 동요와 간극의 산물이다.

이렇게 북학파의 텍스트들에는 중화주의의 평면에 의존하면서
도 틈새들을 이리저리 가로지르는 논리의 줄타기가 이루어진다. 주
목해야 할 것은 그들이 민족적 주체성을 얼마나 자각했는가 혹은 중
국에 대한 대타적 인식이 얼마나 강렬했는가 하는 최종적 결론이 아
니라, 이러한 엇갈리는 지층들 자체가 아닐까. 이 엇갈림 속에서 중

화주의의 지반은 계속 동요했기 때문이다.

그런가 하면, 이런 식의 모색도 시도되었다.

하늘에 가득한 별들치고 저마다 세계 아닌 것이 없다. 뭇별에서 본다면 지구 또한 하나의 별일 뿐이다. 한량없는 세계가 우주에 흩어져 있거늘 오직 지구가 그 중심에 있다는 말은 이치에 닿지 않는 주장이다. 그러므로 별들은 저마다 다 세계이며, 모두 회전한다. 뭇별에서 보면 지구에서 보는 것과 똑같이 다 그 별이 중심이라고 여기게 된다. 별들은 모두 하나의 세계이기 때문이다.

홍대용, 『담헌서』 ; 박희병, 「홍대용 사상에 있어서 물아物我의 상대성과 동일성」, 『한국의 생태사상』, 돌베개, 1999, 284쪽에서 재인용

중국과 서양은 경도 차이가 180도이다. 중국인은 중국을 정계正界로 삼고 서양을 도계倒界로 삼지만, 서양인은 서양을 정계로 삼고 중국을 도계로 삼는다. 그러나 실상 하늘을 이고 땅을 밟고 사는 건 지구상의 어느 지역이든 똑같으니, 횡계니 도계니 할 것 없이 다 정계다. 홍대용, 『담헌서』 ; 박희병, 앞의 글, 285쪽에서 재인용

시선이 이렇게 확장되면, 이제 안과 밖, 중국과 오랑캐, 물物과 아我의 구분 역시 절대적 구획에서 해방된다. 중화인가 오랑캐인가, 혹은 청나라가 중화문명의 계승자인가 아닌가 또는 조선이 소중화인가 오랑캐인가는 중요하지 않다. 각자는 모두 자기 나름의 가치를 지

니고 존재하는 것일 뿐 하나의 중심으로 수렴될 필요가 없다.

그런데 이러한 시각은 다양한 방식으로 '절단, 채취'될 수 있다. 예컨대 중화주의의 구도를 탈피하여 민족적 주체를 자각한 것으로 해석될 수도 있고, 그와는 달리, 중심을 해체하고 모든 시공간을 차이와 다양성으로 사유함으로써 민족의 경계조차 넘어선 것으로도 해석될 수 있다. 앞에 제시된 박지원과 박제가의 전략이 언표들의 충돌을 통해 간극을 만들어 내는 것이라면, 홍대용의 담론은 담론의 편폭을 대폭 확장하는 효과를 발휘한다.

북학파는 아니지만, 이옥李鈺 역시 그런 흐름들과 연동되어 있다.

대체로 논하여 보건대, 만물이란 만 가지 물건이니 하나로 묶을 수 없다. 하나의 하늘이라 해도 서로 같은 하늘이 하루도 없으며, 하나의 땅이라 해도 한곳도 서로 닮은 땅이 없으니, 이는 마치 천만 사람이 각기 저마다 천만 가지 이름을 가졌고 300날에 또 각기 300가지 다른 일이 있음과 같다. 오직 그와 같을 뿐이다. 그러므로 역대로 하夏·은殷·주周·한漢·진晉·송宋·제齊·양梁·진陳·수隨·당唐·송宋·원元들이 한 시대도 다른 한 시대와 같지 않아 각기 저마다 한 시대의 시가 있었다. 열국列國을 보아도 주周·소召·패邶·용鄘·위衛·정鄭·제齊·위魏·당唐·진秦·진陳들이 한 나라도 다른 한 나라와 같지 않아서 각기 저마다 한 나라의 시가 있었다. 30년이면 세대가 변하고 백리를 가면 풍속이 같지 않다. 어찌하여 대청大淸 건륭 연간에 태어나 조선땅 한양성에 살면서 짧은 목을 길게 늘이고 가는 눈을 크게 부릅떠서 망령되이 국풍·악부·사곡 짓는 것을 말하고자 하는가?

이옥, '일난'·難, 「이언」(俚諺, 『이옥 전집』 2, 실시학사 고전문학연구회 역주, 소명출판,

2001, 292~230쪽

이 텍스트는 시대와 공간을 제각기 이질적인 것으로 사유하는 가장 파격적인 언술이다. 각각의 시간들과 나라들은 저마다의 이질성 위에서 존재할 뿐, 어떤 전범적 표상을 중심으로 운행하지 않는다. 이른바, '저기(중국), 그때(고대)'로부터 '지금, 여기(조선)'로의 시선의 전환이 일어난 것이다.

그런데, 이 시선의 전환을 민족담론으로 흡수해 버리는 순간, 논리의 특이성은 증발되고 만다. 민족이라는 동일성의 장으로 포획됨으로써 차이와 이질성이라는 애초의 기반이 졸지에 해체되어 버리기 때문이다. 말하자면, 근대 민족담론에는 이런 차이와 이질성이 뛰어놀 수 있는 공간이 원천적으로 부재하는 셈이다.

진보라는 척도— 시간의 '가속화'

20세기와 더불어 민족담론의 지형은 전면적으로 변화되었다. 중화-소중화-이적이라는 삼중주가 서구문명과 일본, 조선이라는 새로운 삼각형 구도로 바뀌게 된 것이다. 형식체계는 유사하지만 내부의 작동원리는 전적으로 다르다.

중화주의가 저 아득한 태곳적의 광채로 '지금, 여기'를 압도하는

기능을 했다면, 서구는 '모든 고정된 것을 연기처럼 날려' 버리는 현재의 특권화 속에서 과거를 재구성한다. 그러므로 18세기 지식인들에게는 중화문명의 틈새를 가로지르며 어떻게 변이의 선들을 그을 것인가가 관건이었다면, 20세기의 계몽주의자들에게는 어떻게 낡은 과거와 결별하고 서구문명의 장막 속으로 편입할 것인가가 지상 최대의 과제였다. 전자의 특징이 차이와 이질성의 담론이었다면, 후자는 서구 근대라는 '대타자'와의 동일성 확보가 관건이 되었던 것이다. 일본이라는 적에 대한 증오는 근대문명에 대한 동경을 한층 강화시켰고, 그 과정에서 바야흐로 '민족'이라는 새로운 집합적 주체가 탄생했다. 민족의 대서사로서의 역사가 탄생한 것도 이런 맥락에서이다.

그러므로 근대적 역사는 이전의 역사기술과는 어떤 공통점도 없다. 연암이나 이옥의 언술에서 보듯, 중세의 역사인식에는 국경과 혈통의 경계가 존재하지 않는다. 하·은·주, 삼대三代가 이룩한 문명은 어떤 왕조라도 다 본받아야 할 '범례'에 해당한다. 이것을 그저 복고적 퇴행으로 치부하는 것만큼 순진한 일도 없다. 그들에게 있어 역사란 일직선으로 펼쳐지는 것이 아니라, 거대한 순환 속에서 무수한 차이들이 변주되는 것이기 때문이다. 따라서 고대문명은 과거이면서 현재이고, 동시에 미래이기도 하다. 비유하자면, 시간의 지층들이 마치 시루떡처럼 켜를 이루고 공존하고 있는 격이라고나 할까.

근대적 역사기술은 무엇보다 그러한 시간적 중층성을 상정하지 않는다. 먼 과거는 좀더 가까운 과거로, 가까운 과거는 현재로, 현재는 다시 미래로 이어진 것으로 기술된다. 이제 사건의 '잠재적 반복 가능성'이라는 명제와는 결별해야 했다. 그와 더불어 시간을 대면하는 범위가 현저하게 축소되었다. 앞서도 잠깐 언급했듯이, 주름이 평면으로 펼쳐지자 눈으로 파악할 수 있는 시간대가 기껏해야 100년을 못 넘기게 된 것이다. 역사학자라 해도 조선왕조 이상을 자신의 시야에 확보하지 못한다. 고려시대가 타자화되는 것도 그 때문이다. 고구려나 발해 혹은 그 이상의 고대사를 조명할 때는 현재적 욕구가 고스란히 작동할 때뿐이다. 결국 근대의 역사에는 현재를 향해 달려오는 과거, 미래를 향해 달려가는 현재라는 단 하나의 평면만이 존재하는 셈이다.

이 평면을 이끌어 가는 척도가 바로 진보다. 미개와 진화, 야만과 문명의 차이는 결국 시간적 차이를 지칭하게 된다. '아직 이른' '보다 늦은' 등의 언표들이 자연스럽게 쓰이게 된 것도 그 때문이다. 비동시적인 것의 동시성! 그런 기준에 따르면, 역사가 진보한다는 것은 앞의 시기가 뒤의 시기보다 열등한 것이고, 달리 말하면 앞으로 나아갈수록 더 성숙해지는 수직적 위계를 지닌다.

그리고 이 발전의 레일은 인과론적 계열이 명료하게 작동하는 연속성을 지녀야 한다. 즉, 각각의 시기는 불연속적으로 단절되어서는 안 되고, 원인과 결과가 조밀하게 이어지는 과정이어야 한다. 푸코의 말처럼, "인간의 의식을 역사적 진화의 근원적인 주체로 보는 것과 역사적 분석을 연속적인 것의 담론으로 간주하는 것"은 동전의 양면처럼 맞물려 있다.

또한 '진보'라는 신성한 척도는 그저 시간의 선형성과 불가역성만을 의미하는 데서 그치지 않는다. 시간은 이제 무서운 속도로 '가속화'된다. "인심을 떨쳐서 희망하는 마음을 품고 날로 문명에 나아가서 나라를 황금세계가 되게 한다는 건 진보케 한다는 말이요 인심을 저상케 하여 슬픈 광경을 일으키고 날로 흑암한 데로 향하여 마귀지옥에 빠지게 하는 것은 강쇠케 한다는 말이라"『대한매일신보』1908년 8월 13일자 논설「진보와 강쇠」고 할 때 진보와 강쇠는——'나아가서' '빠지게 하는' 등의 언표가 보여 주듯——선후의 문제이자 도덕적 가치의 영역으로 진입한다. 즉, 빠른 것은 선이요, 느린 것은 악이 된다. 시간은 이제 거대한 순환과 중중무진의 '인드라망'을 빠져나와 순간순간 변화가 감지되는 '특급열차' 속으로 진입한다.

아울러 속도에 대한 신봉은 '역사의 생산가능성'이라는 화두로 연결된다. 즉, 미래는 미지의 세계로 열려 있으면서도, 동시에 계획가능한 것이고, 또 치밀하게 계획되어야 한다. 즉 "신이 내려준 전체 역사의 시간 질서에 의해 역사의 재료가 나누어지는 것이 아니라, 미래의 역사와 과거의 역사가 오늘날의 소망과 계획과 질문에 의해 조건지어진다."라인하르트 코젤레크, 『지나간 미래』, 한철 옮김, 문학동네, 1998, 206쪽 "우리는 민족중흥의 역사적 사명을 띠고 이 땅에 태어났다" 혹은 "새 역사를 창조하자"라는, 우리에게 너무도 익숙한 표현들의 기저에는 바로 이러한 인식론이 자리하고 있다.

＊　　＊　　＊

기차는 기본적으로 세계를 균질화한다. 일직선으로 달려야 하기 때문에 그것을 가로막는 것은 산이건 강이건 모조리 관통해야 한다. 그럼으로써 서로 다른 위계를 지니고 있었던 이질적인 공간들은 바로 이 직선이 가로지르는 균질적인 평면으로 변이되어야 한다. 고향이건 타향이건, 우리 땅이건 저들의 땅이건, 음기가 감도는 곳이건 '좌청룡左靑龍 우백호右白虎'의 명당이건, 기차 앞에서 그것은 모두 하나의 평면일 뿐이다. 모든 것을 계산가능한 수량으로 환원하는 근대 자연과학의 명제를 철도는 현실에서 실현했던바, 비유컨대 "기차는 세상을 기차로 만들"김정환, 「기차는 세상을 기차로 만들며」, 『기차에 대하여』, 창비, 1992었던 것이다.

기차의 이러한 직선성은 그러므로 이중적이다. 그가 열어 놓은 평면 위에서 자유롭게 질주할 수 있는 개방성을 지니는 동시에, 그 평면의 확장을 가로막는 모든 것들을 폭력적으로 동일화하려는 폐쇄성을 감추지 않는다는 점에서.

대동세에는 전 지역이 대동하므로 국토의 구분, 종족간의 차별, 군사적인 다툼이 모두 없어진다. 따라서 산을 나누어 요새를 만들거나 물을 이용하여 수비할 필요가 없으므로 험난한 지형을 모두 깎아 평탄한 길로 만든다. 예로부터 있어 왔던 높은 산, 깊은 계곡, 단절된 사막과 너무 더워 두통거리인 지역, 풍재가 있는 곳, 귀신이

나올 것 같은 곳, 깊은 밀림, 독사와 맹수가 있는 곳, 야만인들이 서식하는 곳 등을 평정해서 평탄하게 만들고 어려움을 없애지 않은 곳이 없다. 그러고는 이런 곳을 정리해서 주거지를 만들고, 터널을 뚫고 길을 내어 도회지로 만들고 고을끼리 서로 통하게 한다. 철도를 놓아 끊어진 골짜기를 잇고, 수레와 말이 사막을 왕래할 수 있다. …… 대동세에는 철도가 땅을 가로지르고 기구가 춤추듯 날기 때문에 산악지대나 험악한 지역과 평지가 차이가 없고 벽촌과 붐비는 지방의 차이가 없다. 이런 세상이 이른바 대동세이고 태평세인 것이다. 캉유웨이, 『대동서』, 이성애 옮김, 민음사, 1991, 539~540쪽

무술정변의 주역 캉유웨이康有爲는 승평세 다음에 올 유토피아를 이렇게 묘사하고 있다. 모든 이질적인 것들의 차이를 제거하고 평탄하게 하는 것, 그리하여 모든 곳에 문명이 미치게 하는 것, 그것이 캉유웨이의 '대동프로젝트'였던 것이다. 이것은 무엇보다 철도가 준 상상력이다. 땅을 가로지르며 궁벽한 곳까지 문명의 빛을 비추어야 한다는 발상은 전적으로 철도로부터 비롯되었다. 그러므로 그의 유토피아는 상상불허의 거대기획임에도 불구하고 근대적 평면을 단 한 치도 벗어나지 못한다. 결국 철도가 부과한 상상력의 지반을 넘어서지 않고서는 '근대 너머' 혹은 '근대 이후'를 사유하기란 불가능한 것인가?

6. 맺으며 — 시간의 유목주의는 가능한가?

5백 년에 한 번 하늘나라 선녀가 내려와서 여섯 푼짜리 가벼운 소맷자락으로 바위를 한 번 스친다. 다시 5백 년이 되면 또 이처럼 한다. 이렇게 해서 바위가 닳아 없어질 때까지의 시간을 일겁 劫이라 한다. 참, 기겁할 일 아닌가. 시간을 계산하는 방식도 상상을 깨지만, 그토록 어마어마한 시간을 상정한다는 사실 또한 기가 막히다. 신화적 발상이거니 하면 그뿐이지만, 그게 그렇지가 않은 것 같다. 뇌과학에 관한 강의를 들으면서 또 한 번 기겁을 한 적이 있다. 생명과학에선 시간을 절단하는 기본 단위가 138억 년(빅뱅 초기), 5억 년(캄브리아기 대폭발)이란다. "5억 년을 한움큼에 잡아채야 합니다." "인간이 영장류에서 분류된 건 최근 5, 6백만 년 정도에 불과하지요." 최근 5백만 년? 허걱! 그 정도라면, 일겁이라는 시간도 충분히 '리얼'한 단위가 될 듯하다. 그러면 반만 년 역사, 조선왕조 500년, 20세기 100년은? 찰나 중의 찰나인 셈. 그러나 '일념즉시무량겁' 念卽是無量劫, 곧 한 생각에 무량겁이 담겨 있음을 환기하면, 찰나와 겁은 양으로 환원되지 않는다. 오 마이 갓!

   이런 시간표상 앞에서 오직 혼란만을 느낄 것인가? 아니면 장엄한 화엄華嚴의 바다를 볼 것인가? 그건 전적으로 자신의 선택에 달려 있다. 중요한 건 우리가 철석같이 믿고 있는 근대적 우주는 그저 중중무진의 시공간 가운데 하나일 뿐이라는 것이다. 오직 앞만을 보고 죽도록 달려가게끔 고정된 매트릭스. 자, 그럼 어떻게 그 현란한 매트릭스에서 탈주할 것인가?

　무엇보다 속도에 대한 신앙체계를 전복해야 한다. 먼저, 속도는 빠르기가 아니다! 속도와 빠르기를 동일시하는 것이야말로 시간의 균질화, 선분화에 포획되었음을 증명하는 것에 다름 아니다. 고공 1,000미터 위를 솟아오르는 매의 날개를 본 적이 있는가? 그의 날개는 지극히 고요하다. 영화 「와호장룡」臥虎藏龍의 주인공 리무바이의 무공은 어떤가? 그 매혹적인 대나무밭에서의 결투장면에 나오는 그의 몸놀림에는 속도가 없다! 상대방의 흐름을 타고, 대나무의 리듬을 타고, 그래서 마치 아무것도 하지 않는 것처럼 느껴질 정도다.

　속도가 빠름의 문제가 아닌 것처럼, 느림 역시 느리지 않다. 물론 속도를 거부하고, 게으름을 찬양하는 것도 느림의 표상을 구성하는 요소일 수는 있다. 그러나 그것은 속도와 마찬가지로 시간의 직선성을 전제한다는 점에서 소극적인 거부일 수밖에 없다. 느림의 표상에서 진정 중요한 건 직선으로 환원되지 않는 변칙적 리듬, 다시 말해 '엇박자'를 만드는 것이다. '엇박자'란 기본적으로 우발적이고 즉흥적이기 때문에 일단 측정불가능하다. 그것은 그 순간의 '강렬도'intensity만으로 포착되는 무엇이다. 그런 점에서 느림은 일종의 유목주의에 비유될 수 있다. 고정된 정착점을 거부하고 계속 변이의 흐름을 만들면서 순간의 강렬도를 높여 가는 노마드의 리듬!

　근대인들은 정말 바쁘다. 부유해지면 질수록 더더욱 바빠진다. 그런데 이렇게 바쁘면 바쁠수록 열정은 소거되고, 삶은 텅 비어 버린다. 이런 시스템에선 자신의 욕망에 '반反하는' 일을 '열나게' 하고, 물질적으로 풍요로워질수록 행복이나 지혜와는 점차 멀어지는 어이없는 역설이 얼마든지 가능하다. 느림 혹은 시간의 유목주의란 이 '얼빠진' 스케줄로부터 빠져나오는 것을 의미한다. 코드화된 방향을 벗어나 새로운 리듬을 만드는 것. 삶과 지식의 새로운 배치를 구성하고, 상상력의 새로운 지평을 열고, 이질적인 집단들의 네트워크를 만들 때, 속도·균질화·화폐의 삼중주는 깨어진다. 매번 새로운 악센트가 부여되는 '순간속도'를 만들어 낼 때, 계산과 화폐의 법칙으로 포획불가능한 강렬도를 만들어 낼 때, 그때 비로소 속도의 파시즘은 무력해진다.

다음, 느림의 또 다른 표상은 자기속도를 지니는 것이다. 순간속도가 강렬도의 문제라면, 자기속도는 이질성과 관련된 사항이다. 노마드의 여정에는 목적지가 없다. 아니, 여정, 그 자체가 목적이라고 해야 맞다. 따라서 그는 여정마다에서 마주치는 온갖 대상들과의 능동적 접속을 시도한다. 속도의 파시즘으로부터의 탈주는 이처럼 시간의 내부에 이질적인 외부를 얼마나 구성할 수 있느냐에 달려 있다. 지금, 우리 시대를 지배하는 속도의 신앙은 주어진 삶의 외부, 곧 이질적인 것들을 모조리 배제함으로써만 가능하다. 이 배제는 오직 앞사람의 발꿈치만을 보고 나아가게 하는 조급증을 낳는다. 이 조급증이 시간의 상상력을 얼마나 협소하게 만들었는지! 그 결과, 인간은 우주와 교신할 능력도, 자연과 감응할 힘도, 삶과 죽음을 넘나드는 장엄함도 몽땅 상실하고 말았다. 따라서, 느림 혹은 느리게 산다는 것은 무엇보다 이런 조급증(혹은 협심증)과 결별하여 전혀 예기치 못한 시간(들)을 구성하는 것이어야 한다. 어떤 중심이나 체계로 환원되지 않고, 자신의 욕망과 능력에 따라 고유한 질을 표현할 수 있는 '자기속도'. 그 역동적 변주 속에서만이 속도의 파시즘은 내파될 터이다.

2장
인간, '만물의 영장'이 되다!

"먼지가 엉키면 흙이 되고,…… 물이 되고, 바람이 되고, ……
여러 가지 벌레로 화하는바, 우리 인간이란
곧 이 여러 가지 벌레의 한 무리일 것입니다."
— 연암 박지원, 「곡정필담」鵠汀筆談, 『열하일기』

"우리의 사고의 고고학이 잘 보여 주듯이 인간은 최근의 산물
이다. 그리고 아마 인간은 종말에 가까워지고 있는 자일 것이
다. …… 18세기 말에 고전주의시대의 사고의 근거가
그러했던 것처럼, 어떤 사건이 그 배치를 무너뜨리게 된다면
그때 우리는 인간이 마치 해변의 모래사장에 그려진 얼굴이
파도에 씻기듯 이내 지워지게 되리라고 장담할 수 있다."
— 미셸 푸코, 『말과 사물』

물음 1 몇 년 전,『유마경』維摩經 강의를 들을 때 정화 스님과 나눈 대화의 한토막이다.

> 문 : 스님, 불교에서 말하는 중생이란 곤충 같은 미물에서 나무와 꽃, 무생물까지도 포함시키는데, 사이보그나 복제인간에 대해서는 어떻게 생각하시는지요?
>
> 답 : 당연히 중생에 포함됩니다. 생명이란 특별한 '연기緣起 조건'에 의해 구성되었다가 그 연기 조건이 해체되면 사라지는 것일 뿐입니다. 그런 점에서 사이보그나 복제인간 역시 인간과 조금도 다를 바가 없지요.
>
> 문 : 그럼 사이보그나 복제인간이 스님께 계戒를 받고자 하면 허락해 주실 건가요? ^^
>
> 답 : 사이보그냐 복제인간이냐는 중요하지 않습니다. 중요한 건 나와 어떤 '연기의 장'을 만들 것인가, 어떤 에너지 파동을 구성할 것인가가 문제일 뿐이죠.

애니메이션 <천공의 성 라퓨타>를 보면, 마지막에 로봇이 천공의 성에 있는 정원을 돌보는 장면이 나온다. 기계와 자연의 아름다운 연대! 유위법이 극한에 이르면 무위와 통한다는데, 과연 사이보그의 도래와 함께 인간과 자연, 인간과 기계 사이의 경계는 해체될 수 있을까?

물음 2 나는 한때 <동물의 왕국>(KBS 1TV)의 열렬한 팬이었다. 처음엔 그저 호기심 차원에서였다. 야생동물들의 기상천외한 생존전략을 보면서 마치 무협지나 공상과학 소설을 보듯 스릴과 서스펜스를 만끽했다.

그런데 언제부턴가 가슴 한구석이 무너지기 시작했다. 일단, 먹이사슬의 첫번째 고리를 차지하는 초식동물은 말할 것도 없지만, 사자나 표범, 늑대 같은 맹수들조차 '먹고살기'가 너무 힘들어 보였다. 성체成體가 될 확률도 20% 정도에 불과하고, 간신히 성체의 대열에 낀 뒤에도 사냥 성공률은 지극히 낮았다. 세상에, 저렇게 터프하고 멋진 맹수들이 끼니 때우기가 저토록 힘겨워서야. 심지어 건기 때면, '백수의 제왕'이라는 사자들조차 굶주리다 못해 풀을 뜯어 먹어야 할 정도였다. 한마디로 '서바이벌' 자체가 기적처럼 여겨질 지경이었다. 혼란스러웠다. 사자나 표범이 얼룩말이나 누를 공격할 때, 저 사냥이 성공하길 기원해야 하는가? 아니면 표적이 된 얼룩말이나 누가 무사히 도주하기를 기원해야 하는가? 이를테면, 그것은 생과 사가 하나로 관통되는, 인간의 도덕과 선악이 완벽하게 무력한 지대였다.

더욱 치명적인 건 <동물의 왕국>의 주인공이 궁극적으로 동물이 아니라, 인간이라는 사실이었다. 아프리카 세렝게티건 브라질의 아마존이건 지구상의 야생동물들은 거의 멸종되었거나 멸종되어 가는 중이었다. 지금 남아 있는 건 멸종 직전에 간신히 보호대상이 된 경우일 뿐이다. 원인은 물론 인간이었다. 지구가 수용할 수 있는 인구는 2억 정도라고 한다. 지금, 인류의 수는 70억 명을 넘어섰다. 70

억이 먹고 살기 위해서 나머지 종들은 사라져야 한다. 이러한 인구의 폭발적 증가는 근대 자본주의 문명의 '찬란한 위업'이다. 따라서 인간, 더 정확히 말해 '근대인'은 존재 자체가 폭력이고, 근대문명이란 그 자체로 '반反생명'이다. 요컨대, 나는 <동물의 왕국>을 통해 근대문명의 근저를 적나라하게 목격해 버린 것이다. 순간, 전율이 엄습했다. 그리고 자유와 평등, 진보와 혁명 등 그동안 내 지적 기반을 이루고 있던 근대적 가치들을 모조리 놓아 버렸다. 적어도 내 지적 여정에 있어, <동물의 왕국>은 소비에트의 붕괴(1991)나 9·11테러(2001)보다 더 충격적이었다고 해도 과언이 아니다.

과연 우리는 근대문명의 탄생, 그 기저에 가로놓인 이 끔찍한 '원폭력'을 외면한 채 선이나 도덕, 혹은 혁명과 진보 등에 대해 논의할 수 있을 것인가? 진정, 그래도 괜찮은 것일까?

물음 3 정명도程明道:송나라 때의 유학자는 말한다. "인仁이란 천지만물과 일체가 되는 것이다." 휴머니즘은 어째서 이 역동적 윤리의 지평을 제거해 버렸을까? 대체 왜?

1. '지독한' 사랑!

2003년 봄, 조용하지만 강력한 파장을 불러일으켰던 하나의 사건이 있었다. '새만금 지키기 삼보일배 대장정'이 그것이다. 문규현 신부님과 수경 스님, 김경일 교무님(원불교)과 이희운 목사님 등 네 종파의 성직자들이 해창 개펄에서 서울 시청까지 장장 65일에 걸쳐 오직 삼보일배三步 一拜로 순례를 감행한 것이다. 그것은 단순한 환경운동이 아니라, 근대문명의 인식론적 기저를 뒤흔드는 일대 사건이었다.

개펄이란 무엇인가? 육지도 아니고 바다도 아닌, 육지이면서 바다인 '사이의 공간'이다. 앞장에서 충분히 확인했듯이, 기차와 진화론의 세계는 이 '사이성'을 납득하지 못한다. 이질적이고 다양한 흐름이 뒤섞이면 무조건 황무지라고 간주해 버린다. 그러고는 거기에 뭔가 뚜렷한 경계를 부여해야만 직성이 풀리는 것이다. 삼보일배 순례는 바로 그러한 관성적 사유에 대한 전면적 문제제기였던 셈이다.

한데, 그 사건에서 언뜻 사소해 보이지만, 아주 흥미로운 사항이 하나 있었다. 문규현 신부님과 수경 스님, 김경일 교무님 등 세 분은 범종파 차원에서 전폭적인 지원을 받았는데, 유독 이희운 목사님만이 자기 종단으로부터 가혹하게 배척받았다는 사실이 그것이다. 교단 자체가 새만금 사업을 찬성한 데다, 타종교 지도자들과 함께 땅에 엎드려 절을 한다는 사실 자체를 이단으로 모는 바람에 목사님은 십자가를 지고 그 먼 길을 와야 했다. 그러니 그 심적·육체적 고생이 오죽했을까. 근데 참 이상하지 않은가? 유독 개신교만이 그랬다는 사실이. 하지만 실제로 이유는 지극히 명료했다. 「창세기」에 일렀으되, 신은 인간에게 모든 자연을 지배할 권리를 부여해 주었기 때문이다. "하나님이 그들[아담과 이브]에게 복을 주시며 그들에게 이르시되 생육하고 번성하여 땅에 충만하라, 땅을 정복하라, 바다의 고기와 공중

의 새와 땅에 움직이는 모든 생물을 다스리라 하시니라."「창세기」1장 28
절 천주교 역시 기본 교리는 동일하지만, 중세문명과 연계되어 있었
던 탓인지 자연에 대한 지배를 노골적으로 표방하지는 않는다. 근대
이전에야 동양이든 서양이든 자연과 공생하지 않고는 살아갈 수 없
었을 테니까.

그에 반해 개신교는 프로테스탄티즘, 곧 자본주의와의 견고한
결탁 속에서 성장한 종교이다. 프론티어 정신으로 무장해 지구의 곳
곳을 악착같이 개발하고, 전 인류를 기독교인으로 삼는 것이 소명인
종교가 바로 개신교다. 그러니 목사가 개펄을 지키기 위해 다른 종파
의 지도자들과 삼보일배를 한다는 게 용납되기 어려웠으리라.

더 중요한 건 이런 식의 사유가 종파를 떠나 보통의 한국인들을
지배하고 있다는 사실이다. 개펄이건 초원이건 인간이 살지 않으면
그건 빈 땅이자 미개척지 아닌가. 마땅히 인간을 위해, 인간의 이익
을 위해 개발되어야 한다──이것이 대부분의 한국인들이 떠받드는
확고부동한 신념이다. 왜냐? 신은 오직 인간에게만 자연을 지배할
수 있는 영적 능력(혹은 이성)을 주었기 때문이다. 교회에 다니지 않
아도, 또 교회에 대해 적대적인 경우에조차도 이 점에 대해선 조금도
의심하지 않는다. 하지만 신의 뜻이 정녕 그러하다면, 인간에 대한
신의 사랑은 너무도 편파적이고 폭력적인 것이 아닐까? 우주의 모든
생명을 다 창조해 놓고는 인간 이외의 생명체는 모조리 희생양으로
삼는다면, 그때 창조의 의미는 대체 뭐란 말인가? 이 '지독한 사랑'의
정체를 파악하는 것이 이 장의 목표이다.

2. 구국의 길, 문명의 길 — 기독교!

십자가의 퍼레이드

> 근일에 각 지방이 소요하매 백성들이 의뢰처가 없어서 예수교에
> 들어가는 자 많으므로 면면이 예배당이요 동리마다 십자가라 이러
> 한 고을이 허다한 중에 연산군 근처에서는 하루 80여 명 신도가 일
> 어나더니 이튿날에 수백 명이나 되고 또 수일 후에 예배당을 크게
> 짓는지라 그 고을에 있는 일본 경시가 듣고 대단히 놀랐다 하니 이
> 는 예수교인의 기이한 일이오. 『대한매일신보』 1908년 1월 19일자 시사평론

초기 교회사의 한 장면이다. 이 짧은 토막뉴스 속에 소요가 그치
지 않던 20세기 초반의 사회사, 의지할 거처를 찾아 기독교에 입문
하는 대중, 그에 힘입어 세를 확장해 가는 예배당들——이런 식으로
이어지는 전환기의 풍경이 파노라마처럼 펼쳐진다. '종교에 대한 광
신을 낳고, 기르고, 강화시키는 것은 바로 공포'라고 하는 스피노자의
말이 환기되는 대목이다. 따지고 보면 그 이후에도 상황은 크게 달라
지지 않았다. 근대 100년간 한국인의 국가적 공포는 한층 더 격심해
졌고, 그에 비례해 기독교는 변함없는 항진을 계속해 왔다.

한 번쯤 야심한 밤에 빌딩 옥상 혹은 달동네의 언덕배기에 올라
서울의 풍경을 바라보라. 그러면 도시의 야경을 찬란하게 수놓은 십
자가의 무리를 발견하게 될 것이다. 마치 밤하늘의 은하수처럼 빛나
는 십자가의 퍼레이드, 이 빛무리 속에 한국의 '모더니티', 그 진면목

이 숨겨져 있다고 하면 지나친 과장일까?

　기독교는 그저 여러 종교 가운데 하나가 아니다. 그것은 문명의 이름으로, 근대의 이름으로, 아니 제국의 표상으로 이 땅에 왔고, 한국인의 영혼에 뿌리를 내렸으며, 지금 우리가 온몸으로 확인하듯 튼실한 열매를 맺고 있다. 마치 원초적 본능이기라도 하듯 한국인은 온몸으로 기독교를 받아들였다. 도대체 교회 없는 삶, 기독교 없는 한국 근대사를 상상조차 할 수 있을까? 일본 근대의 중심에 천황제가 있다면, 한국 근대의 중심에는 기독교가 있다!

기독교 = 민족주의

누구나 알고 있듯이, 선교사와 함께 제국주의의 대포가 들어왔다는 것은 제3세계 근대화의 일반적 코스이다. 기독교란 실제로는 서양의 중세를 지배한 사유체계임에도 불구하고 동양의 눈에는 서구 근대문명의 원천으로 표상되었다. 저 엄청난 과학과 기술을 가능케 한 정신적 동력으로서의 기독교! ──이것이 동양인의 눈에 비친 기독교의 모습이었다. 그리하여 선교사가 대개 의사와 교사의 직분을 동시에 가지고 있었던 것처럼 기독교는 더럽고 약질인 동양을 치유하는 의술이자 문명의 길을 제시해 주는 메신저로 다가왔다. '서양의 문명과 종교를 모두 거절한' 척사위정론을 제외하면, 기독교에 대한 이러한 관념은 모든 정파에게 수용되었다.

　예컨대, 급진개화파에 속했던 박영효는 1885년 3월, 일본 요코

하마에서 한국으로 오던 스크랜턴^{William Benton Scranton} 목사를 만났다. 그때 박영효는 이렇게 말한다. "우리 백성이 지금 필요로 하는 것은 교육과 기독교입니다. …… 우리의 재래 종교는 지금 기운이 진하였습니다. 이 백성이 기독교로 돌아오게 할 수 있는 길은 지금 환히 열려 있습니다." 민경배, 『한국기독교회사』, 연세대 출판부, 1993, 119쪽에서 재인용 역시 개화파이면서 열렬한 기독교주의자였던 윤치호도 중화에 기반을 둔 유교문명은 열등한 야만이자 악이며 기독교에 기반을 둔 서구문명국은 도덕적인 선이라는 이분법을 노골적인 친일의 길로 들어서는 최후까지 굳건하게 견지하였다.

일반적으로 급진개화파의 기독교적 편향은 외세지향적인 것으로 치부되곤 하지만, 이것은 정치적 노선과 담론을 혼동하는 대표적인 사례에 속한다. 왜냐하면 통상적인 기대와 달리 기독교는 오히려 민족주의자들과 더 강도 높은 접속을 이루었기 때문이다. 예컨대 전투적 민족주의의 거점이었던 『대한매일신보』는 기독교를 국가주의와 결합하기 위한 대대적인 선전활동을 펼쳤다.

이때에 이씨가 충분한 피가 가슴 가운데 막힌지라 백반운동하여 열국대사 연설장에 참예하여 우리 한국의 극히 참혹하고 크게 원통함을 연설하여 열국특사와 신사들의 동정을 받은 후에 우리 한국 독립권을 찾아오지 못함으로 충분함을 이기지 못하여 소리를 높여 크게 부르짖어 가로되 하느님이여 우리 한국의 독립을 회복케 하소서 하며 방성대곡하다가 혼절하여 땅에 엎드러지는지라 회장에 모인 사람들이 크게 놀라 급히 구원하니 입으로 피를 토하며 불성인사하는지라. 급히 사처로 보내매 잠깐 깨어 크게 불러 가로되 우리 한국의 독립을 회복할 자는 우리 동포 이천만 중에 수백만인 청년동포로다 하느님이여 한국 독립을 배양하여 붙들어 주옵소서 내가 수만 리타국에 건너와서 황은을 보답하지 못하고 우리 동포를 영원히 작별하거니와 내가 혈기있는 남자로 한국에 다시 나서 우리 청년 동포로 더불어 한국 독립을 회복하기로 하느님께 공소하리로다 하고 말을 마치고 즉시 별세하는지라

『대한매일신보』 1908년 1월 26일자 기서 「의사 이준씨를 조상하고 전국 동포에게 광고함」

이 자료는 기독교와 민족주의가 '혈맹관계'에 있음을 보여 주는 유력한 증거에 해당한다. 이준 열사가 헤이그 만국평화회의에서 한국의 독립을 열렬히 호소하다 장렬하게 순국했다는 건 누구나 알고 있는 바이다. 하지만 독립에 대한 절규를 이처럼 기독교적 방식으로 했으리라고는 짐작하지 못할 것이다. 이때가 기독교가 이 땅에 전파된 지 불과 얼마 되지 않은 시기임을 염두에 둘 때, 기독교와 민족주의 사이의 결연은 실로 놀라울 지경이다.

1908년 3월 5일부터 18일까지 장기간에 걸쳐 연재된 「서호문답」西湖問答에 이르면 기독교 민족주의라 할 만한 이념적 기초가 마련되고, 이후 기독교와 민족주의의 긴밀한 유착은 더욱 견고해진다.

오늘날 한국을 흥왕케 할 계책이 어느 곳에 있겠는가 창가와 체조를

잘하는 것이 한국을 흥왕케 할 계책이 될까 이치를 논란하고 학문을 강론하는 것이 한국을 흥왕케 할 계책이 될까 농사와 공장의 실업을 하는 것이 한국을 흥왕케 할 계책이 될까 신문기자의 기묘한 필법이 한국을 흥왕할 계책이 될까 말 잘하는 연설가의 혀끝이 한국을 흥왕케 할 계책이 될까 희랍국의 철학을 수입하는 것이 한국을 흥왕케 할 계책이 될까 이태리의 미술을 옮겨오는 것이 한국을 흥왕케 할 계책이 될까 영국의 헌법정치를 강론하며 법국의 문학을 모범하는 것이 한국을 흥왕케 할 계책이 될까 덕국의 군제를 연구하며 미국의 부강을 생각하는 것이 한국을 흥왕케 할 계책이 될까 슬프다 이 위에 말한 것이 모두 목하에 급한 일이요 유지자의 힘쓸 바이나 그러나 이것들은 다 한국을 흥왕케 할 계책의 여종거리가 될지언정 근본은 될 수가 없고 일부분은 될지언정 전체는 될 수 없으니 제군이여 제군이여 하늘을 쳐다보며 생각하고 땅을 굽어보며 생각하라 한국을 흥왕케 할 계책이 과연 어느 곳에 있는가

기자는 생각하기를 한국 사람이 사람마다 입으로 예수 그리스도의 이름을 부르며 사람마다 손으로 『신약전서』 한 권씩을 들고 하느님께로 돌아오는 날이 즉 한국이 흥왕하는 날이라 하노니

『대한매일신보』 1910년 3월 12~13일자 논설 「한국을 흥왕케 할 계책」

이 텍스트는 여러 모로 흥미롭다. 먼저 앞부분에 제시된 여러 계책들은 당시 문명화의 핵심코스를 총집결해 놓았다고 할 수 있다. 창가와 체조, 이치와 학문, 언론, 이탈리아의 미술, 그리스의 철학, 독일

의 군제, 프랑스의 문학, 영국의 헌법정치, 미국의 부강 등등. 그런데 이 모든 것들은 그저 일부에 불과하고, 근본 계책은 '전 국민이 예수의 이름을 부르며 『신약전서』를 들고 하느님께로 돌아오는 데' 있다고 한다.

뒤에 이어지는 부분을 좀더 음미해 보면, "구주 예수께서 상제의 명을 받들고 세계에 길 잃은 양을 불러 구제하여 자유와 평등의 복을 전파한 지가 일천 몇백 년이라 이미 서구라파를 개혁하여 문명한 행복을 고루 누리게 하고 또 아메리카를 구원하여 새 나라의 기초를 완전하게 하였고 이제 또 태평양을 건너서 아세아주 각국 고통하고 신음하는 인민을 널리 구원코자" 한다. 한마디로, 기독교의 전파경로와 문명화의 과정을 그대로 중첩시키고 있는 것이다. 그야말로 근본토대이자 최종심급인 것. 이 얼마나 단순명쾌한가. 이 확신에 찬 논리 앞에 다른 선택지란 있을 수 없다. 기독교와 문명론, 그리고 민족주의의 황홀한 일치!

개신교

반드시 짚고 넘어가야 할 사항 하나. 이들 '기독교 문명론자'들이 수용한 모델은 기독교 가운데서도 개신교라는 점이다. 잘 알고 있듯이, 서학(천주교)은 이미 조선사회 내부에 깊이 침투하여 수차례 '피의 순교'를 치른 바 있다. 가장 두드러진 예로, 18세기 지성사의 쟁점이 망라되어 있는 '문체반정'(1792) 역시 서학과 깊이 연계되어 있다.

18세기 중엽, 정조를 사이에 두고 두 개의 정파가 대결하고 있었다. 노론 집권층과 남인 재야 세력. 정조는 탕평책의 일환으로 남인들을 적극 기용했다. 채제공, 이가환, 정약용 등 성호좌파에 속하는 지식인들이 주로 거기에 해당된다. 그런데 당시는 청나라를 통해 새로운 문물이 밀려오는 때였다. 그 가운데 노론층은 주로 명말청초 소품문을 적극 수용했고, 남인들은 천주학에 깊은 영향을 받았다. 특히 다산 정약용의 집안과 그 친지들은 천주학 전파의 핵심분자들이었다.

천주교가 전파되면서 유교적 윤리와 충돌하는 일이 잦아지자, 정조는 국면을 전환하기 위해 노론층의 문체를 전면적으로 문제삼기에 이른다. 국가의 근간이자 사대부의 전범이 되는 고문古文의 권위를 뒤흔든다는 명분에서였다. 이 사건이 바로 문체반정이다. 노론은 항변했다. 서학이야말로 유교의 근본을 흔드는 것이 아니냐고. 하지만 정조는 서학보다 소품문이 더 위험하다며 역공을 폈다. 정조 역시 서학의 불온성을 모르지 않았지만, 탕평책을 통한 정국안정이 더 중요했기에 남인들의 방패막이가 되어 준 것이다. 하지만 그것은 결과적으로 미봉책에 지나지 않았다. 정조 사후 곧바로 신유사옥(1801)이 일어나 서학에 대한 대박해가 시작되었고, 이후 19세기 내내 피의 순교가 이어졌다. 요컨대 18세기 이후 서학은 이미 조선사회 깊숙이 들어와 있었던 것이다.

그럼에도 개항 이후 기독교가 전파되면서 조선인들은 기독교 내부의 다양한 분파를 구분하지 않고 뭉뚱그려 이해하는 것이 일반적이었다. 그러다가 1880년 청나라의 외교관 황준헌이 일본에서 수신사 김홍집을 만나『조선책략』이란 책자를 넘겨주었다. 여기서 황준헌은 천주교와 왕실 사이의 오랜 갈등을 의식하여 개신교와 천주교가 근원은 같지만, 그파가 전혀 다르며, 이것은 주자와 육상산이 다른 것과 같다는 논리를 피력하였다. 유학적 지반을 공유하지만 전혀 다른 방식으로 유학을 변주한 성리학과 심학의 차이를 환기시킨 것이다. 또 개신교는 천주교와 달리 정교분리의 원칙을 지킨다는 말도 덧붙였다. 민경배,『한국기독교회사』, 121쪽

　　말하자면 정치적 부담을 피하기 위하여 천주교와 개신교의 분리 전략을 구사한 셈이다. 이에 부응하여 개신교는 처음부터 천주교와의 차별성을 강조하면서 의료와 교육 등을 통해 간접전도 방식을 택했다. 선교사가 의사와 교사의 얼굴을 동시에 가질 수 있었던 건 바로 이 때문이다. 이런 전략은 제대로 적중했다. 우여곡절을 거치긴 했지만, 1898년 마침내 선교를 해도 좋다는 공식적 윤허를 받아냈고, 김옥균이나 박영효 등 개화파 지식인들의 지원에 힘입어 점차 세를 넓혀 갔다.

　　이때 조선에 들어온 개신교 교파는 실로 다양했지만 "대부분은 영미계열의 교파들이었고, 그중에서도 선교회 수, 선교사 수, 선교사업 규모 면에서 비중이 가장 컸던 것은 미국 개신교였다." 김윤성,「개항기 개신교 의료선교와 몸에 대한 인식들의 '근대적' 전환」, 서울대 종교학과 석사논문, 1994, 31쪽 특히 장로교와 감리교가 주류였다. 미국 개신교는 19세기 초부터 세계 선교에 착수하여 1890년대부터 1차 세계대전에 이르는 기간 동안 '선교의 황금기'를 맞이했다. 미국의 개신교인들은 하느님이 세계

를 구원하기 위해 미국인을 선택했다고 생각했다. 다시 말해 미국의 우월성이 '서구문명'과 '개신교'를 통해 증명되고 있다고 믿은 것이다.김윤성,「개항기 개신교 의료선교와 몸에 대한 인식틀의 '근대적' 전환」,31~34쪽

　이런 흐름은 1907년 장로교와 감리교가 연합하여 대부흥회를 조직함으로써 절정에 이른다. 이 부흥회는 원산과 평양, 서울, 목포에서 일어나 교회와 신학교와 학교들을 거쳐 전국 방방곡곡으로 확산되어 갔다.민경배,『한국기독교회사』, 269쪽 이를 계기로 개신교가 명실상부하게 한국사회에 뿌리를 내리게 되었음은 말할 나위도 없다.

　시대적으로 한참 뒤이긴 하지만, 내 고향인 강원도 정선군 신동읍에도 천주교, 감리교, 장로교가 함께 있었다. 감리교와 장로교는 주민들 깊숙이 파고들었지만, 천주교는 '소수의 상류층(?)'에 한정되었다. 천주교 성당의 경우, 구조가 아주 정교하게 짜여져 있어서 심리적으로 굉장한 거리감을 자아냈기 때문에 일반인들이 접근하는 것 자체가 쉽지 않았다. 그와 달리 개신교는 문턱이 아주 낮았고, 다양한 활동 모임 및 부흥회를 통해 수시로 대중을 동원하는 메커니즘이 있었다. 귀족적이고 의례적이며 정적인 성당과 다소 촌스럽고 시끌벅적하고 편안한 교회. 말하자면, 개신교와 천주교는 지역 주민들을 조직하는 방식에 있어 전혀 다른 원리에 기초하고 있었다. 그러다 보니, 같은 기독교임에도 감리교나 장로교와는 다른 신을 섬기는 것 같은 착각이 들 정도였다.

　20세기 초 민족주의자들이 열광했던 것도 개신교가 보여 준 그러한 역동성이었다. 물론 1907년 대부흥회에서 확연하게 노정되었

던바, 복음주의와 계몽주의 사이에 노선이 엇갈렸고, 이 때문에 단지 복음의 전파에만 주력하고자 했던 외국 선교사들과 기독교를 전투적 민족주의의 동력으로 삼고자 했던 계몽주체들과의 알력이 일어나기도 했다.

아무튼 이런 상황 속에서 곳곳마다 예배당이 건설되고, 학교마다 기독청년회가 맹렬하게 활동하면서 민중과 지식인 모두에게 개신교는 강력한 영향력을 행사하기에 이른다.

3. 성서와 칼

'너희가 야훼를 아느냐?'

나는, 이집트 사람이 나의 백성에게 은혜를 베풀게 하여, 너희가 떠날 때에 빈 손으로 떠나지 않게 하겠다. 여인들은 각각 이웃에 살거나 자기 집에 함께 사는 이집트 여인들에게서 은붙이와 금붙이와 의복을 달라고 하여, 그것으로 너희 아들딸들을 치장하여라. 너희는 이렇게 이집트 사람의 물건을 빼앗아 가지고 떠나갈 것이다. 『구약성경』(표준새번역) 「출애굽기」 3장 21~22절

내가 주 너희의 하나님이다. 나는 너희를 이집트 땅에서 이끌어 내어, 그들의 노예가 되지 않도록 하였다. 또, 나는 너희가 메고 있던 멍에의 가름대를 부수어서, 너희가 얼굴을 들고 다니게 하였다. 그

러나 너희가, 내가 하는 말을 듣지 않고, 이 모든 명령을 지키지 않거나, 내가 정하여 준 규례를 지키지 않고, 내가 세워 준 법도를 싫어하여, 나의 모든 계명을 그대로 실천하지 않고, 내가 세운 언약을 어기면 나는 너희에게 다음과 같이 보복하겠다. 갑작스런 재앙 곧 폐병과 열병을 너희에게 보내서, 너희의 눈을 어둡게 하고, 기운이 쏙 빠지게 하겠다. 너희가 씨를 뿌려도, 너희의 원수들이 와서 먹어 버릴 것이다. 내가 성난 얼굴로 너희를 쏘아보는 동안에, 너희는 원수들에게 얻어맞을 것이다. 너희를 미워하는 그자들이 너희를 다스릴 것이다. 『구약성경』, 「레위기」 26장 13~17절

한 번이라도 『구약성경』을 본 적이 있다면, 기독교의 유일신 야훼가 얼마나 까다로운 존재인지를 눈치챘을 것이다. 질투와 변덕, 뻔뻔한 약탈, 지독한 편애와 가혹한 보복, 그리고 시시콜콜한 일에 이르기까지 일일이 지시하지 않고는 못 배기는 쩨쩨함. 이런 것들이 『구약성경』에 그려진 야훼의 형상이다. 물론 신의 얼굴은 이밖에도 수백, 수천 가지로 변환될 수 있다. 그러나 이 '천의 얼굴'은 언제나 지독한 사랑 아니면 처절한 복수라는 양극단으로 환원된다. 스피노자의 말마따나 '사랑, 기쁨, 평화, 절제의 종교'인 기독교 신자들이 격렬하게 싸우고 적의를 드러내는 것을 감추지 않는 이율배반이 가능한 것도 바로 그 때문이 아닐까. '전쟁광' 부시가 늘 신의 소명을 완수한다는 사명감에 불탔던 것 역시 이런 맥락에서 보면, 충분히 이해할 수 있다.

피와 칼

그리고 그러한 지독한 배타성과 이분법, 이것이야말로 기독교가 한국의 민족주의와 굳게 결합할 수 있었던 원동력이었다.

주인 왈 나도 보고 기뻐하며 듣고 감격하게 여기거니와 교육계에 마귀가 생겨서 참교육에 큰원수라 학교설립을 저희沮戲하며 고등학과를 금지하고 미구에 졸업할 자를 꾀어 내며 외국에 유학하는 자를 막는 것이니라.

객 왈 그 물건이 무슨 물건인고 만일 알면 질러 죽이고자 하며 갈아 마시고자 하며 부수어 없애고자 하노니 그것의 성명을 말하라.「서호문답」

문명과 구국의 길을 가로막는 반민족적인 것들이 모두 마귀로 설정되었다. 병적 존재라는 메타포와 유사한 패턴이지만, 그 강도와 효과는 훨씬 높다. 즉, 적대적 존재를 병으로 규정할 경우에는 '치유'를 위한 '약의 처방'이 뒤따르게 되지만, 마귀나 요물로 상정하게 되면 '질러 죽이고, 갈아 마시'는 식의 가차 없는 '피의 응징'만이 있을 뿐이다.

다음의 경우도 마찬가지다.

삼천세계 광활하나 이내 한 몸 둘 곳 없다 구곡간장 불이 나고 두 줄 눈물 피가 된다 술 한 잔을 마신 후에 참마검을 높이 들고 우주

간에 배회하며 허다 요물 살펴보니 용서할 길 바이 없다

『대한매일신보』 1909년 2월 11일자 시사평론

　이런 서사적 설정 뒤에 매국적, 망국대부, 정탐꾼, 가지사, 수전노, 음탕 여자 등을 칼로 단죄하는 내용이 이어진다. 여기서 거론되는 사항들은 다른 계몽담론에서도 수없이 제시되는 것들이기도 하다. 하지만 여기서처럼 그 대상이 마귀나 요물로 지칭되는 순간, 적의와 분노는 '구곡간장 불이 나고 두 줄 눈물 피가 되'는 극한을 향해 치닫게 된다. 그러므로 반드시 '참마검'으로써 처단되어야 한다.

　적에 대한 증오는 동시에 순교에 대한 열정과 맞닿아 있다.

철편혁편 곤장으로 피가 나게 때리면서 네 동지는 그 누구며 네 음모는 무엇이냐 추상같이 호령할 때 담력 없는 소장부는 두려워서 울 터이나 오직 나는 이 악형을 기쁨으로 받으리라 악독할사 저 원수는 채찍으로 나를 치나 사랑하는 동포들은 꽃송이를 내게 던져 깊은 정을 표하리니 이게 나의 낙이로다
판사 검사 재판관이 법정 위에 모여 앉고 무슨 말로 죄를 꾸며 증거하여 논고하며 사형으로 선고할 때 생각 적은 범인들은 얼굴빛이 변할 테나 오직 나는 이 선고를 태연하게 받으리라 병들어서 약 먹다가 부끄럽게 죽음보다 나라 위해 일하다가 향내 나는 죽음 되어 한반도의 영광되니 이게 나의 낙이로다

『대한매일신보』 1910년 4월 12일자 시사평론

어떤 악형을 당해도, 설령 죽음이 선고되어도 기꺼이 받아들이겠노라고 한다. 그것을 자신의 낙이자 영광으로 삼겠다는 것이다. 적에게는 복수의 칼을, 자신에게는 순교의 피를! 증오가 강한 만큼 피를 흘릴 각오도 처절하다. 칼과 피의 뗄 수 없는 결합! 아我와 비아非我의 선명한 적대에 기초한 민족주의가 기독교와 결합할 때 계몽담론에는 이처럼 피와 칼이 난무하게 된다.

구세군에 대한 기대와 열망도 그 연장선상에서 이해될 수 있다.

악마와 싸우는 군대

연말연시만 되면 제복을 차려입고는 도심 한복판에 자선냄비를 펼쳐 놓고 종을 댕댕 울리는 특이한 종파. 구세군이라고 하면 누구나 이런 장면을 떠올릴 것이다. 기독교에 속하는 종파 같긴 한데, 도무지 그 정체가 아리송하기 짝이 없다.

그런데『대한매일신보』를 보면 구세군이 어떻게 한국에 들어왔는지 구체적으로 기록되어 있다.

> 무수 마귀 묶어 놓고 처치방법 연구할 제 지옥으로 보내자니 차마
> 인정 못할지라 사랑하신 상제께서 한국인을 구원코자 구세군을 보냈
> 으니 그 영문에 몰아들여 모든 죄악 회개하고 착한 사람 되게 하세
>
> 『대한매일신보』1909년 4월 7일자 시사평론

구세군은 19세기 영국 종교운동 가운데 하나로 하층계급에 뿌리를 둔 군대식 교회라고 한다.이하의 내용은 장형일, 『한국구세군사』, 구세군대한본영, 1975를 참조하였음 그 창시자 윌리엄 부스에 따르면, 구세군은 "국민을 노예의 처지에서 구원하여 자유를 주고, 죄악의 노예된 인민을 해방해서 자유를 주고, 인류의 대적되는 악마와 싸우려 유력 강견剛堅한 군대를 형성해서 만국민을 권유·독촉하여 천부께 돌아오게 하는 종교"라고 규정하고 있다. 요컨대 구세군이란 '악마와 싸우는 군대'라는 뜻이다. 성직자들의 서열도 참모장·정령·정교 등 군대식 편제를 취하고 있고, 신도들도 입교가 아니라 입대의 절차를 밟는다. 성서적 전투성을 적나라하게 표현한 종파인 셈이다. 그 같은 근본원리에 맞춰 "관행과 전승과 허례의문에 젖은 종교상 제도와 결별하고 '실질·강력·용기·결단'을 목표로 거리에서 노래하고 북을 치는 직접 전도 방식을 택했다"고 한다.

동양에 구세군이 알려지기 시작한 것은 1891년 일본 장로교의 거두 우에무라 마사히사植村正久가 영국에 가서 부스 대장을 만났고, 그후 그 내용을 『육합』六合; 리쿠고 잡지에 소개했으며, 우리나라에는 1908년 정령正領 허가두Robert Hoggard의 한국명를 파견함으로써 처음 전도를 시작했다. 『대한매일신보』가 이 종파와 어떻게 연계되었는지는 알 수 없지만, 신문에는 그 전도광경이 이렇게 기록되어 있다.

수십 년을 출입 없이 세상사를 몰랐더니 『매일신보』 열람한즉 풍진 세계 위급하다 경성 형편 살피고저 서대문을 돌아드니 구세군영 크

게 써서 붉은 기를 높이 달고 대한 영국 일본인이 많이 모여 연설키로 대강 기록 하였노라

구세 정령 허가두씨 단에 올라 하는 말이 내가 비록 영인英人이나 하나님의 명령으로 한국 동포 구제코자 만 리 해양 건너와서 이 영문을 설립할 제 한인으로 자처하여 몸을 바쳐 일한다니 영인으로 한국 위해 헌신함이 특이하다

참모장에 조중길씨 이어 연설하는 말이 영인으로 말할진대 타국위란 구제코자 저렇듯이 열심인즉 우리 한국 동포들은 서로 애당 연합하여 전국 마귀 다 제하고 일등천국 되자 하니 과연 동포 단합하여 새로 건국 급무로다

구세 정교 밀톤씨가 그 다음에 하는 말이 천부께서 주신 자유 한번 잃어버리면은 살았어도 죽은 게라 세계 각국 유람해도 한국 비참 제일인즉 하나님께 구원받아 지옥 고난 면하라니 자유회복 못하면은 지옥참경 못 면하리

『내한매일신보』 1909년 6월 9일자 시사평론

여기에 그려진 구세군은 먼 타국에서 한국인의 구원을 위해 달려온, 말 그대로 '구세군'의 모습이다. 특히『대한매일신보』의 사장 베델과 같은 영국 국적이라는 점에서 더욱 큰 감회를 불러일으킨 듯하다.

한국에서 구세군의 종파적 영향력은 그다지 크지 않다. 그때도 그 이후에도 마찬가지였다. 그러니까 구세군의 부각은 계몽기의 아

주 특별한 현상이었던 셈이다. 군대식 위계를 지니고 전투적 수사학으로 교리를 표현하는 방식이 계몽담론의 상무적 지향과 맞아떨어졌기 때문일 터이다. 그만큼 계몽지식인들에겐 적개심과 분노가 충천했고, 기독교 특히 구세군은 그것을 표출할 수 있는 가장 든든한 통로였던 것이다. 그러고 보면, 기독교를 거론할 때 흔히 등장하는 '사랑과 평화'라는 구호가 이 시기에는 매우 낯선 것이었던 셈이다.

이분법

이렇게 20세기 초 한국인에게 성서의 수사학은 피와 칼로 압축될 수 있다. 그런 점에서 기독교가 한국인의 의식에 미친 가장 큰 흔적은 적과 나를 선연히 분리하는 '이분법'이라 할 수 있다. 민족주의와 견결하게 결합할 수 있었던 것도, 한국 근대화의 원동력이 될 수 있었던 것도 그에 기인할 터이다.

사실 이런 식의 사유와 정서는 매우 낯설고 희한한 것이었다. 동양의 사유구조에는 기본적으로 수난과 복수의 관념이 존재하지 않기 때문이다. 도교와 불교는 말할 것도 없고, 유교에서도 주자학이건 양명학이건 '고뇌'의 찬미란 존재하지 않는다. 시마다 겐지, 『주자학과 양명학』, 김석근·이근우 옮김, 까치, 1986 모든 사상이 하나같이 천지만물과 일체되는 우주적 파토스, 곧 충만한 신체를 추구하는 까닭에 원한과 죄의식이 들어설 자리가 없다. 선악의 적대적 이분법이 작동하지 않는 것도 그 때문이다.

동양적 사유에서 악은 기본적으로 '불선'^{不善}, 곧 선이 결여되어 있는 상태를 뜻한다. "악이란 결코 본래적으로 선에 대항하는 것은 아니며 혹은 넘치거나 혹은 미치지 못하는 것에 이름 붙인 것일 따름이다."^{謂之惡者本非惡 但或過或不及便如此} 시마다 겐지, 『주자학과 양명학』, 63쪽 그와 관련하여 불인^{不仁}이란 개념도 흥미롭다. 정명도가 말한바, 불인이란 '기가 몸을 관통하지 않는 것' 곧 생명의 연대가 단절되어 있음을 의미한다. 가장 엄격하기로 유명한 주자학조차도 악에 대한 규정은 실로 덤덤하다. 넘치거나 모자라는 것!

그러니 동양인들이 처음 십자가를 보고 얼마나 놀랐을 것인가. 신이 자신의 독생자를 희생한다는 스토리도 그렇거니와, 가시면류관을 쓰고 십자가에 못 박혀 피를 흘리는 형상도 참으로 기이하게 느껴졌을 것이다. 그러고 보면, 원죄의식과 그리스도의 수난에 기초하고 있는 기독교는 원초적으로 배타적 이분법을 내장하고 있는 셈이다. 죄의식과 원한은 적대감을 낳고, 적대감은 곧 적과 나 사이의 선명한 분리로부터 양분을 획득하는 까닭이다.

4. 신이 인간을 창조한 뜻은?

자, 여기까지는 입문에 속한다. 이제 우리가 더 심층적으로 파고 들어야 할 사항은 인식론적 배치, 곧 인간 이외의 존재들을 침묵, 배제시키는 '원초적 이항대립'에 대한 것이다.

창조와 진화

『대한그리스도인회보』에 실린 「부자문답」(1898년 3월 30일자)이라는 글을 보면, '서국에 있는 한 농부'의 이야기가 나온다. '짐승은 젖을 먹을 때만 어미를 알고 따르지만 사람은 크면서 더욱 부모를 따르게 되며, 다 자란 후에는 자기 부모만 아는 것이 아니라 천지만물을 지으신 조물주가 생명의 근원임을 알게 된다'^{김영민, 『한국근대소설사』, 솔, 1997,} 36쪽는 것이 대략적인 스토리다. 소박한 수준의 창조론인 셈이다.

그런가 하면 그런 소박한 수준을 넘어 창조론에 대한 진지하고 장황한 논변도 등장했다. 『제국신문』(1898년 12월 16, 17일자)에 실린 「이치를 궁구하는 선비」라는 글이 좋은 예이다. 시작은 이렇다.

> 동방에 한 오괴한 선비가 있으니 성품이 이상하여 무슨 물건을 보게 되면 그 물건의 이치를 궁구할새 밤이 깊도록 잠자기를 잊으며 때 늦도록 밥 먹기를 생각지 않더니 하루는 우연히 밝은 달빛과 성신의 명멸함을 바라보고 생각하되 태양은 낮이 되고 명월은 밤이 되어 천만 년이 지나도록 변혁함이 없으며 춘하추동과 한서주야가 떳떳한 차서^{次序}가 있어 한 번도 바꿈이 없으니 진실로 이상하다 또 생각하되 바다와 육지와 산천초목과 비금주수^{飛禽走獸; 날짐승과 길짐승}와 곤충은 당초에 어찌하여 생겼으며 사람이 만물 중 가장 귀한지라 억조만민의 내력을 요량컨대 필야에 한사람의 자손으로 후예가 번성하여 오주세계에 퍼진 것이라 그런즉 만민의 조상은 누구신고

이렇게 해서 이 선비의 진리탐구가 시작된다. 그런데 이 질문 안에는 이미 대답이 내장되어 있다. 천지자연의 항구적 불변성, 인간의 고귀함, 만민의 조상 혹은 시초 등은 질문이 향하는 방향을 명백하게 지정하고 있는 셈이다. 이어지는 내용을 보면 과연 그러하다. 이 선비는 생각이 깊어 가며 마침내 병이 든다. 병이 점점 깊어지자, 고명한 의원이 찾아와 생각은 그만두고 격치를 하라고 일러준다. 그때부터 선현의 이치를 탐구하여『도덕경』,『주역』, 불경을 두루 섭렵하였으나 도무지 만족할 만한 해답을 얻을 수가 없다. 백운거사라 불리는 귀인을 찾아가 가르침을 구했으나 역시 깨달음을 얻지 못했다. 그 긴 여정의 대단원은 이렇다.

서생이 할 일 없어 거사를 작별하고 고향으로 돌아올새 한탄함을 마지않더니 한곳에 이르매 어떠한 사람이 손에 책을 들고 뭇사람을 대하여 토론하되 태초에 상제께서 천지와 만물을 창조하셨다 하거늘 서생이 그 말을 듣고 황연히 깨달아 그 전도하는 사람을 따라가 만물이 어떻게 생긴 이치를 물으니 전도인이 책 한 권을 주는데 그 책 이름은「창세기」라 서생이 그 책을 공부한 후에 비로소 만물의 근본을 알 뿐 아니라 오륜삼강五倫三綱의 참 이치와 개화문명開化文明의 진보함이 천명을 순종하고 사욕을 제어하며 독립자주獨立自主의 권리와 수제치평修齊治平의 도道가 신의 두 글자에 있는 줄 알고 전일의 병이 쾌복하였다더라

상제께서 천지만물을 창조하셨다는 말을 듣고 '그냥' 깨닫다니? 아니, 이게 그 지난한 과정의 결말이라고? 어떻게 이런 비약이 가능하단 말인가? 충분히 가능하다. 질문 속에 답이 들어 있었으니까. 다시 말해 질문 자체가 이미 기독교적 틀에 입각하고 있다는 것이다. 『도덕경』, 『주역』, 불경 등은 만물의 불변성이나 인간의 고귀함, 단 하나의 기원 같은 방식으로 질문을 구성하지 않는다. 그러므로 거기에서 이 선비가 원하는 답을 찾을 수 없는 건 지극히 당연하다. 질문으로 설정하지 않은 것을 어떻게 답할 수 있을 것인가.

이런 식으로 논변이 진행되면, 창조주에 대한 체계적 설명이 전혀 없음에도 불구하고 마치 기독교 이외의 다른 가르침은 다 추상적이고 공소空疏한 것처럼 간주되는 효과를 낳는다. 어처구니없긴 하지만, 근대적 사유가 자신을 정립하는 아주 일반적인 방식이기도 하다. 자신과 다른 종류의 담론들을 함정으로 몰아넣은 뒤, 그걸 바탕으로 자신의 진리성을 증명하는 방식. 기독교는 이런 식으로 대중들의 뇌리에 창조론을 각인시키기 위한 다양한 전략을 구사한다.

그런데 곰곰이 따져 보면, 이것은 당시 커다란 영향력을 행사한 진화론과는 모순된다. 하지만 앞서 언급한 바와 같이, 진화론과 기독교는 행복하게 손을 잡았다. 그것은 기독교 우월주의와 서구 중심주의의 결탁을 통해 이루어졌다. 김윤성, 「개항기 개신교 의료선교와 몸에 대한 인식 틀의 '근대적' 전환」 참조 선교사들은 비서구인들의 지배에 대한 욕망을 감추지 않았다. 그들의 궁극적 과제는 비서구인, 곧 미개인들을 하느님 나라의 백성으로 만들어 주는 것이었다. "이는 비서구인들을 기독교적 규범과 가치로, 서구문화로 주조된 새 인간형으로 만드는 것을 의미했"다. "따라서 그들은 비서구인들에 대해 '기독교-이교(미신)'뿐 아니라 '문명-야만', '지식-무지', '진보-정체' 등의 범주들을 동시에 적용함으로써 그들을 타자화하였다." 김윤성, 앞의 글, 25쪽

　　윤치호 같은 인물은 이것을 한층 극단으로 밀고 가 "서구문명국이 비서구를 정복하는 약육강식의 현상을 전 인류의 문명화를 위해 신이 선택한 수단이라고 보고 서구의 비서구 세계에 대한 침략을 도덕적인 투쟁" 양현혜, 『윤치호와 김교신』, 한울, 1994, 45쪽으로 여기며, 따라서 "문명국의 지배를 받는 것은 비문명의 상태인 채로 독립을 유지하고 있는 것보다 행복하다" 양현혜, 앞의 책, 46쪽는 확신에 이른다. 그런데 이 문명의 동력이자 증거가 바로 기독교였다. 정치적 노선은 전혀 다르지만, 민족주의자들의 경우도 기독교를 문명, 곧 진화의 표지로 간주한 점에서는 조금도 다르지 않았다. 따라서 더 적극적으로 창조주라는 기호를 수락했다.

　　대저 우리들이 거주하여 사는 이 세상은 당초부터 있던 것이 아니라. 지극히 거룩하시고 지극히 전능하신 하나님께서 조화로 만든 것이라. 세계만물을 창조하신 조화주를 곧 하나님이라 하나니, 일만 이치의 주인되시는 하나님께서 세계를 만드시고 또 만물을 만들어 각색 물건이 생기게 하셨으니, 이같이 만드신 목적은 그 영광을 나타내어 모든 생물로 하여금 인자한 은덕을 베풀어 영원한 행복을 받게 하려 함이라. 안국선, 「금수회의록」禽獸會議錄

물론 근대 이전에도 '하늘이 만물을 낸다'는 식의 어법은 널리 쓰였다. 하지만 그때 하늘은 천지만물 혹은 우주의 다른 표현일 뿐이다. 그에 비해, 안국선이 말하는 하나님은 거룩하고 전능한 창조주다. 즉, 어디까지나 인격적 주체인 것.

하늘과 하나님은 대충 엇비슷해 보이지만, 그 의미는 그야말로 '하늘과 땅 차이'다. 일단 인격신을 상정하는 순간, 인간은 자연과 분리된다. 천지만물의 일부로 존재하다가 졸지에 천지와 분리되어 창조주의 품속으로 들어가 버린 격이다. 이제 천지는 '저만치' 떨어져 인간과 별도로 굴러가는 하나의 대상물이 되고 말았다. 그렇게 되면, 인간이 취할 수 있는 다음 행보는 오직 하나뿐이다. 창조주와의 교통. 창조주와 피조물 사이의 근본적 일치란 불가능하고 다만 좀더 가까이 그에게로 다가가는 것만이 유일한 목표가 된다. 그럼 인간이 창조주를 향해 나아갈 수 있는 교량은 무엇인가. 이성이 바로 그것이다.

이성―창조주의 선물

창조론을 통해 한방의 깨우침을 얻은 선비를 다시 떠올려 보자. 그 선비는 이후 「창세기」를 공부하면서 "오륜삼강의 참 이치와 개화문명의 진보함이 천명을 순종하고 사욕을 제어하며 독립자주의 권리와 수제치평의 도가 신의 두 글자에 있는 줄 알"게 된다. 즉, 창조주가 만물을 창조하였음을 아는 것은 곧 이러한 이치들을 두루 터득하는 것이기도 하다.

이렇듯 계몽담론은 창조론을 신분적 해방과 국가적 자유, 국민의 권리, 의무, 정부개혁 등 온갖 정치적 가치들을 도출하는 원천으로 적극 활용하였다. 예컨대, '하느님이 인간을 만들면서 그런 가치들을 내장해 두었기 때문에 계몽주의적 프로그램은 곧 하느님의 명령이다. 또 하느님이 인간을 만들고 인간은 창조주의 형상을 닮았기 때문에 만물 중에 가장 존귀하고 따라서 태생적으로 부여받은 권리와 의무를 충실하게 수행해야만 한다'는 식으로. 그렇다면, 그런 권리와 의무를 수행할 수 있는 힘은 어디서 나오는가. 이성에서 나온다. 이성이야말로 창조주가 인간에게만 부여한, 그래서 인간을 만물의 영장으로 만든 지극히 고유한 '역능'capacity이다. 창조론과 계몽주의가 만나는 접점도 바로 여기이다. 계몽주의란 모든 인간이 이성을 지니고 있으며 그 이성에 바탕하여 만물을 객관적으로 파악할 수 있다는 관점을 취하기 때문이다.

　　물론 이러한 사유 뒤에는 이성적이지 않은 인간군들에 대한 타자화, 배제화가 작동한다. 인간은 그 내부에 이성, 남성, 교육, 백인 등의 척도를 갖게 되면서 중과 무당, 거사와 남사당패, 초란이와 풍각장이패, 모든 병신 걸인배 등과 같은 비정상적인 집단들은 경계 밖으로 배제하는 한편, 여성계와 노동계 등 열등한 집단들은 적극적으로 내부로 포획하는 데 전력을 다한다.

　　이렇게 해서, 인간은 자연의 억압에서 해방되어 세계를 능동적으로 인식하는 주체로 부상한다. 그리고 인간과 자연 사이의 분리는 자연스럽게 정신과 육체의 이분법으로 이어진다. 예컨대, "인人이 천

天을 대표하여 세계에 출⽕하니 성령聖靈과 육신의 쌍방으로 된 자라"
『호남학회월보』, 1909년 8월 "육체의 밖에 정신이 있어 금수초목과 다르므
로 능히 천연의 법을 알며 또 능히 재앙을 피한다"『기호흥학회월보』, 1909
년 6월 등등. 요컨대 모든 정신적 활동은 육체로부터 분리되었고, 그와
동시에 육체의 주인으로 군림하게 되었다. 달리 말하면, 자연이 배제
되면서 육체 또한 타자화된 것이다.

인성(人性)과 물성(物性) — 같은가? 다른가?

"천지간 만물 사이에 사람이 가장 존귀하다"天地之間 萬物之中 惟人崔貴 주돈
이, 『태극도설』는 구절이 잘 말해 주듯이 유교 역시 인간중심주의를 표방
한다. 하지만 여기서 말하는 인간이란 어디까지나 천지만물과 함께
움직이는 개념이다. 즉, 인간의 존귀함이란 언제나 자연 속에서, 자연
과의 관계망 위에서 상정된다. 주자학의 초석이 되었던 북송오자北宋
五子 가운데 기 철학자로 유명한 장재張載는 이렇게 말한다.

> 천지의 충만함은 우리의 체體이고 천지를 거느리는 것은 우리의 성
> 性, 백성들은 우리의 동포, 사물은 우리의 친구이다.天地之塞吾其體 天地之
> 帥吾其性 民吾同胞 物吾與也 장재, 『서명』西銘

요컨대, 천지와 인간은 하나의 평면 위에 존재한다는 것이다. 천
지가 만물을 낳았고, 인간 역시 그 가운데 하나이기 때문에 인간이

만물 위에 군림할 어떤 이유도 없다. 가장 규범적이고 체계화된 주자학의 경우도 그 점에서는 마찬가지다. 주자가 말하는 '이'理라는 개념 역시 인간의 내부에 있는 '성'性임과 동시에 인간의 외부에 있는 천지 자연의 이理이기도 하다. 즉, 인간사의 이理와 자연의 이理는 연속되어 있다.

이와 관련하여 18세기 지성사에서 노론 지식인들 사이에 인간과 자연 혹은 인간과 외부에 대한 매우 흥미로운 논쟁이 벌어졌다. 인물성동이론人物性同異論, 즉 인성과 물성의 같고 다름을 둘러싸고 벌어진 논쟁으로, 일명 호락湖洛논쟁이라고도 한다. 이론異論, 곧 인성人性과 물성物性은 근본적으로 다르다고 본 쪽이 호론湖論이고, 동론, 곧 인성과 물성의 근본적 차별성을 부정한 쪽이 낙론洛論이다. 전자는 인간과 금수, 초목 사이의 근본적 차이를 강조하는 것이 인간의 존엄성을 높이는 데 기여한다는 입장이었다. 이렇게 되면 인성은 더욱 밝혀져야 하는 한편, 물성은 상대적으로 경시될 수밖에 없다. 따라서 호론의 주장은 결국 기존의 주자학적 심성론으로 귀결되고 만다. 유봉학, 『연암일파 북학사상 연구』, 일지사, 1995, 92~93쪽 참조 그러므로 지금 우리가 눈여겨 보아야 할 것은 동론의 입장이다. 연암 박지원과 담헌 홍대용이 대표적인 주자들이다.

너희들은 이理를 말하며 성性을 논하되 툭하면 하늘을 일컬으나, 하늘의 명한 바로써 본다면 범이나 사람이 다 한 가지의 동물이요, 하늘과 땅이 만물을 낳아서 기르는 인仁으로써 논한다면 범과 메뚜기, 누에, 벌, 개미와 사람이 모두 함께 길리워서 서로 거스를 수 없는 것이요, 또 그 선악으로써 따진다면 뻔뻔스레 벌과 개미의 집을 노략하고 긁어 가는 놈이야말로 천하의 큰 도盜가 아니겠으며, 함부로 메뚜기와 누에의 살림을 빼앗고 훔쳐 가는 놈이야말로 인의仁義의 큰 적이 아니겠는가. 박지원, 「호질」虎叱

오륜五倫과 오사五事는 사람의 예의이고, 때를 지어 다니면서 울부짖거나 먹이를 먹는 것은 금수의 예의이며, 떨기로 자라고 무성한 것은 초목의 예의이다. 사람의 입장에서 물을 보면 사람이 귀하고 물이 천하나, 물의 입장에서 사람을 보면 물이 귀하고 사람이 천하다. 하늘의 입장에서 보면 사람과 물이 균등하다. 홍대용, 『의산문답』毉山問答

연암이 '인물막변'人物莫辨의 입장이라면, 담헌은 '인물균'人物均의 입장을 취한다. 유봉학, 『연암일파 북학사상 연구』, 98쪽 참조 「호질」의 성격이 그렇듯, 연암의 논지는 실로 과격하다. 범의 관점에서 인류의 역사와 도덕이란 일대 사기극에 불과하다는 것. 거기에 입각하여 소위 인류이라는 것들이 얼마나 황당하고 궁색한지를 하나씩 짚어 나간다. 그런데 그 정도는 약과다. 『열하일기』의 「곡정필담」鵠汀筆談에서는 거기에서 훨씬 더 나아가 '만물진성설'萬物塵成說을 펼친다. 지구상의 모든 존재는 먼지라는 동일물질로 구성되어 있으므로, 인간 역시 먼지에서 발생한 '벌레' 즉 생물의 일종이라는 것이다. 김명호, 『열하일기 연구』, 창비, 1990, 142쪽 한편, 담헌 홍대용의 심성론 역시 그 포괄하는 범위가 넓고 구체적이다. '사람의 입장에서 보면 사람이 귀하고, 물의 입장에서 보면 물이 귀하다'는 논리는 장자의 제물론齊物論적 사유와도 상통한다. 거기에 기초하여 그의 관점은 사람과 사물, 성계星界와 지계(지구), 서양과 중국, 화華와 이夷 등의 모든 중세적 구획을 가로지르는 파격적인 발상으로 이어진다. 박희병, 「홍대용 사상에 있어서 물아物我의 상대성과 동일성」, 『한국의 생태사상』, 205쪽 이것은 기존의 심성론에서 전제했던 인간중심적 사고를 와해시키는 한편, 물物의 지위에 커다란 의미를 부여하는 새로운 배치임에 틀림없다.

그와 관련하여 '천'에 대한 연암그룹의 관점은 '천기론'天機論의 지평 위에 있다. '천기론'은 한마디로, '천리론'天理論으로 표상되는 주자학적 초월론을 전복하여 자연을 생성과 변이의 장으로 변환시킨 것이라 할 수 있다.

하늘이란 형체로 말한다면 천天이요, 성정으로 말한다면 건乾이요, 주재하는 면으로 본다면 상제上帝요, 묘한 작용으로 말한다면 신神이라고 말하니, 그 이름 붙이는 것이 여러 가지요 또 호칭이 너무 지나치다. 그럼에도 허물이 없이 말하자면 이理와 기氣를 하늘의 화로와 풀무로 삼아 사물을 만들고 그 성질을 부여하는 것으로 조물造物이라고 한다. 이는 마치 하늘을 솜씨 있는 장인바치로 보고서 망치질, 끌질, 도끼질, 칼질에 조금도 쉴 사이 없이 손을 놀린다고 하는 것과 같다. 박지원, 「상기」象記

이 내재성의 장에는 어떤 초월적 가치도 별도로 존재할 수 없고, 다만 '지금, 여기'를 구성하는 '생생불식生生不息의 흐름'이 있을 따름이다. 생명과 존재에 대한 무한긍정! 당연히 이 장에서는 인간과 외부, 인간과 자연이 연속적인 흐름을 이룬다.

다산의 상제(上帝)

18세기를 빛낸 또 한 명의 스타, 다산 정약용의 입장은 아주 특별하다. 다산은 남인에 속했기 때문에 '인물성동이' 논쟁에 참여하지 않았다. 하지만 그는 인간과 천天에 대해 아주 명료한 입장을 견지하고 있었다. 상제관이 그것이다.

연암그룹과 달리 다산은 '천리'의 초월성을 '상제'라는 새로운 초월성으로 대체한다. 삼대의 다스림을 꿈꾸었던 그는 송나라 유학자들에 의해 그 인격성이 제거되었던 '천天'에 다시 인격성을 부여한 것이다.이동환, 「다산사상에서의 '상제'上帝 도입 경로에 대한 서설적序說的 고찰」, 『다산의 정치경제사상』, 창비, 1990, 307쪽 상제는 천지의 운행과 만물의 생성을 "묵묵히 스스로 주재하고 있는" 존재로서, 태극과 그 자기분화로 생성된 유형의 세계로부터 초월해 있으면서 동시에 이 세계를 창조하고 주재하며 평안하게 길러 주는 장본인정일균, 「다산 정약용의 세계관에 대한 사회학적 연구: 『논어고금주』와 『논어집주』의 비교를 중심으로」, 서울대 사회학과 박사논문, 1996, 180쪽이다. 다산은 주자학의 도그마를 해체하기 위하여 원시유학 혹은 '선진고경'의 세계로 돌아간 것이다. 하지만 누가 봐도 이 상제관은 창조주 하나님의 형상과 오버랩된다. 다산 자신은 천주학의 영향을 철두철미 부정하고 있지만, 그럼에도 둘 사이의 인식론적 동형성을 부인하기는 어렵다. 당시 허다한 지식인군 중에서도 유독 다산이 속한 녹암(권철신)계 지식인들이 천주교에 깊이 경도되었다는 것이동환, 「다산사상에서의 '상제' 도입 경로에 대한 서설적 고찰」, 310쪽도 이런 점에서 매우 의미심장하다.

연암그룹의 '천기론'이 인간과 자연의 연속성을 강조한 동론同論의 입장과 연결된다면, 다산의 '상제관'은 이론異論과 궤를 같이 한다. 하지만 그것은 이론異論보다도 훨씬 더 과격한 인간중심주의를 표방한다. 상제라는 인격적 주체를 설정하는 순간, 인간과 자연 사이의 연속성은 해체되어 버리기 때문이다.

다산에 따르면 "세계는 이중적 구조를 지닌다." 즉, "세계는 태극이라는 원초적 물질의 자기 분화로 성립되는(인간의 육체를 포함하는) 물질계와 천제天帝—신神—인간영명人間靈明으로 성립되는 정신적 실체의 이중구조로 되어 있다."박무영, 「정약용 시문학의 연구: 사유방식과의 관계를 중심으로」, 이화여대 국어국문학과 박사논문, 1993, 12쪽 그런데 인성과 물성은 '결단코' 다른 것이어서, 물성은 사물의 자연적 법칙에 한정된다. 인간의 존재는 이 물질계의 어떠한 유類로부터도 초월해 있으며, 이 모든 것을 '향유'하는 주체이다. 인간이 이러한 위치를 차지하는 것은 오직 영명靈明 때문이다. 따라서 인간의 영명은 기타 물질계와의 연속성이 부정된 독자적인 인식의 주체로서 작용한다. 동시에 이 인식주체는 대단히 적극적인 능력을 소유한다. 인성과 물성이 나뉘어지고, 정신과 육체가 분리된다. 그와 동시에 인간이 만물의 영도자로 우뚝 서면서 상제와 연결된다. 이 정도면 기독교적 인간관과 비슷하다 못해 아예 똑같다고 해도 무방할 정도다.

어디 그뿐인가. 더 중요한 건 천지만물이 오직 인간을 위해 존재한다는 목적론적 태도를 노골적으로 표방한다는 것이다.

> 아! 우러러 하늘을 바라보면 해와 달과 뭇 별들이 죽 늘어서 있으며, 구부려 땅을 바라보면 뭇 초목들과 금수들이 질서정연하게 살아가고 있는데, 이 모두가 사람을 비춰 주고 사람을 따뜻하게 해주고 사람을 길러 주고 사람을 섬기니, 그렇지 않은 것이란 하나도 없다. 이 세상을 주관하는 자가 사람이 아니라면 달리 무엇이겠는가? 하늘[상제]은 이 세상을 한 집으로 생각하여 사람은 선을 행하도록 하였고, 해와 달, 별, 초목, 조수들은 이 집을 받드는 존재로 삼았다.
> 정약용, 『논어고금주論語古今注; 정일균, 「다산 정약용의 세계관에 대한 사회학적 연구」, 170쪽에서 재인용

해와 달, 별, 금수초목들이 하나같이 인간을 향해 경배를 올리고 있다. 인간이 만물의 영장임을 이보다 더 아름답고 찬란하게 표현한 글도 드물 듯하다. 동아시아 지성사의 지평에서 볼 때, 다산의 이런 관점은 실로 독보적이다. 앞에서도 말했듯이, 중세적 사유의 기반에서 이처럼 철두철미한 인간중심주의가 출현하기란 실로 어려운 까닭이다. 과연 천주학의 영향이 없이도 이것이 가능했을까?

아무튼 이런 점에서 다산의 사유는 확실히 근대를 향하고 있다고 말할 수 있다. 그러면 연암그룹의 사유는? 중세적인 것은 아니지만, 그렇다고 분명 근대적인 것도 아니다. 다산과 연암의 차이는 나중에 본격적으로 논하기로 하고, 일단 여기서는 다음 두 가지 사항만을 짚어 두기로 하자. 첫째, 중세적 사유 안에도 다양한 방향의 '외부성'이 존재한다는 것. 다산과 연암은 분명 중세적 도그마로부터의 탈주를 시도했지만, 둘이 나아간 방향은 아주 이질적이어서 결코 접점을 찾을 수 없을 정도다. 둘째, 다산의 사유가 잘 보여 주듯, 인간중심주의와 근대성은 긴밀하게 결합되어 있다는 것. 요컨대 인간이 만물로부터 독립하여 홀로 우뚝 설 때, 정신이 육체로부터 이탈하여 그 위에 군림하기 시작할 때, 근대문명은 바로 그 순간부터 시작된다.다산과 연암의 차이에 대해서는 고미숙, 『두개의 별 두개의 지도』, 북드라망, 2013을 참조

5. 자연의 '인간화'

은유의 과잉, 자연의 증발

근대와 더불어 인간과 자연 사이의 연속적 고리는 해체되었다. 이제 인간은 얼마든지 자연을 정복, 지배할 수 있다. 인간과 더불어 천지를 구성했던 자연은 이제 인간으로부터 떨어져 나가 객관적인 관찰의 대상으로 화했다. 관찰이란 곧 분석을, 분석이란 곧 '이용 혹은 착취'exploitation를 의미한다. 그와 더불어 자연을 표현하는 은유의 배치

가 전적으로 달라졌다. 즉, 변화무쌍한 자연의 온갖 현상들은 오직 인간주의적 구도 속에서만 표현되었다.

백설가

…… 백설 백설 백설이여 새롭고도 새롭도다 사천여 년 고래국이 강산 홀연 새롭도다 내 정신도 한번 놀라 우리 정부 바라보니 괴이하고 괴이하다 새롭기는 고사하고 암흑세계 그저 있네

백설 백설 백설이여 천생만물 같건마는 왜 이렇게 편벽된고 우리 나라 내각서는 침침칠야 그냥 앉아 자나 깨나 밤중일세 경인철로 고동소리 천산만수 되높건만 고침안면 일양이오 전기회사 번갯불이 억만장안 밝았건마는 새벽정신 혼미하다

백설 백설 백설이여 네가 한번 날아들어 온 정부를 일신하고 내각대신 검은 심장 한번 씻어 희게 하면 대한제국 일신하여 유리세계 이 천지에 백설명광 더 좋겠지 백설 백설 백설이여

『대한매일신보』 1908년 1월 15일자 시사평론

여기서 백설은 그 광채에 의해 개명된 정신을 상징하고, 나아가 철도의 고동소리, 전기회사의 번갯불 등과 등가적 지위를 갖게 된다. 문명과 자연의 교호가 아닌, 자연의 문명적 환원이 일어나고 있는 장면이다.

이뿐 아니다. 봄, 달, 초생달, 태양 등도 계몽의 은유로 등장한다. 백설과 이 대상물들은 아주 상이한 속성을 지녔음에도 불구하고 빛

을 분사한다는 공통점으로 인해 동일한 은유적 그물망 안에 나포된다. 계몽이성은 그 말 자체가 이미 어둠에 빛을 비추인다는 은유를 분사하고 있다. 그 빛에 대한 열렬한 욕구가 자연물에 깊이 삼투하여 대상을 완전히 동일화하고 있는 것이다.

> 대한강산 바라보니 새 봄 소식 반갑도다 음지라도 화창하여 초목
> 군생 활동하매 성쇠지리 때를 따라 인정물태人情物態 변환한다
> 봄 졸음이 곤하던가 백수국은 불고하고 풍진 중에 깊이 든 잠 무사
> 태평 한가하다 강호백구 짝을 지어 같이 꿈을 꾸려는지 원로대신
> 한량이오
> ……
> 봄 화류가 난만턴가 호탕심이 절로 나서 밤낮으로 추축하며 장안
> 사의 기악성에 용전여수用錢如水 혼빠졌나 국가흥망 불고하니 고등
> 관인 행색이오
> 봄 일기가 화창한가 염량세태 때를 따라 단과 회에 왕래하며 취지
> 목적 연설하여 요명키에 분주하니 가지사의 사업이오
> 봄 물결이 양양턴가 외국풍기 쐬이려고 화륜선에 돛을 달고 포와
> 상항 건너가서 신지식을 발달하고 애국사상 불러내니 유학동포 정
> 신이오
>
> 『대한매일신보』 1908년 4월 3일자 시사평론

봄날의 변화무쌍한 인정물태를 모조리 당시 여러 정치 집단의

행태와 직결시키고 있다. 화창하면 화창한 대로, 난만하면 난만한 대로, 지리하면 지리한 대로. 자연의 어떤 양상도 인간의 행위나 태도에 대한 비유로 다 포괄할 수 있게 되었다.

다음의 경우도 마찬가지 예에 해당된다.

몽롱하다 운무 중에 환해풍파 급히 일어 가고 오는 물결 위에 도사공이 혼을 잃고 일편고주 흔들리니 불분동서 이 아닌가 혼암세계 되었구나

몽롱하다 운무 중에 관찰회의 자주 하며 무슨 의견 제출타가 홀지풍파 일어난고 세불양립 되는 날에 평지낙상 허다하다 혼암세계 되었구나

몽롱하다 운무 중에 일진회가 운동하여 불평사상 각각 품고 수군숙덕 귓속하여 무슨 사건 지어내나 내두성패 알 수 없다 혼암세계 되었구나

몽롱하다 운무 중에 갈린 법대 조중응은 내각의자 변천할 때 자기 전임 몰랐던가 법부사진 열없으니 무사분주 이 아닌가 혼암세계 되었구나

『대한매일신보』 1908년 6월 11일자 시사평론

이런 식으로 자연은 때로는 유비로, 때로는 모방적 대립으로, 혹은 공명으로 정치적 상황을 그대로 투사한다. 소위 르네상스식 유사성의 원리가 최대한 활용되고 있는 것이다. 그렇다면 여기서 자연과

인간은 깊이 융합하고 있는가? 물론 절대 아니다. 이런 은유적 장치들은 자연을 끌어들이고 있지만 사실은 자연을 증발시키는 기능을 담당한다.

'유사성의 에피스테메'(푸코)가 지배한 르네상스적 유추는 인간을 소우주로 설정하여 대우주인 자연의 비의를 탐색하는 것을 지향하는 방식이었다. 그에 비해, 계몽주의적 유사성의 장치는 거꾸로 인간의 삶과 행위가 자연에 역투사되는 방식으로 작동한다. 즉, 자연은 더 이상 우주의 비의를 품고 있는 '비밀의 정원'이 아니다. 오직 인간의 이성과 감성의 유추대상일 뿐이다. 따라서 자연은 많이 말해지면 질수록 자신의 실체를 잃어버리는 기묘한 역설이 일어난다. 은유가 과잉될수록, 자연은 사라져 간다!

우화의 범람—도덕적인, 너무나 도덕적인

계몽기는 우화의 시대이기도 하다. 산문이건 운문이건 우화를 광범하게 활용한다. 그것은 조선후기에 유행한 우화장르들의 활발한 계승이기도 하지만, 계몽기라는 성격 자체가 동서를 막론하고 우화를 선호하고 있다는 사실 또한 주목할 만하다. 달리 말해, 우화는 계몽담론을 담기에 적절한 수사적 장치라 할 터인데, 여기에는 동물과 인간 사이의 독특한 관계가 적나라하게 표상되어 있다.

백로들아 제제창창한 저 위의는 공경대부 네 아닌가 온몸에 흰 터

력은 눈과 같이 희었으니 태평성대에 늙었구나 강호의 근심이 깊
었으나 국은을 어찌 갚을손가 천리지방을 널리 살펴 방어지책 잃
지 마라

기러기야 천리에 통신하니 사신직책 네 아닌가 해외열강 문명국에
평화조약 성립하고 형제같이 친밀키로 독립세계 되었으니 오대부
주 동서양에 외교권을 잃지 마라

봉황들아 벽오동 가지 위에 충직한 선비 네 아닌가 간신들이 조정
에 가득하여 국가의 정치가 문란하니 시비곡직을 분간하여 진회와
동탁같이 내칠 적에 곧은 말로 간하기를 잃지 마라

박쥐야 낮이면 숨고 밤이면 비밀히 다니니 소인 태도 네 아닌가 여
러 가지 간계를 환롱하여 외인에게 납첨하기로 일신의 공명은 도
득하나 국가의 환란을 양성하니 조상의 나라를 생각하여 매국적의
이름을 듣지 마라

『대한매일신보』 1908년 2월 26일자 시사평론

인천항구 쥐무리들 제 재주를 가장 믿고 못된 짓만 하다 가서 괴질
병이 발생하매 박살령에 도망하여 한성으로 피난올 제 한성 내의
파리떼는 구축령에 쫓겨나서 오다가다 서로 만나 각기 내력 평론
할 제 양편 말이 다 우습다

(파리) 절통하다 너의 쥐들 좀도적질 수단 나서 괴질병의 창귀되어
본국 인종 해하다가 박살령에 남은 목숨 구구하게 피난하니 가련
하지 너의 신세 어딜 가면 살겠느냐

(쥐) 내 행실은 그러하니 박살령이 싸다마는 네 행사를 볼작시면 더군다나 가소롭다 냄새 맡고 날아다녀 생명기관 남의 음식 염치 없이 덤비어서 빨아먹기 일삼더니 괴질병에 춤을 추고 괴질 벌레 인도하여 전국 멸망 하려다가 구축령에 혼이 나니 더럽기도 짝이 없다 네 죄악을 징치차면 유리옥이 마땅하다

(파리) 왱— 왱— 쇄— 쇄— 네 말 잠깐 들어 보니 네 행위나 내 행사나 동공인 체 일반이니 추한 죄명 면할쏘냐 하루 바삐 회개하여 악한 행실 다 버리고 장공속죄 하여 보세

(쥐) 찍— 찍— 짹— 짹— 얼싸 좋다 좋을시고 네 말대로 하여 보자

『대한매일신보』 1909년 10월 23일자 시사평론

이 텍스트들에 등장하는 동물들은 어떤 인간, 혹은 인간의 어떤 면모를 그대로 투사하고 있다. 물론 동물들이 신체적 특징을 통해 상징적 이미지로 활용되는 것은 오래된 관습이다. 그런데 계몽기 동물들은 그러한 상징의 다의성이 제거된 채 지극히 투명한 이미지만을 내뿜는다. 박쥐는 정탐꾼, 기러기는 외교대신, 백로는 흉험한 원로 등등으로. 이런 식의 일방적 인격화는 우화가 지닐 수 있는 해석적 여유를 배제하는 효과를 낳는다.

또한 파리와 쥐처럼 병균을 옮기는 대상물들의 경우, 그 생태가 철저히 인간중심적 관점에서 규정되어 자신의 죄를 회개하고 속죄하도록 그려진다. 도덕적인, 너무나 도덕적인 —— 달리 말하면, 인간보다 더 인간적인 동물들의 형상. 수많은 동물들이 출현하지만 정작

동물들 자체는 부재하는 역설이 일어난다. 나아가, 이런 식의 이미지화가 동물들한테는 치명적인 타격이 될 수도 있다. 대표적으로 박쥐나 뱀의 경우, 그 사악한 상징으로 인해 엄청난 박해를 받아야 했다. 맙소사! 여기 나온 동물들뿐 아니라, 지금, 우리들이 구사하는 동물의 이미지는 거의 다 왜곡이다. 문제는 그런 것들이 '언어게임'으로 끝나는 게 아니라, 실제로 동물에 대한 태도를 결정한다는 사실이다. 이를테면, 멋대로 이미지를 조작해 놓고는 그 다음엔 그것을 되레 동물들을 착취하고 학살하는 발판으로 삼는 것이다. 내가 동물에 빗댄 표현을 극도로 경계하는 이유가 거기에 있다.

근대에 들어 서구에선 동물원의 탄생으로 동물들에 대한 완벽한 지배가 실현되었다. "19세기에는 공공 동물원이 현대 식민지 지배력을 증명하는 역할을 했다. 보기 힘든 동물을 잡아온다는 것은 머나먼 이국땅을 모두 정복할 수 있다는 사실을 상징적으로 나타내는 것이었다." "탐험가들은 고국에 호랑이나 코끼리를 보냄으로써 자신들의 애국심을 증명했다." 즉, 동물원은 자연에 대한 인간의 승리이자 식민지 정복에 대한 상징이기도 했던 것이다. 니겔 로스펠스, 『동물원의 탄생』, 이한중 옮김, 지호, 2003, 45쪽 유럽인들이 아메리카 대륙에서 인디언과 버팔로를 동시에 몰아낸 것 역시 같은 맥락에 속한다.

이미 자연 혹은 야생동물은 사라졌다. 오직 '인간화된' 자연, 인간의 시선에 나포된 동물들만이 있을 뿐이다. 계몽기의 우화들은 그러한 인식론적 배치하에서 파악되어야 한다.

산천풍경 유람차로 이리저리 배회할 제 듣는 것도 많거니와 보는 것도 하많은데 들을 만한 것 새소리라 금랑 속에 붓을 내어 수문수록 하였도다

새가 새가 날아든다 복국새가 날아든다 이 산으로 가며 복국 저 산으로 가며 복국 종일토록 피가 나게 복국복국 슬피우니 지사 혼령 네 아닌가

『대한매일신보』 1908년 10월 28일자 시사평론

높고 높은 가지 위에 매암매암 울음 우니 저 매암이 유심하여 염량 세태 아는구나

꿈 못 깨고 있는 중에 무슨 정신 있을소냐 뱉는 침만 받아먹고 거꾸러져 헐떡이며 남의 턱만 쳐다보니 저 인물아 매암매암

방계곡경 구멍 뚫어 별반 운동 힘을 쓸 제 금은으로 소개하여 혼야 중에 애걸하니 그 행동이 비루하다 저 인물아 매암매암

『대한매일신보』 1910년 8월 9일자 시사단평

오, 놀라워라! 어떻게 새소리가 저렇게 들릴 수 있단 말인가. 계몽주체들에게는 뻐꾸기의 울음은 뻐꾹뻐꾹이 아니라, '복국'復國으로, 매미의 울음은 맴맴이 아니라 '매암'罵暗으로 들린다. 까마귀의 소리를 깍깍이 아니라, '고악'告惡『대한매일신보』 1905년 12월 22일자으로 환치하는 것도 같은 예에 속한다. 소리조차도 계몽적 기표로 바꾸는 이런 비유 체계는 한편으론 계몽주의적 열정을, 다른 한편으로는 자연물에 대

한 상징적 폭력 혹은 동일성에 대한 강렬한 욕망을 표출한다. 분절불
가능한 청각적 속성까지도 기어코 절단하여 의미를 덧씌우지 않고
서는 견디지 못하는 이 집요한 욕망의 배치. 이제 뻐꾸기도, 매미도,
그리고 까마귀조차도 구국의 전선에 '총동원'(!)된 것이다.

자연과 동물의 모든 특이성을 몰수해 버리는 이 한없이 투명한
은유적 그물망을 단지 정치적 노선의 차원으로 해소하고 말 일은 아
니다. 민족주의 이전에, 문명개화론 이전에 인간의 삶만이 유일한 가
치가 있다는 철저한 인간중심주의가 작동하고 있는 것이다. 그 인식
론적 원천이 기독교임은 말할 나위도 없다.

*　　*　　*

미국의 트라피스트 수도원에 관한 다큐멘터리를 본 적이 있다. 마
지막 장면이 사뭇 충격적이었다. 예배실 강단 옆에 크리스마스 트
리를 하나 세워 놓았는데, 다름 아닌 앙상하게 죽어 있는 나무 한
그루였다. 거기에 새로운 생명이 깃들기를 소망하는 상징이란다. 김
찬호, 「쿠오바디스, 교회?」, 『한겨레신문』, 2005년 12월 23일자

이 글을 보면서 미국 이타카Ithaca에 체류할 때가 떠올랐다. 12월이 되
면서 도시의 공공영역은 물론 집집마다 크리스마스 트리가 설치되
기 시작했다. 오직 트리를 장식하기 위해 사는 것처럼 보일 정도로
모두들 온갖 정성을 다 기울여 트리를 장식하고 있었다. 처음엔 무심

하게 보고 있었는데, 어느 날 문득 한 가지 의문이 뇌리를 스치고 지나갔다. '대체 저 많은 나무들은 어디서 오는 거지?' 엄청나게 많은 나무들이 성탄절 장식을 위해 잘려진다는 생각이 든 것이다. 게다가 전구로 장식을 해놓는 탓에 한 달 이상 전기고문을 당해야 한다. 결국, 성탄절은 나무들의 '수난절'인 셈. '하늘에는 영광, 땅엔 평화'라는 성탄 메시지가 오직 인간에게만 해당된다는 걸 그때 새삼 실감했다.

계몽의 수사학에서 우리가 확인한 것도 그와 같다. 자연에 대한 은유의 그물망이 던져지면 질수록 자연은 조금씩 모습을 감춰 버린다. 인간의 시선이 자연물에 비춰지는 순간, 자연과 동물의 목소리는 봉쇄당하고 마는 것이다. 죽거나 인간이 되거나, 이밖에 다른 선택은 없다. 카프카의 소설 「학술원에 드리는 보고」에 나오는 원숭이 '빨간 피터'가 겪었던 것처럼. 악명 높은 하겐베크 사냥원정대에게 붙잡힌 '빨간 피터'는 비참한 우리에서 탈출하기 위해 인간이 되는 길을 택했다. 악수하는 법을 배우고, 술과 담배를 배우고, 말하는 법을 배웠다. 즉, 쇼무대에서 인간 흉내를 내는 일을 터득한 것이다.

인간이 된다는 것, 그건 고작해야 좁고 답답한 우리에서 탈출하는 것에 지나지 않았다. 카프카는 '빨간 피터'의 입을 통해 인간들이 떠들어 대는 '자유'란 겨우 그런 것일 뿐이라고 말하고 있는 것이다. 요컨대, 문명의 도래와 더불어 동물들은 한없이 비참해졌고, 인간은 한없이 초라해졌다. 외부를 폭력적으로 배제하는 자는 내적으로도 평화를 알지 못한다. 그런 존재에게 어찌 생명의 충만함이 허락될 것인가. 자업자득!

6. 맺으며 — 나우시카, 나우시카!

그 사람 푸른 옷을 입고 황금의 들판에 설지니,

그때 잃어버린 대지와의 끈을 다시 맺고서

저 푸른 청정의 세계로 우리를 인도하리라.

애니메이션 <바람계곡의 나우시카>에 나오는 예언이다. 바람계곡의
눈 먼 할머니의 입을 통해 전해지는 이 예언에는 바람계곡 사람들의
오랜 염원이 담겨 있다. 그들은 아주 오래전부터 한 사람을 기다리고
있었다. 세라믹의 유적으로 황폐화된 대지에 나타난, 유독의 장기를
내뿜는 균류의 숲이 있는 '부해'의 침식으로부터, 그리고 부해에서
살아가는 무시무시한 곤충떼의 습격으로부터 자신들을 지켜주고 저
푸르른 생명의 세계로 인도해 줄 위대한 지도자를. 모든 예언자들이
그러하듯, '그'는 바로 가까이에 있었다. 바람계곡의 공주 나우시카가
바로 '그'였던 것.

　미야자키 하야오는 거장답게 이 작품에서 어느 생태주의자보다
도 인간과 환경의 문제를 심층적으로 탐색하고 있다. 바람계곡은 약
500여 명의 사람들이 부해의 근처에서 바람과 물에 의지하여 생을
꾸려 가는 변방 자치국이다. 여기에 제국 도르메키아의 거대한 선박
이 추락하면서 전쟁의 회오리가 몰아닥치기 시작한다. 도르메키아
침략의 명분은 지하에서 잠자고 있던 핵무기 '거신병'을 본국으로 옮
기기 위한 것이었지만, 실제로는 바람계곡을 정복하고 부해를 불태

위 버림으로써 자연을 굴복시키고 그 위에 새로운 제국을 건설하려는 것. 인간들 사이에 벌어지는 전쟁과 그 와중에 인간 모두에게 적대적인 부해의 곤충떼, 특히 '오무' 대군이 있다. 14개나 되는 눈을 가지고 있는 거대한 몸집의 갑각류 곤충으로 독성의 포자를 실어 나르고 죽은 몸뚱이에서 내뿜는 독이 사방을 모조리 부해로 만들어 버리는 엽기적 괴물, 그게 바로 오무다.

흔히 생각하듯이 에콜로지는 자연 혹은 환경을 보호하는 문제라고 생각하기 쉽다. 자연을 어떻게 보호하고 사랑할 것인가? 자연과 어떻게 조화를 이루며 살 것인가? 등등. 하지만 궁극적으로 생태주의는 인간들 사이의 관계를 재구성하고 새로운 윤리적 가치를 증식하는 문제이다. 앞에서 우리가 확인했듯이, 인간과 자연 사이의 적대적 이분법은 인간들 사이, 혹은 인간 내부에서도 고스란히 연장되는 바, 이런 이항대립 자체가 '생태계의 오염'인 것이다. 그러므로 칼이 난무하고 피가 튀는 '성서적 수사학'은 인간과 자연 모두를 맹목적인 죽음충동으로 이끈다. 그렇다면, 인간중심주의를 벗어난다는 건 이 '죽음을 향한 질주'를 멈추고, 생명의 거대한 순환에 동참한다는 걸 의미하는 셈이다.

그러기 위해선 무엇보다 인간과 외부——그것이 자연이든 기계든——사이에 가로놓인 견고한 장벽이 와해되어야 한다. 나우시카가 메베를 타고 하늘을 날고, 오무와 대화를 하고, 거신병까지도 끌어안을 수 있는 것처럼. 그렇다고 그녀가 비폭력주의자인 건 아니다. 그녀는 누구보다 강한 전사다. 그녀는 언제, 어디서건 온몸을 던져 싸운다. 하지만 그녀는 승리하기 위해, 적을 제압하기 위해 싸우지 않는다. 그녀의 적은 '전쟁' 바로 그 자체이기 때문이다. '모든 존재의 절대적 상생', 이것이 그녀가 온몸을 던져 싸우는 단 하나의 이유이자 목표다.

근대 이후 인간의 진군 앞에서 야생동물들은 전멸했다. 오로지 동물원과 서커스 무대 위에서 인간의 노리개로 봉사하고 있을 따름이다. 완벽한 승리! 그러나 동물이 사라진 곳에선 인간 또한 행복하게 살 수 없다. 설상가상, 아니 자업자득인가? 이 와중에 복제인간과 사이보그의 도래가 목전에 임박했다. 자연을 짓밟고 파죽지세로 질주하다 자기도 모르는 사이에 생명의 경계를 넘어 버리고 만 것이다. 앞에도 뒤에도 길이 보이지 않는다고 투덜거리는 우리에게 나우시카는 이렇게 말한다. 이제 그만 '인간만이 존귀하다'는 그 오만한 척도를 놓아 버리라고. 그러면 죽음의 땅, 부해 그 한복판에서도 생명의 나무가 자랄 수 있을 것이라고.

3장
'민족' 혹은 새로운 '초월자'의 출현

"아! 저 까마귀를 보라. 그 깃털보다 더 검은 것이 없건만,
홀연 유금 빛이 번지기도 하고 다시 석록 빛을 반짝이기도 하며,
해가 비추면 자줏빛이 튀어 올라 눈이 어른거리다가
비췻빛으로 바뀐다. 그렇다면 내가 그 새를 '푸른 까마귀'라
불러도 될 것이고, '붉은 까마귀'라 불러도 될 것이다.
그 새에게는 본래 일정한 빛깔이 없거늘, 내가 눈으로써 먼저
그 빛깔을 정한 것이다. 어찌 단지 눈으로만 정했으리오.
보지 않고서 먼저 그 마음으로 정한 것이다."
― 연암 박지원, 「능양시집서」菱洋詩集序

"이처럼 역사 안에서 말하고, 자신을 역사 이야기의 대상으로
삼는 이 어떤 것은 다름 아닌 민족이라는 새로운 실체이다.
물론 넓은 의미에서의 민족이다. ……
왜냐하면 민족성·종족·계급 등의 개념이 파생되고 확산된 것은
바로 이 민족 개념의 주변에서이기 때문이다."
― 미셸 푸코, 『"사회를 보호해야 한다"』

물음 1 : 축구와 제3공화국 나는 중학교 시절 열렬한 축구광이었다. 중학교에 막 들어갈 무렵 우리 고향에 텔레비전이 처음 들어왔는데, 그때 가장 인기를 끌었던 프로그램이 프로레슬링과 축구 경기였다. 프로레슬링도 민족적 색깔이 없었던 것은 아니지만, 개인기에 의존하고 쇼의 성격이 짙었기 때문에 아무래도 오락적 성격이 강할 수밖에 없었다. 그에 비해 축구는 우리나라의 국력을 가늠하는 상징적 장르(?)였고, 그래서 거기엔 늘 엄숙한 의미가 부가되곤 했다. 나는 축구에 빠진 나머지 성적 정체성(?)도 망각한 채 부모님을 졸라 축구공을 사서 한동안 새벽에 친구들을 모아놓고 축구 연습을 한 적이 있다.

그런데 도대체 왜, 나는 그토록 축구에 열광했던가? 곰곰이 따져보면, 그건 순수한 스포츠정신의 발로가 아니었다. 그 이후 올림픽이나 월드컵 등으로 축구 열기가 온 나라를 휩쓸 때에도 축구 경기를 5분 이상 지켜본 경험이 없는 걸로 보면 확실히 그렇다. 사실 나는 축구에 열광한 게 아니라, 축구로 표상되는 제3공화국의 애국주의에 열광했던 것이다.

그래서 당시 맹활약을 하던 차범근은 어떤 애국지사보다도 훌륭해 보였으며, 또 국가대표선수를 가장 많이 배출했던 고려대학교는 내가 아는 한 최고의 명문대학이었다. 그래서 후에 대학을 선택할 때 한점 흔들림 없이 고려대를 택했는데, 몇 해 전 우연한 기회에 이 말을 동료들에게 했더니 모두들 배꼽 빠져라 웃어 대는 것이었다. 축구 때문에 대학을 선택하다니! 하긴 내가 생각해도 좀 어이없긴 했다. 하지만 푸코의 말마따나 권력이 작동하는 방식은 대개가 이렇게 그로테스크하지 않은가? 애국적 열정을 특정한 대상이나 기호에 고착시켜 놓고 그것을 열렬히 욕망하도록 유도함으로써 신체를 장악하는 식으로.

그리고 솔직히 따져 보면, 이런 '맹목적' 축구민족주의는 아직도 계속되고 있지 않은가? 저 2002년 월드컵 때 보여 준 '붉은 악마'의 열광은 말할 것도 없고, 지금도 한일축구전이 있는 날이면 기꺼이 파시스트가 되겠노라고 선언하는 이들이 많다. 물론 반쯤은 장난기를 담고 있는 언표지만, 나는 오히려 그 속에서 뿌리 깊은 무의식의 지층을 본다. 적어도 그 점에 있어서는 내가 추운 겨울날 순진한 친구들을 깨워 축구를 하면서 애국심을 불태웠던, 그 원시적 수준에서 그다지 멀리 나가지 못한 것이다.

어쩌면, 이제 민족주의는 정치적 노선이나 이념적 선택의 문제가 아니라, 원초적 본능이 되어 버린 것이 아닐까?

물음 2: 민비, 이토 히로부미, 이완용 먼저 1990년대 이후 민비는, 세계무대에서 각광을 받은 뮤지컬 <명성황후>와 사극 <명성황후>의 인기에 힘입어 화려하게 무덤 속에서 부활했다. 외세로부터 나라를 지키기 위해 장렬하게 순교한 조선의 마지막 국모, 명성황후——아마 이런 것들이 지금 유포되고 있는 민비에 대한 표상들일 것이다. 그런데 한번 따져 보자. 이런 식의 표상의 근저에 민비가 일본 낭인들에게 살해당했다는 사실 말고 달리 무엇이 있는지. 다시 말해, 민비가 최고 통치자로서 열강의 각축 속에서 시대를 헤쳐 나가기 위해 무엇을 수행했는지는 누구도 말하지 않는다는 것이다. 뿐만 아니라 이 시대를 가장 냉철하게 증언하고 있는 황현의 『매천야록』梅泉野錄이나 『오하기문』梧下記聞 등을 통해 볼 때, 민비는 한 번도 개혁의 주체가 된 적이 없다. 그가 대원군과의 권력투쟁을 위해 대거 기용한 민씨 척족들은 탐관오리와 부패무능한 매판관리의 전형들이었다. 근대계몽기 대표적인 민족주의 매체인 『대한매일신보』에는 민씨들의 부패상이 하루가 멀다 하고 고발되고 있다(민씨 중에 '영'자 돌림의 탐관오리 여덟 명을 풍자하는 '민씨 팔영'이 별도로 불려졌을 정도이다). 또 당시 각축하던 열강들과의 관계를 보더라도 조선의 개혁을 위해 그들을 적절히 활용한 예는 도무지 찾아볼 수 없다. 단지 자신의 정치적 기반이 흔들릴 때마다 외세를 끌어들이기에 바빴을 따름이다.

물론 추종자들은 이렇게 반박할 것이다. 일본의 암살목표가 되었다는 사실 자체가 바로 민비가 조선을 지키기 위해 싸운 증거 아니겠느냐고. 하지만 이건 정말 옹색하기 짝이 없다. 우선 한 사람의 최고 권력자가 자신이 능동적으로 수행한 어떤 치적에 의해서가 아니라, 오직 적에 의해서만 규정된다는 사실 자체가 일단 심각한 결락이 아닐 수 없고, 뿐더러, 그녀가 일본 낭인에게 살해당한 맥락도 잘 따져 볼 필요가 있다. 청일전쟁의 결과 조선에서 청의 지배는 종결되었지만, 일본은 승전국임에도 불구하고 조선에서의 우위를 점하지 못했다. 러시아가 프랑스, 독일과 함께 '삼국간섭'을 시도함으로써 승리의 대가를 가로채 버렸기 때문이다. 그와 더불어 민비를 포함한 조선의 지배층들은 잽싸게 러시아 세력과 결탁하여 자신들의 기반을 유지하고자 했다. 잘 알다시피, 러시아는 조선의 근대화에는 아무런 관심도 없는 제국이었다.

문제는 이 구체적인 힘의 배치를 읽으려 하지 않고, 오직 일본에 의해 희생당했다는 사실만으로 모든 사건의 의미를 규정하려는 데 있다. 즉, 민비가 명성황후라는 새로운 기호로 부각된 현상의 근저에 있는 것은 반일=국수=지선이라는 관념이다. 일본에 반하는 것은 무조건 애국적인 것이라는 이 지독한 강박증!

민비와 대척적인 지점에 있는 예가 이토 히로부미이다. 우리 역사에서는 안중근에 의해 암살된 침략의 원흉이지만, 일본사의 입장에서 보면 메이지 유신의 전 과정에서 그의 역할은 말할 수 없이 지대하다. 독일유학파로서 헌법을 정초했고, 근대 천황제의 기초를 세웠으며, 청일전쟁 당시에는 뛰어난 외교전략가로서 영국, 프랑스, 독일 같은 이른바 문명국들을 감탄시켰다.이 과정에 대해서는 무쓰 무네미쓰 지음, 『건건록蹇蹇錄』, 김승일 옮김, 범우사, 1993에 자세히 서술되어 있다. 그리고 러일전쟁 직후 체결된 한일협약(을사조약으로 흔히 거론됨)에 입각해 초대 통감으로 진출하여 조선에서 최고의 실력자로 군림한다. 그런데 분명 침략의 수뇌임에도 불구하고 『대한매일신보』를 보면, 뜻밖에도 이토 히로부미에 대한 적대감은 두드러지지 않는다. 그의 동양평화론이 널리 소개되기도 하고, 안중근에 의해 암살당했을 때는 유감의 뜻을 표명하는 분위기가 조성되기도 한다. 분명 그는 후임자들과는 다른 종류의 카리스마와 역량을 발휘했던 것이다. 그러면 우리가 생각하는 침략의 원흉 이토 히로부미의 이미지는 어떻게 형성된 것일까? 혹 안중근의 저격이 민족운동사의 쾌거로 기록되는 그 순간 이토 히로부미는 민족의 원흉으로 자동 각인된 것이 아닐까?

사실 내가 이 대목에서 주목하고 싶은 것은 이토 히로부미를 비롯하여 일본 메이지 유신의 이데올로기를 정초한 지식인들의 행보이다. 메이지 유신의 성공으로 일본이 제국주의의 대열에 들어섰고, 그 결과 조선이 식민지화되었는데도 우리는 뜻밖에도 메이지 유신에 대해 아는 바가 거의 없다. 그저 일본 근대사는 제국주의, 대동아전쟁을 향해 달려갔다는 사실만이 절대적 준거로 작동하고 있을 따름이다. 즉, 일본의 메이지 유신은 태생부터 제국주의를 향해 있었다는 식의 통념이 연구자들의 무의식에 깊이 뿌리를 내리고 있는 것이다. 그래서 러일전쟁 이전의 텍스트에서도 제국주의적 징후를 보이는 대목이나 그런 유의 사건에 대해서만 중시할 뿐, 그외의 것들에 대해서는 거의 관심이 없다. 일본에 대해서는 한마디로 제국주의적 경로 말고는 아는 게 없다고 해도 무방할 지경이다.

그런데 우리에게 진정 중요한 건 우리와 마찬가지로 서구에 의해 강제 개항되고 피압박 상태로 시작한 일본이 대체 어떤 힘의 배치, 어떤 국제적 역학관계 속에서 근대화 프로젝트를 성공적으로 가동시켰는가, 그리고 그것이 어떤 국면의 전환 속에서 제국주의로 전이되어 갔는가를 파악하는 것이 아닐까? 제국주의적 징후를 찾아 적개심을 불태우는 것은 지적인 접근도 아닐 뿐 아니라, 식민주의 청산에도 아무런 도움이 안 된다. 그런 점에서 이토 히로부미를 비롯한 메이지 이데올로그들의 행적은 한국 근대사를 새롭게 조명하는 데 있어 풍부한 계기들을 제공해 줄 것이다.

　마지막으로 이완용. 이완용은 독립협회의 주도층이었고, 『독립신문』에 애국적인 관리로 집중조명될 만큼 유능한 관리였다. 말하자면, 그 역시 날 때부터 매국노는 아니었던 것이다. 그 또한 다른 계몽기 지식인들과 마찬가지로 애국적 열정 속에서 출발했지만, 다만 격동의 시기를 거치면서 계속 정치적 변전을 거듭했을 뿐이다. 이완용은 물론 매국노다. 그런데 그가 매국노의 상징이 된 것은 1907년 '정미7조약'으로 고종이 폐위되는 순간부터 총리대신이 되어 다른 라이벌들을 몰아내고 합방조인서에 도장을 찍은 인물이기 때문이다. 그런데 당시의 신문 매체를 살펴보노라면 그야말로 '매국노들의 경연대회'를 목도하게 된다. 박제순, 송병준, 이준용, 이지용 등등. 이들이 저지른 행위는 개인적으로나 국가적으로 보아 이완용의 행적을 '훨씬' 능가한다. 그런데 어떻게 이들은 모두 면책되었는가? 나는 그것이야말로 우리 식민지 역사가 만들어 낸 실로 단순하기 짝이 없는 이분법의 결과라고 생각한다. 이완용이라는 상징적 존재를 내세워 모든 매국의 악덕을 몰아넣은 다음 스스로 면죄부를 받는 식의.이완용의 자세한 행적에 대해서는 윤덕한, 『이완용평전』, 개정판, 길, 2012와 김윤희, 『이완용평전』, 한겨레출판, 2011을 참조할 것. 어이없게도 이완용의 후손들은 한국에서 살지 못해 모두 떠나고 평생 낙인이 찍힌 채 살아가지만 다른 매국노들은 나름대로 자신들을 합리화하는 기회를 통해 해방 이후에도 계속 영화를 누렸다. 이 부조리한 메커니즘을 어떻게 이해할 것인가?

물음 3: 두 '손님'의 지상과제 황석영의 소설『손님』은 20세기 들어 한반
도에 들어온 두 손님을 기독교와 마르크스주의로 설정한다. 그리고
한국전쟁 동안 황해도 신천 지방에서 벌어진 이 두 집단 사이의 피
비린내 나는 혈투를 지노귀굿의 형식으로 재현하고 있다. 그런데 내
가 주목했던 것은 그토록 싸웠던 두 손님들에게 있어 민족은 의심할
나위 없는 공통의 기저였다는 사실이다. 조금만 깊이 따져 보면 이건
참 신기한 일이 아닌가? 기독교는 국경이나 민족을 넘어 인류 전체
를 포용하는 종교이고, 마르크스주의 또한 세계혁명을 지상과제로
삼는 이념이다. 그런데 이 거대한 담론들이 한국에서는 민족이라는
절대적 기호의 기반을 조금도 돌파하지 못한 것이다.

　　'민족은 상상의 공동체'라는 충격적인 테제를 정립한 앤더슨은
한 학자의 입을 빌려 "민족주의 이론은 마르크스주의의 역사적 대실
패를 대표한다"고 단언한 바 있다. 베네딕트 앤더슨,『민족주의의 기원과 전파』, 윤
형숙 옮김, 사회비평사, 1991, 18쪽 조선의 마르크스주의자들이 보여 준 그 지
독한 민족지상주의는 말할 것도 없고, 온갖 정파로 난립한 1980년대
좌파들이 최후까지 견지하고 있었던 것 역시 민족이라는 주술이다.
기독교 역시 마찬가지이다. 인류의 구원을 위한 복음을 전파하는 기
독교가 어째서 근대계몽기 이래 민족의 울타리를 조금도 넘으려 하
지 않았을까?

1. 민족, 그 신성한 초월자의 출현

'충애'에서 '민족'으로

1876년 병자수호조약으로 조선의 문호가 개방되긴 했지만, 조선에서 근대화의 기류가 본격적으로 무르익은 것은 청일전쟁(1894~1895) 이후라고 할 수 있다. 청일전쟁에서 일본이 청나라를 간단히 제압함으로써 마침내 조선은 중국의 속국이라는 처지에서 벗어나게 되었다. 말하자면 조선으로서는 중국이라는 장막이 없는 '허허벌판'에 나서게 된 셈이다. 물론 그 광야는 서구제국의 열강들이 각축하고, 이미 서구화의 길에 들어선 일본이 동아시아의 새로운 중심으로 부상하고 있는, 아주 낯설고도 위험하기 짝이 없는 '정글'이었다.

국제적 힘의 변화는 당연히 내부의 변동을 불러온다. 그 이전 여러 루트를 통해 유입되어 온 근대문명의 담론들이 본격적으로 힘을 발휘하기 시작한 것이다. 『독립신문』과 독립협회운동이 하나의 기폭제가 되었다. 최초의 한글신문 『독립신문』을 통해 국가에 대한 근대적 관념, 국가와 개인의 관계가 새로이 정립되는 논의들이 쏟아져 나오게 되었다.

처음부터 민족이 신성불가침한 기호가 된 것은 아니다. 애초의 구호는 '충군애국'이었다. 『독립신문』 1898년 10월 29일자 논설, '시사문답'을 보면, "독립협회의 목적인즉 충군애국"이며, "아마도 세상에 제일 감복하고 엄위하엽즉한 물건이 충애 두 글자뿐"이라고 명쾌하게 기록되어 있다. 그와 더불어 국가를 둘러싼 다양한 상징기제들이 만들어지기 시작한다. 독립협회운동을 하다가 장렬하게 죽음을 맞이한 김덕구가 최초의 열사로 추앙되고, 경축연·대한국기·개화·개천·제국·애국가 등 다양한 국가적 표상들이 일상 속으로 침투해 들어간다.

그것은 분명 불완전하긴 하나 중국의 예속을 벗어나 '어엿한' 독립국이 되었다는 정신적 고양을 반영하는 것이었으리라. 다음의 자료는 국가를 둘러싼 새로운 표상들의 배치를 풍부하게 보여 준다는 점에서 매우 흥미롭다.

배재학당에서 서진관으로 놀이차린단 말은 이미 기재하였거니와 당일 그 놀이에 어른과 아이 합하여 150여 인가량이 참예하였고…… 이윽고 독립문에 이르러 국기를 세워 놓고 일제히 독립가를 부른 후에 대황제 폐하를 위하여 기쁘게 만만세를 세 번 부르니 사람의 흥기를 자아내는 중 겸하여 듣는 자로 하여금 적이 감동함이 있어 숭군애국 할 마음이 절로 생기게 하는지라 대저 우리나라 사람이 어른 아이 간에 노래하는 자리에서 임군과 국가를 위하여 하는 예식이 없었거늘 이날 좋은 공원지에 관동冠童이 함께 모여 기쁜 마음으로 애국가와 만세를 부르는바 그중 신기한 것은 조고마한 아이들이 어린 입술로 소리를 크게 하여 우리 대황제 폐하 만만세를 흥기내어 부르니 사람을 학문도 가르치거니와 어려서부터 그 마음을 충군애국으로 이같이 인도함은 진실로 서양 교사의 가르친 은공을 치하할지라 만일 우리 대황제 폐하께서 이것을 보시게 되면 성의가 매우 기뻐하실러라······ 서진관 동구에 다다라 절을 향하여 들어갈새 여러 중들이 나와 맞아 법당을 소쇄하고 차례로 들어앉아 다리를 쉰 후 절가에 정결한 음식을 마침 예비하였다가 일제히 대접할새 먼저 머리를 숙여 하나님께 기도하고 총교사 아펜젤러씨가 아이들을 고루 나눠 먹이며 점잖은 손님들을 간곡히 대접하매 그 정의가 더욱 간절하더라······ 이 교사들과 학도들이 일 년 동안을 가르치기와 공부하기에 분주히 지내다가 이때 춘경을 타 정결한 산천에 가서 새 공기를 마시며 몸을 운동하고 무한한 흥치를 다하여 하루를 소창하고 돌아왔으니 각기 새 마음을 먹고 문명부강에 유조할 일을 생각하여 부지런히 일들을 하여 타일 태평세계에 우리 대황제 폐하를 뫼시고 독립가와 애국가로 만만세를 불러 만락을 누리게 되기를 특별히 더 힘들을 쓸러라

『매일신문』 1898년 5월 6일자 논설

독립문, 독립가와 애국가, 국기 등 다양한 근대적 국가장치와 계열화를 이루고 있는 대황제 폐하라는 용어는 봉건적 전제군주로서의 의미보다는 중화주의적 장에서 벗어난 독립국의 통치자라는 의미화가 훨씬 두드러진다. 따라서 충군이라는 개념 또한 중세적 개념과는 전혀 다른 표상기능을 수행한다. 중세의 군주는 하늘로부터 천명을 부여받은 유일자, 곧 천리의 완벽한 구현태로서 온갖 욕망의 이질적 혼탁함에 빠져 있는 만인을 교화하고 이끌어야 하는 태양과 같은 존재이다. 그러나 근대적 입헌군주제에서의 군주는 천리나 국가

적 의무를 민에게 고루 분배한 다음, 역할분담의 차원에서 만인의 위에 군림하는 기능적 차원으로 그 표상이 전이되어 있다. 바쿠후幕府시절에는 그 존재가 거의 미미했다가 메이지 유신과 함께 근대적 프로젝트의 일환으로 재탄생한 일본의 천황제가 잘 보여 주듯이, 이 경우에도 봉건적 신민을 근대적 국민으로 탄생시키기 위해 군주라는 지위가 적극 요청되는 것이다.

> 근세에 군주국체의 개념은 신권주의가 아니며 또 봉건사상도 아니고 순연한 정치적 기초의 상에 입入하여 오로지 국가의 본질로 기基하여 통일케 한 인민공동단체의 원수로 군주는 국가의 일원 또는 국가의 기관이 되는지라 예컨대 사람의 머리는 유기체의 일부분 또는 그 일기관이 되는 전체의 수뇌기관으로 전체를 통일하고 또 이를 통제함과 같으니…….
>
> 「국가론의 개요(속)」, 『서북학회월보』 13호 1909년 6월

말하자면, 우선 저 높은 곳에 지존의 자리가 있고, 그 다음에 다른 존재들이 하부를 구성하는 것이 중세봉건제의 시스템이라면, 근대적 군주제란 그와는 정반대로 하부가 두텁게 마련된 뒤 그것을 묶어 주는 한 구심점으로 군주가 위치하는 형식인 것이다. 그렇기 때문에 근대계몽기 자료에 나오는 충군애국을 봉건적 잔재로 해석하는 것은 그야말로 난센스다. 개념 자체가 아니라 개념이 놓인 자리, 개념이 다른 것들과 맺는 의미망을 보려 하지 않는다는 점에서.

앞의 『매일신문』 자료에서 보듯, 흥미로운 점은 그 같은 국가, 국민의 의식을 불어넣어 준 것이 서양 선교사로 설정되어 있다는 사실이다. 얼마나 역설적인가? 나라의 독립이 저 먼 서구로부터 주어진 것이라니. 그러나 이 역설이야말로 근대, 근대성의 '초험적 장'이다(앞으로 보겠지만, 우리의 무의식 깊이 뿌리내리고 있는 표상작용의 대부분은 역설과 아이러니로 뒤덮여 있다).

물론 그런 역설이 가능했던 것은 일본과는 달리 조선은 황제가 근대국가의 구심점 역할을 수행하지 못했다는 사실과 무관하지 않다. 예컨대 일본의 천황제처럼 근대적 메커니즘에 의해 이미 준비된 표상장치들을 끌어안으면서 출발한 것이 아니라, 조선의 경우 청일전쟁 이후 중화주의적 질서와 맞물려 있던 전제군주적 의미들은 심각하게 소거되었지만, 새로운 의미화를 전혀 갖추지 못한 채 입헌적 군주로의 변신을 꾀했다는 점에서 이 기호는 내부가 텅 비었다고 할 수 있다. 게다가 그런 외적 조건뿐 아니라, 내적으로도 고종이나 그 가신들은 그 빈 기호를 충만하게 하기에는 역부족이었다. 그래서 서양에 의해 독립국이 되었다는 역설이 자연스럽게 받아들여질 수 있었을 것이다.

그 서양문명국이 기독교로 표상된다는 점도 흥미롭다. 위의 자료를 보면, 절의 법당에서 "하나님께" 기도를 하는, 좀 기이한 상황이 연출되고 있는데, 그만큼 자료의 앞부분에서 제시된 국가적 표상들과 기독교가 하나의 관념 안에 행복하게 공존하고 있음을 확인시켜 준다. 물론 여기에도 또 하나의 역설이 존재한다. 곧 국가의 독립, 그리고 개인의 자유가 하나님이라는 초월적 존재에 대한 복속이라는 방향성을 취하고 있다는 사실이다. '타자'에의 종속을 통한 주체화 방식!

1905년 이후 국가권력이 통감부로 대부분 이양되자 충군이라는 구호는 거의 힘을 발휘하지 못하게 되는데, 그 점 역시 식민지로의 길을 왕조의 몰락이 아니라 국가의 위기로 파악하기 시작했음을 말해 주는 것일 터이다. 따라서 이제 왕조=국가라는 등식은 더 이상 무의미해졌다. 근대계몽기의 담론에서 군주에 대한 미련을 찾기란 거의 불가능하다. 500여 년간 한 왕조가 통치했음에도 그토록 흡인력이 미미할 수 있는지가 믿어지지 않을 정도로. 달리 보면, 이는 그것을 대체할 다른 이름을 찾았기 때문이라고도 볼 수 있다. '민족'이라는 기호를. 그리고 이제 민족이라는 표상이 그 이전에 이런저런 기호 속에 흩어져 있던 것들을 마치 블랙홀처럼 흡인하게 되었다. 민족은 어떤 개념보다도 특권적인 지위를 누리게 되었고, 그것은 시대의 절대적 명제로, 지고지순한 가치로 떠오르게 되었다.

제국주의와 민족주의

풍운이 이는 듯 홍수가 끓는 듯 벽력이 뒤놓는 듯 조수가 몰리는 듯 불이 타는 듯한 이십 세기 제국주의여(영토와 국권을 확장하는 주의). 신성한 미국 먼로 대통령주의(내가 다른 사람을 간섭지 아니하고 다른 사람도 나를 간섭지 못하는 주의)가 백기를 한 번 세운 뒤로 동서대륙에 소위 육대강국이니 팔대강국이니 하는 열강이 모두 열성으로 이 제국주의를 숭배하며 모두 서로 다투어 이 제국주의에 굴복하여 세계무대가 활발한 제국주의를 이루었도다

그러한즉 이 제국주의를 저항하는 방법은 무엇인가 가로되 민족주의(다른 민족의 간섭을 받지 아니하는 주의)를 분발할 뿐이니라

이 민족주의는 실로 민족을 보전하는 방법이라 이 민족주의가 강건하면 나파륜 같은 큰 영웅으로도 아라사 경도에서 대패하여 도망함을 겨를치 못하였으며 민족주의가 박약하면 아날비^{아라비 파샤} Arabi Pasha 같은 큰 호걸로도 세일론^{영국령 실론}의 외로운 섬 중에서 망국의 한을 품고 죽었으니, 오호ー라 민족을 보전코자 하는 자 이 민족주의를 숭상치 아니하고 무엇을 하리오

이런 고로 민족주의가 성하여 웅장한 빛을 나타내면 맹렬하고 포악한 제국주의라도 감히 침노치 못하나니 원래 제국주의는 민족주의가 박약한 나라만 침노하나니라

금수 같고 꽃 같은 한반도가 오늘날에 이르러 캄캄하고 침침한 마귀굴 속에 떨어짐은 무슨 연고인가 곧 한국 사람의 민족주의가 어둔 까닭이라

바라노니 한국 동포들은 민족주의를 크게 분발하여 우리 민족의 나라는 우리가 주장한다 하는 말을 뇌수에 새기며 우리 민족이 아니면 우리는 반드시 해롭게 한다 하는 귀결로 몸을 호위하는 부작을 삼아 민족을 보전할지어다

이 자료는 『대한매일신보』 1909년 5월 28일자에 실린 논설이다.

신문에는 저자가 밝혀져 있지 않은데, 당시 정황으로 보아 신채호의 글로 추정된다(『단재 신채호 전집』에 실려 있다). 제국주의의 공세 속에서 민족주의의 기치를 높이 치켜드는 목소리가 장엄한 수사학과 함께 울려 퍼진다. 불과 10년도 채 되지 않은 동안에, 이처럼 당당하고도 화려한 수사학을 구사할 수 있을 정도로 민족주의는 계몽의 담론 내부에 깊이 뿌리를 내리게 된 것이다.

2. 민족담론, 그 역설의 지층들

충군이라는 기호가 사라지자, 이제 민족이라는 표상은 모든 개념을 빨아들이는 '블랙홀'이 되어 버렸다. 그것은 천리, 전제군주, 중화주의 등 초월적 기표들의 돌연한 실종 속에서 신분, 성, 개인, 집단, 가족, 나아가 삶과 죽음을 가로지르는 또 하나의 '초월자'가 된 것이다. 그것은 강렬한 만큼 공허하고, 공허할수록 더 강한 에너지를 투사해야 하는 비극적 순환구조를 자체 안에 내장하고 있다. 발견되는 순간 부재를 확인할 수밖에 없고, 그래서 부재를 통해서 존재를 드러내야 하는 역설의 연속체!

어찌 보면 그토록 짧은 시간 안에, 그리고 이토록 장구하게 한국인의 무의식을 장악할 수 있었던 것도 이 기호가 지닌 숙명적 역설과 아이러니에 의한 것인지도 모른다. 그렇기 때문에 계보학적 탐사를 위해서는 그저 민족주의와 제국주의의 구조적 동일성, 혹은 민족주의의 시대적 불가피성 혹은 필연성 등을 재확인하기보다 민족이라는 기표가 초월적 지위를 획득하면서 인식론적으로 어떤 전도가 일어났는지를 살펴볼 필요가 있다.

차이에서 동일성으로, 우주에서 국경 안으로

우리는 흔히 민족의식은 단군시절 이래 면면히 계승되어 온 것이라는 강한 신념(?)을 지니고 있다. 반만 년 역사, 단군의 후예, 한민족의 은근과 끈기 등의 익숙한 언표가 대변하듯이. 그래서 통일신라가 당과 결탁하여 고구려를 멸망시킨 것을 아직도 굴욕적 사대주의로 수치스러워하고, 그에 대한 심리적 보상으로 거의 사료가 남아 있지 않은 발해를 한국사의 지평에 자리매김하기 위하여 통일신라시대보다는 남북국시대라는 명칭을 더 즐겨 사용한다.

이것은 일단 역사를 하나의 레일 위를 달려오는 '단수화된 서사'로서 상정하는 태도의 산물이다. 즉, 20세기 이후 형성된 민족에 대한 관념을 저 아득한 시간대로 소급하여 태고로부터 비롯되었다고 상상하고 싶은 것이다. 기원이 멀면 멀수록 그 정통성은 더한층 확고해진다는 듯이.

20세기 한국 인문학의 가장 강력한 담론체계였던 실학파 담론이야말로 그러한 내적 연속성론이 가장 두드러지게 작동하는 방법론적 거처이다. 그것은 조선후기 지식인 그룹을 '실학파'라는 유형으로 절단함과 동시에 그들의 텍스트 속에서 민족의식의 맹아들을 다양하게 채취하기 위해 각고의 노력을 펼쳐 왔다. 실학파라는 명명이 가능한가도 회의적이지만, 조선후기의 맥락에서 민족적·민중적이라는 척도가 얼마나 텍스트의 잠재력을 드러낼 것인지도 의심스럽기 짝이 없다. 거듭 말하지만, 하나의 담론체계에서 진정 유의미한 것은 개별 낱말의 조각들이 아니라, 개념들이 움직이는 배치이다. 그 작동의 메커니즘을 간과한 채, 오직 낱말의 의미를 먼저 규정해 놓은 채 일의적 해석을 가하는 것은 일종의 동일성의 폭력이다. 역설적인 것은 병자호란 이후 지배이데올로기로 기능한 '소중화론'이 실학파와는 대척적인 위치에 있었음에도 불구하고 최근에 이르러는 자주성의 진보로 간주되고 있다는 사실이다. 이런 전도된 양상이야말로 민족이라는 동일성론이 어디까지 나아갈 수 있는지를 단적으로 보여주는 증거에 다름 아니다.

연속성에 대한 집착을 벗어나서 조선후기 사상사를 재검토해 보면, 거기에는 근대적 민족주의와는 아주 다른 진경이 펼쳐진다. 당시의 지배적 담론인 '소중화론'은 중화문명의 초월성을 그대로 수락한 채, 대상만을 중국에서 조선으로 이동함으로써 중화/이적의 구별을 더더욱 완강하게 견지한 것이었던바, 따라서 18세기에 형성된 새로운 담론들은 바로 그 소중화론이 기대고 있는 초월적 전범성을 부정하는 것으로부터 시작될 수밖에 없었다. 소중화론의 입장에 서면 청나라는 금수와 같은 오랑캐들의 국가일 뿐이다. 얼마나 단순명료하고, 도식적인가. 그러면 소중화론을 깨기 위해서 새로운 지식인들은 무엇을 했던가? 연암의 글들이 잘 보여 주듯이, 소중화론을 정면으로 부인하기보다 그와 유사한 지평에서 출발하되, 계속 경계를 모호하게 함으로써 균열을 일으키는 방식을 시도한다.

예컨대 연암에게는 중화든 소중화든 그것의 지고한 본질이나 기원 따위가 아니라, 그것들이 '지금, 여기'에서 어떻게 작동하는가, 혹은 어떤 배치를 이루는가가 문제일 뿐이다. 즉 "사람으로서 보면 중화와 이적의 구별이 뚜렷하겠지만 하늘로서 본다면 은이나 주도 제각기 때를 따라 변하였거니 어찌 반드시 청나라만을 의심하겠는가"(「호질 후지」) 하는 식으로 초점을 바꾸어 버리거나, 『열하일기』 곳곳에서 백 년 동안이나 평화를 유지하고 있는 청조의 덕화와 정치력을 '한·당·송 때에도 보지 못했던 일'이라고 격찬함으로써 그 심층의 지반을 뒤흔들어 놓는다. 결론은? 청문명의 역동성, 조선의 편협성에 대한 자각이다. 연암의 사상적 특이성에 대해서는 고미숙, 『두개의 별 두개의 지도』를 참조할 것 말하자면 조선후기 새로운 지식인층의 가장 근간이 되는 것은 중화주의라는 초월적 기표를 해체하면서 지상에서 일어나는 '표면적 사건'으로 문제의 지평을 변환하는 것이었다.

예컨대 앞장에서도 인용되었듯이, 이옥이 말한바 "만물이란 만가지 물건이니 하나로 묶을 수 없다", "한 시대도 다른 한 시대와 같지 않아 각기 저마다 한 시대의 시가 있었다", 그러니 "어찌하여 대청大淸 건륭 연간에 태어나 조선땅 한양성에 살면서 짧은 목을 길게 늘이고 가는 눈을 크게 부릅떠서 망령되이 국풍·악부·사곡 짓는 것을 말하고자 하는가?" 이옥, '일난'一難, 「이언」俚諺, 『이옥 전집』 2, 292~230쪽란 논리가 대표적이다. 이옥이 주장하는 바의 요점은 어떤 하나의 심급으로 환원될 수 없는 무수한 개체들의 차이이다. 동일성으로 포획되지 않는 이질적인 것들에의 강렬한 환기! 여기에서 조선적 자주성을 확인할 수도 있고, 조선시의 특수성에 대한 자각을 읽을 수도 있다. 하지만, 이 텍스트의 에너지가 오로지 그러한 척도로 환원될 이유는 어디에도 없다. 이옥 자신이 이 논의를 여성성, 섹슈얼리티를 긍정하기 위해 활용하고 있는 데서도 알 수 있듯이, 이것은 다방면에서 '소수성' minority을 긍정하는 논리로 얼마든지 원용될 수 있는 것이다.

더욱이 이덕무나 이용휴, 박제가 등 당시 새롭게 부상한 문제적 작가들이 공통적으로 시도했던 것은 바로 하나의 공통심급에 포획되지 않는 이질적인 것들의 분자적 흐름에 대한 환기였다. 조선적인 것에 대한 옹호는 그러한 인식론적 배치의 일부를 구성하는 것이었을 뿐이다.

그에 반해 근대계몽기의 민족담론은 그와는 아주 다른 방식으로 진행된다. 그것은 일단 서구/일본/조선의 삼각관계를 기본틀로 삼음으로써, 중화를 향했던 시선이 이제는 서구문명을 향하게 된다. 중화와 서구문명은 서로 대척점에 있는 듯하지만 담론적 배치의 측면에서 초월적 전범이라는 점에서는 같은 위상을 차지한다. 앞에 등장한 『대한매일신보』의 자료(「제국주의와 민족주의」)가 잘 보여 주듯이, 민족국가는 서구문명의 후광에 의지해, 그들의 시선에 의거하여 비로소 탄생한 것이다. 그런 점에서 동일성에 대한 열렬한 희구의 형태를 취한다. 그래서 민족적 자각이 강렬할수록 사실 그것은 근대 문명화론의 궤도를 충실히 따라가야 하는 역설이 일어난다. 이것은 민족주의가 제국주의의 태내에서 제국주의를 그대로 모사함으로써 성취된다는 것, 나아가 주체를 강조할수록 그것은 제국이라는 타자와 포개져야 하는 운명을 말하는 것에 다름 아니다. 그래서 일단 이 길에 들어서면 '근대성의 외부'로 달아날 가능성이 전면봉쇄되는 운명에 처한다.

그렇게 본다면, 조선후기 실학파 담론과 근대계몽기 민족담론 사이에는 연속성보다는 차라리 불연속적 간극이 두드러진 셈이다. 담론이 처한 '초험적 장'이 다를 뿐 아니라, 그것들이 작동하는 인식론적 배치가 상이한 까닭이다. 그러니 이 두 가지를 하나의 동일한 준거점으로 절단, 채취하는 것은 서로의 풍요로움을 소거하는 결과 외에 무엇이 있을까. '옥토를 사막으로' 만드는 것 같은.

이밖에도 중요한 차이점이 또 하나 있다. 적어도 조선후기의 경우 지식의 경계는 우주, 곧 천지만물이었다. 인간, 자연, 동물을 두루 포괄하는 '천기'天機라는 개념이 비평담론의 중심을 이룬 것도 그러한 스케일을 반영한다. 이를테면, 지적 체계가 기본적으로 천지를 사유의 중심에 놓고서 그것을 통해 중화, 조선, 민중 등 사회적 관계들이 설정된 것이다. 19세기 중엽 최고의 지식인인 최한기의 경우, 서양문물과 과학을 열정적으로 흡수했고, 중세철학의 경계를 넘어서는 전위성을 보여 줌에도 불구하고, 그의 철학의 대상은 '우주 내'였다. "말을 하지 않으면 그만이려니와 말을 하면 천하인이 취해 쓸 수 있고 발표하지 않으면 그만이려니와 발표하면 우내인宇內人이 감복할 수 있어야 한다." 임형택, 「개항 전 유교지식인의 '근대' 대응논리—최한기를 중심으로」

그런데 20세기 민족담론은 지식의 탐구 대상을 기본적으로 한반도라는 국경으로 한정한다. 역사든, 문학이든, 철학이든. 그것은 이전의 지식이 지닌 추상성을 타파한다는 의미를 지니고 있긴 하지만, 그런 만큼 경계를 명료히 하는 데에 전력을 질주하지 않을 수 없다. 그리고 이것은 단지 지식의 범위가 협소해졌다는 차원에서 그치지 않고, 사유 전반에 근본적인 변환을 유도하게 된다.

유기체적 전체성론 — 오로지 국권만이!

누구나 알고 있듯이, 근대적 국민이 탄생하기 위해서는 봉건적 신분제라는 대지에서 탈영토화해야 한다. 신분의 굴레에서 벗어나 만인의 평등, 개체로서의 자유 등 새로운 근대적 주체가 되기 위한 몇 가지 통과제의를 거쳐야 한다. 근대적 체제의 확립에 긴 시간이 경유된 유럽의 경우는 말할 것도 없고, 압축적 형태로 근대를 겪은 일본의 경우에도 짧기는 하지만 이른바 민권주의의 시대를 통과했다. 그러나 조선의 경우는 일본보다 더 압축적인 방식으로 근대적 궤도에 들어서는 바람에 민권이나 개인의 자유를 사고할 여유를 확보하지 못했다. 유일한 민권주의 시대인 독립협회 활동에서도 개인, 개체의 문제는 계몽의 지평에 떠오르지 못했다.

그렇기 때문에 러일전쟁 이후 계몽의 수면 위로 급부상한 민족담론에는 민족을 구성하는 개별구성원들의 자유나 해방의 문제는 일체 배제되어 있다.

대저 지금은 민족이 경쟁하는 시대라 갑족과 을족이며 대족과 소족이 모두 기를 들며 북을 울리고 나아가며 창을 두르며 칼을 번득이고 싸워서 그 경쟁하는 마당에 다행히 이기면 개가를 부르고 승전고를 울리며 그 민족이 번성하고 영화롭게 되며 불행히 패하면 항기를 세우고 기운이 죽어서 그 민족이 구학을 모두 들어가나니 이 시대는 일개인의 주의로 살기를 구하는 것은 도저히 되지 못할 시대가 아닌가 하물며 오늘날 한국은 풍우가 회명하고 마귀가 횡행하여 민족의 쇠망함이 눈 한 번 깜짝일 동안에 있나니 이 날이 과연 어떻게 급급한 날인가 …… 동포의 경우가 이렇게 비참하게 됨은 무슨 일인가 그 까닭이 많으나 개인주의가 제일 큰지라 그러므로 오늘날 한국의 비참한 현상을 지은 자도 곧 개인주의라 할 것이며 동포의 전정에 마귀되는 것이 무엇이뇨 그 근저가 여러 가지로되 개인주의가 제일 큰지라 그러므로 한국 장래에 제일 큰 근심도 또한 개인주의라 할지니라 …… 바라건대 동포 중에 혹 이 개인주의를 가진 자는 큰 칼과 넓은 도끼로 그 용렬한 성품을 급급히 끊어 버리고 민족주의를 분발할지어다 민족이 멸망되면 개인도 따라 멸망하며 민족이 흥하면 개인도 따라 흥하나니 일신을 보전코자 하거든 먼저 민족 보전하기를 도모하며 일신의 영화를 구하고자 하거든 먼저 민족의 번성함을 도모할지어다 오호라 개인주의로 살기를 구하지 말지어다 개인주의가 사람을 죽이나니라

『대한매일신보』 1909년 11월 21일자 논설「자기 일신을 위하여 살기를 구하지 말지어다」

여기서 보듯, 개인주의는 오직 자기 일신을 위해 민족을 망치는 근성으로만 규정되어 있다. 그래서 그것은 칼과 도끼로 급히 끊어 버려야 할 척결대상일 뿐이다. 일단 이렇게 개인과 민족을 대립적 선위에 배치하고 나면, 이 선을 벗어날 가능성은 아예 봉쇄되고 만다. 말하자면, 개인 및 개인주의에 대해 이렇게 규정했다는 사실 자체가 민족담론의 속성을 그대로 보여 주는 셈이다. 결국 개인은 민족이라는 대타자에게 종속될 때만이 존재의미가 부여된다. 일종의 '유기체적 전체성론'인 셈인데, 이 논법은 민족주의의 인식론적 기저를 이룬다. 그것은 단순히 정치적 이념의 선택이 아니라, 존재의 근거, 삶과 죽음의 문제 등을 모조리 흡입해 내는 역할을 수행하는 것이다.

대저 일개 육신으로 이 세상에 잠시간 왔다가 홀연히 가는 자를 내라 이르며 과거와 현재와 미래를 관통하여 영구히 없어지지 아니하는 자는 사회라 이르나니 나는 죽더라도 사회라는 것은 죽지 아니하며 나는 멸하더라도 사회라는 깃은 멸치 아니하며 나는 한이 있더라도 사회는 한이 없는 것이라 이러므로 일개 나 하나가 세상 사회에 있는 것이 비유할진대 태창에 좁쌀 한낱과 같으며 태산의 흙 한덩이만 할 뿐이로다 …… 세계가 모두 나의 가택이며 억조인생이 모두 나의 신체니 억조인생이 다 수척하더라도 나 혼자 살찌며 억조인생이 다 애통하더라도 나 혼자 즐거워함이 가할까 이것은 반드시 되지 못할 일이라 그런고로 내가 한 번 사회상에 출생한 이후에는 부득불 이 사회의 사원에 일부분이 되는 책임을 담임하며 직분을 극진히 하여 사회를 보조도 하며 개량도 하여야 사회가 영구하며 나도 좇아 영구할지며 사회가 멸망치 아니하며 나도 좇아 멸망치 아니할지니 생각하여 볼지어다

『대한매일신보』 1908년 3월 6일자 논설 「나와 사회의 관계」

이 글은 민족이라는 개념을 직접 사용하고 있지는 않지만, 그 심층적 토대를 제공하고 있는 자료이다. 나와 사회의 관계에서 보면, 나는 유한하고 보잘것없는 존재이지만, 사회는 나의 유한성을 넘어 영원히 지속되는 어떤 실체이다. 이런 논리는 계몽의 담론에서 자주 출현하는데, 때로는 '정신적 자아와 물질적 자아'라는 개념으로 나타나기도 하고, '대아와 소아'의 용어로 표현되기도 한다. 말하자면 영혼과 육체의 이분법을 가로지르면서 영혼의 특권화(주로 집단의 보존을 통해 표현되는)가 자명한 진리로 부상된 것이다. 물론 이것은 모든 민족주의의 인식론적 근거이기도 하지만, 한국의 민족담론처럼 발견하는 순간 부재와 상실을 확인할 수밖에 없는 경우에 있어서는 더한층 절실한 사유의 요청이기도 하다. 왜냐하면 국가, 곧 민족의 거처인 국가가 사라질 위기를 극복하기 위해서는 정신의 우위를 적극 강조해야 하는 까닭이다.

세계에 어떤 나라든 먼저 국가의 정신부터 있은 연후에 국가의 형식이 비로소 서나니 비스마르크의 철석같은 정신으로 나라를 경략한 연후에 오늘날 덕국이 있으며 십삼주의회의 백절불회하는 정신

으로 나라를 세운 연후에 오늘날 북미합중국이 있으며 소년 이태리의 위험을 불피하는 정신으로 나라를 세운 연후에 오늘날 이태리가 있으며 그외에도 어떤 나라이든지 모두 그러하니 오호라 국가의 정신은 곧 국가 형식의 어미라 할진저

정신으로 된 국가라 함은 무엇을 이름인가 그 민족의 독립할 정신 자유할 정신 생존할 정신 굴복지 아니할 정신 국권을 보전할 정신 국가의 영광을 빛나게 할 정신들을 이름이니라

형식으로 된 국가라 함은 무엇을 이름이뇨 강토와 임금과 정부의 의회와 관리와 군함과 대포와 육군과 해군 등의 나라 형체를 이룬 것을 이름이니라

오호라 국가의 정신이 망하면 국가의 형식은 망하지 아니하였을지라도 그 나라는 이미 망한 나라이며 국가의 정신만 망하지 아니하면 나라의 형식은 망하였을지라도 그 나라는 망하지 아니한 나라이니라

어찌하여 그러하뇨 하면 그 민족이 독립할 정신이 없으며 자유할 정신이 없으며 굴복지 아니할 정신이 없으며 국권을 보전할 정신이 없으며 나라의 위엄을 발양할 정신이 없으며 나라의 영광을 빛나게 할 정신이 없으면 강토가 있어도 쓸데없고 임금이 있어도 쓸데없으며 정부가 있어도 쓸데없고 의회가 있어도 쓸데없으며 ……이 같은 나라는 오늘에 망하지 아니하면 명일에는 망할 것이오 명일에 망하지 아니하면 필경에 망하고 말지니라

이렇지 아니하고 그 나라의 민족된 자 독립과 자유의 정신만 있으

면 정부와 의회 등 형식이 없을지라도 그 마음에 나라가 완연히 있고 그 눈에 나라가 분명히 있어서 그 나라의 인민의 머리 위에는 그 나라의 하늘이 있고 그 나라의 인민의 발 아래에는 그 나라의 땅이 있으며 그 나라 인민의 일신에는 그 나라의 독립과 자유하는 실력과 광채가 있어서 필경 그 국가를 세우는 날이 있을지니 이러한 나라는 오늘에 흥하지 아니하면 명일에는 흥할지며 명일에 흥하지 아니할지라도 필경은 흥하고 말지니라

그런고로 국가의 형식을 세우고자 할진대 먼저 국가의 정신을 세울지며 국가의 형식을 보전코자 할진대 먼저 국가의 정신을 보전할 것이오 국가의 형식이 망함을 근심하는 자는 먼저 국가의 정신이 망함을 근심할지니라

『대한매일신보』 1909년 4월 29일자 논설 「정신으로 된 국가」

한마디로, 오직 정신이 중요하다는 것이다. 국가의 형식이 중요하지 않다는 말은 국가의 형식을 갖출 능력이 없는 상황에 대한 반어적 언표이다. 국가의 형식을 갖출 능력이 없는 존재로선 정신이라는 초월성을 상정할 수밖에 없는데, 문제는 거기서 더 나아가 그것이 국가라는 형식과는 무관하게 존재해야만 하는 어떤 가치로 떠오르게 된다는 사실이다. 그리고 이 정신주의를 견고하게 한 것은 무엇보다 기독교이다. 앞에서 독립의식을 부여해 주는 것이 서양 선교사로 상정되어 있는 데서도 알 수 있듯이, 기독교는 계몽담론의 정점이자 태풍의 눈이기도 한 민족담론 안에 깊은 흔적을 새긴다.

객 왈 덕육을 힘쓸진대 기독교를 믿는 것이 가하니까.

주인 왈 그러하다 예수 기독은 곧 하나님 아들이요 만국제왕의 왕이신대 세상을 구원하시려고 강생하셨다가 천하 만국만민의 죄악을 대속하여 십자가에 못 박히셨으니 곧 우리 한국 이천만민의 죄도 대신하여 돌아가신지라 오늘날 우리 한국이 천리를 순종치 아니하고 의무를 준행치 아니하여 죄악이 관영한즉 허다한 죄악을 일일이 다 말할 수 없으나 개인의 나라를 망한 죄와 온 나라의 권리를 잃은 죄가 충만하여 생전지옥에 참혹한 것을 보니 어진 사람이야 어찌 차마 이것을 보리오 원컨대 동포들은 다 구주를 독실히 믿어 한 몸의 죄와 한 나라의 죄를 속량하고 주의 은혜를 감복하여 몸이 죽더라도 어진 사업을 이루며 창생들도 구제할지어다 동포를 사랑하는 범위가 이에 벗어나지 아니할지니라

객 왈 이 교를 독신하면 나라가 강하여지겠소

주인 왈 상제로 대주재를 삼고 기독으로 대원수를 삼고 성신으로 검을 삼고 믿음으로 방패를 삼아 용맹 있게 앞으로 나아가면 누가 죄를 자복지 아니하며 누가 명을 순종치 아니하리오 지금 예수교로 종교를 삼는 영미법덕국의 진보된 영광이 어떠하뇨 우리 동포들도 이것을 부러워하거든 그 나라들의 숭봉하는 종교를 좇을지니라.

이 글은 계몽담론에서 매우 중요한 지위를 차지하고 있는 「서호문답」(『대한매일신보』 1908년 3월 5일부터 3월 18일까지 연재)의 종결 부분이다. 앞부분에서 유, 불, 선 도를 모두 무가치하다고 비판한 뒤,

예수교야말로 민족 구원의 유일한 길임을 선포하는 기치를 내걸고 있는 대목이다. '상제로 대주재를 삼고 기독으로 대원수, 성신으로 검을 삼고 믿음으로 방패를 삼는'다는 군사주의적 수사학은 기독교 중에서도 구세군의 교리와 친연성을 보이는데, 여기서 중요한 것은 특정교파와의 연관성이라기보다 민족담론에서 기독교를 흡수하는 방식이 얼마나 전투적이고 격정적인가를 잘 보여 준다는 사실이다. 민족담론은 기독교가 담지한 종교적 에너지를 적극적으로 충전받고자 했던 것일 터, 결국 종교적 교리와 민족주의의 결합은 민족이라는 표상을 초월자로 만드는 데 결정적인 기여를 하게 된다. 기독교를 믿든 안 믿든, 민족이라는 초월자는 신과 결부된 존재, 초월적인 능력을 지닌 어떤 존재를 연상시키는 것처럼 각인되기에 이른 것이다.

그와 더불어 기독교는 민족주의에 청교도적 결벽증을 부여한다. 위의 자료에서도 언급되듯이, 기독교적 논리에 입각하면 남의 자유를 뺏는 것도 죄지만, 나라를 빼앗긴 것도 죄가 된다. '죄의식', '원죄'라는 관념의 등장. 따라서 국권을 회복하는 길은 전 국민이 회개하여 속죄하는 일을 반드시 동반해야 한다. 국권회복투쟁과 속죄의식의 결합이라?

애재라 한국동포여
통재라 한국동포여
민망하다 한국동포여
일개 지사가 낫다 하면 우리는 손을 이마에 얹고 가로되……

애재라

통재라

민망하다

우리는 창자에 피를 다 기울여 회개하기를 권하거늘 어찌 회개치
아니하고 도로 갈수록 더욱 심할 뿐인가 그러나 우리는 더욱 붓을
놀려 광취찬란한 한국의 영광을 환영하며 더욱 붓을 잡고 음협요
괴한 한국의 마귀를 쳐서 물리칠지니 대적이 아무리 많은들 무엇
이 족히 두려우며 훼방하는 자 아무리 여러 사람인들 무엇이 족히
걱정되리오마는 ……

『대한매일신보』 1909년 6월 19일자 논설 「회개하여라」

'창자에 피를 다 기울여 회개'하고, '음협요괴한 마귀를 쳐 물리
치는' 것이 민족의 영광을 살리는 일이 되었을 만큼 기독교적 수사학
은 민족담론 깊숙이 자리를 잡기에 이르렀다. 이렇게 되면, 민족이라
는 기호는 신권적 지위를 획득함과 동시에 민족의 구성원들은 국권
을 위해 싸울 뿐 아니라 영혼의 원초적 순결성까지도 담보해야 한다.
민족의 초월적 지위가 상승되면 될수록, 거기에 복속된 개체들은 영
혼 저 깊숙한 곳까지도 남김없이 말끔하게 정화하고 모조리 헌납해
야 하는 것이다. 부재와 상실을 극복하는 정신적 기제들이 이렇게 해
서 마련된 셈이다. 그리고 이 기제들은 동일화와 배제화를 통해 자신
의 영토를 견고하게 구축해 간다.

'단일민족'이라는 신화

배제와 동일성의 논리는 두 가지 차원에서 진행된다. 먼저 인종의 순수성, 그 다음 역사의 신성화. 물론 둘은 서로 긴밀히 연관되어 있다. 왜냐하면 근대에 구성된 역사관념은 한 국가의 원형을 이루는 종족의 활동상이라는 개념으로 수렴되기 때문이다.

『삼국유사』, 『삼국사기』, 『고려사』 등 역사서들이 보여 주듯, 근대 이전의 역사는 천지자연의 운행과 하늘의 도를 밝히는 것이 역사 기술의 목표였다. 초자연적인 사건들이 정치적 현상과 서로 혼거하면서 당당하게 역사적 사실로 간주된 것은 바로 그 때문이다. 근대의 역사는 이런 중층적 시간들을 걷어내는 '단수화'를 통해 이루어진다.

그와 더불어 역사를 구성하는 '이야기'도 전면적으로 재배치되었다. 앞서도 밝힌 바와 같이 '역사, 역사적인 것'은 인간의 행위 중에서도 민족 혹은 국가라는 집합체의 이야기를 중심으로 구성되었다. 이때 역사를 구성하는 가장 중요한 인자는 민족정신이고, 그것을 보증해 주는 근거는 혈통적 종족이다.

한국도 동양 중 한 나라의 지위를 오래 보전하여 이 나라가 저 나라에 합병이 되지 아니하고 이 종족이 저 종족에 혼화가 되지 아니코자 할진대 첫째 자기집 혈통 중에 다른 인종이 들어옴을 허락지 아니함이 가하니 인종의 분간을 먼저 없어지게 하면 애국심이나 독립심이 어디서 나리오 다른 나라 사람과 서로 혼인하면 그 생산이 번성하다 함은 인종학을 궁구하매 이치가 그러하거니와 다만 국가의 정신이 없어져서 청국도 자기 나라로 알고 일본도 자기 나라로 알아서 나나니 앞에 명령의 벌레되기를 부끄러워 아니하며 강한 자의 채찍 밑에 우마가 되어도 심상히 아는 인종이야 날마다 번성한들 무엇에 쓰리오 옛적엔 사파달스파르타 사람이 구천 명에 지나지 못하였으되 구라파의 권세를 잡고 명예가 후세 역사에 전하였으니 무릇 인종을 번성케 하려면 첫째는 경제가 넉넉하여 주리고 얼어죽는 폐가 없게 할 것이요, 둘째는 위생이 발달되어 질병의 침해가 없게 할 것이요, 셋째는 법률이 공평하여 참혹한 형벌을 없이 할 것이요, 넷째는 정치가 발달되어 안녕의 질서가 유지케 할 것이니 이렇게 하면 인종이 자연 번성할 것이어늘 이제 이렇게 인종의 번성함을 구하지 아니하고 멀리 다른 나라와 통혼하는 것으로 구하고자 하니 또한 그르도다 그 더욱 놀랄 자는 청국과 일본과 서국에 유학하는 자와 혹 가서 사는 자 흔히 외국 계집을 데리고 있는 자 많으니, 오호라 외국 계집을 취하는 날은 곧 애국심을 죽이는 날이라 하노라

『대한매일신보』 1909년 1월 10일자 논설 「내외국인의 통혼을 금할 일」

이 시기에는 민족과 인종이 그다지 큰 변별성을 지니지 않은 채 혼용되어 쓰였는데, 그 이유는 무엇보다 민족의 핵심적 지표가 인종적 순수함에 있다고 믿었기 때문이다. 뒷날 2차 세계대전의 악몽을 겪으면서 인종, 인종주의가 파시즘적 악마성과 직접 포개지기 전까

지 이 두 용어는 자연스럽게 넘나들고 있었다. 그러나 따지고 보면, 모든 민족주의는 인종적 혈통에 근거할 수밖에 없다. 그것을 노골적으로 표방하느냐 않느냐 하는 정도의 차이가 있을 뿐.

위의 자료가 잘 보여 주듯, 민족담론은 철저히 인종주의적 관점에 기반하고 있다. 그래서 다음과 같은 극단적인 배제의 수사학도 가능할 수 있었다.

국적을 두고 지옥이 일곱이니 ㉠국민의 부탁을 맡아 임금이 되자거나 대신이 되어, 흥망을 어깨에 멘 사람으로 금전이나 사리사욕만 알다가, 적국에게 이용된 바가 되어 나라를 들어 남에게 내어 주어, 조상의 역사를 더럽히고 동포의 생명을 끊나니, …… 대한 말일의 민영휘, 이완용 같은 무리가 이것이다. 이 무리들은 살릴 수 없고 죽이기도 아까우므로 혀를 빼며 눈을 까고, 쇠비로 그 살을 썰어 뼈만 남거든 또 살리고 또 이렇게 죽이되, 하루 열두 번을 이대로 죽이고 열두 번을 이대로 살리어 죽으면 살리고 살면 죽이나니, 이는 곧 매국역적을 처치하는 겹겹지옥이니라. ㉡백성의 피를 빨아 제 몸과 처자를 살찌우던 놈이니, 이놈들은 독 속에 넣고 빈대와 뱀 같은 벌레로 그 피를 빨게 하나니 이는 줄줄지옥이니라. ㉢혓바닥이나 붓끝으로 적국의 정책을 노래하고 어리석은 백성을 몰아 그물 속에 들도록 한 연설장이나 신문기자들은 혀를 빼고 개의 혀를 주어 날마다 '컹컹' 짖게 하나니, 이는 강아지지옥이니라. ㉣목구멍이 포도청이라고 해먹을 것 없으니 탐정질이나 하리라 하여, 뜻 있는 사람을 잡아 적국에게 주는 놈은 돗(돼지)껍질을 씌워 '꿀꿀' 소리나 하게 하나니, 이는 돼지지옥이니라. ⓜ겉으로 지사인 체 하고 속으로 적 심부름하던 놈은 그 소위가 더욱 밉다. 이는 머리에 박쥐 감투를 씌우고 똥집을 빼어 소리개를 주나니, 이는 야릇지옥이니라. ⓗ딸깍딸깍 나막신을 끌고 걸음걸음 적국 놈의 본을 뜨며 옷 입고 밥 먹는 것도 모두 닮으려 하며, 자식을 낳거든 내 말을 버리고 적국 말을 가르치는 놈은 목을 잘라 불에 넣으며 다리를 끊어 물에 던지고 가운데 토막은 주물러 나나리를 만드나니, 이는 나나리지옥이니라. ⓢ적국 놈에게 시집가는 년들이며 적국의 년에게 장가가는 놈들은 불칼로 반신을 끊나니, 이는 반신지옥이니라.

신채호, 「꿈하늘」, 『단재신채호전집』(하), 199~200쪽

민족담론의 형성에 기독교가 미친 영향은 이미 앞부분에서도 지적한 바와 같다. 여기서는 특히 지옥이라는 성서적 공간을 설정하고 있는데, 이런 잔혹한 언표들이 일으키는 효과는 극단적 증오와 '아我'와 '비아非我' 사이의 적대적 이분법의 확산이다.

위의 텍스트의 경우 매국노, 탐관오리 등과 '적국 놈에게 시집가는 년'과 '적국의 년에게 장가가는 놈'들이 유사한 위상으로 취급되고 있다는 사실을 주목할 필요가 있다. 이것은 거의 폭력에 가까운 등가화인 셈인데, 달리 생각해 보면 이러한 동일성의 논리에는 인종적 순수함에 대한 높은 가치부여가 전제되어 있다. 그것은 성性윤리에 대한 태도와도 긴밀히 연관되어 있다.

타인종이 섞여서는 절대 안 된다고 하는 이런 식의 집착은 우리 민족은 순수한 단일혈통을 면면히 이어왔다는 역사관념과 함께 작동한다. 즉, 이런 사유체계에서 볼 때, 역사란 단일민족의 서사여야 하는 것이다. 단재 신채호가 고대의 무수한 종족들 가운데 "부여족은 우리의 신성한 종족인 단군 자손이며 4천 년 동안 이 땅의 주인이 되는 종족"이며, "4천 년 우리 역사는 부여족의 흥망성쇠의 역사"_{신채호,} 「독사신론」, 62쪽라고 함으로써 혈통, 종족적 동일성을 가장 우선적인 조건으로 놓은 것이 그 단적인 사례이다. "토지역사가 있는 것만 알고 민족역사가 있음을 알지 못하"고, "우리나라의 땅을 차지했던 종족이면 그들이 어떤 종족인 것도 묻지 않고 모두 우리의 조상으로 인정하며, 우리나라의 토지를 관할했던 종족이면 그들이 어느 나라 사람인가를 생각하지 않고 이를 모두 우리나라의 역사에 넣고 있으니 그 어리석음이 어찌 이와 같은가"신채호, 앞의 글, 76쪽라는 한탄 역시 혈통주의에 기반하고 있다.

그리하여 이제 역사는 혈통적 집합체로서의 민족이 다른 종족들과의 대결 속에서 밟아온 자취라는 '거대서사'의 면모를 띠게 된다. 그리하여 푸코의 말대로 이 새로운 담론은 "새로운 역사주체의 도입"을 수반한다. "이처럼 역사 안에서 말하고, 자신을 역사 이야기의 대상으로 삼는 이 어떤 것은 다름 아닌 민족이라는 새로운 실체이다. 물론 넓은 의미에서의 민족이다. …… 왜냐하면 민족성·종족·계급 등의 개념이 파생되고 확산된 것은 바로 이 민족 개념의 주변에서이기 때문"이다.미셀 푸코, 『"사회를 보호해야 한다"』, 박정자 옮김, 동문선, 1998, 170쪽

이 초월적 기호는 근대와 함께 탄생되어 이제 과거로, 과거로 소급하여 원초적으로 존재했던 것처럼 '실체화'된다. "4천 년 신성한 역사 중 인종", "총명영오한 황인종 중 상등인", "문명한 단군의 자손" 등 인종에 대한 새로운 발견이 역사담론을 뒤덮는다. 단군, 고구려, 을지문덕, 광개토대왕 등 일련의 기호들이 끊임없이 호명된다.

> ······ 태백산 단목하에 강림하사 동방에 처음으로 임군이 되신 것은 단군의 독립이요 서로 중원을 쳐 이기어 만 리의 토지를 넓히고 동으로 일본을 쳐서 신라와 백제를 구원한 것은 광개토왕의 독립이요 평양성을 군게 지켜 적병을 아이같이 희롱하고 청천강 큰 싸움에 중국의 십만 강병을 무찌르던 것은 을지문덕의 독립이요 당나라 군사를 물리치고 고구려 백제의 강토를 다 회복하고 대판을 핍박하여 일본을 항복받던 것은 문무왕의 독립이요 오직 전조의 중세 이후로 미약하게 되었으나 이것은 다만 용렬한 임군과 혼암한 신하의 지취지화自取之禍요 시어 국민의 독립정신은 하루도 없어지지 아니하였거늘 ······

금협산인, 「친구에게 절교하는 편지」, 『대한매일신보』 1908년 4월 17일자

언제나

고구려 전성시대, 저 역사를 고열하니
북만주 수천 리와, 요동 칠백 리가
분명히, 우리의 영토러니, 언제나 다시

『대한매일신보』 1910년 4월 21일자

누가 다시

합소문의 저 장략과, 을지공의 저 무공은

천고역사상에, 혁혁히 빛나건만

오늘날, 이러한 이 강산에, 누가 다시

『대한매일신보』 1910년 4월 22일자

단군가

우리 시조 단군께서 / 태백산에 강림하사 / 나라집을 창립하여 / 우리 자손 주시었네 / 거룩하고 거룩하다 / 태황조의 높은 성덕 / 거룩하다

모든 고락 무릅쓰고 / 황무지를 개척하사 / 양전미택良田美宅 터를 닦아 / 우리 자손 기르셨네 / 잊지 마세 잊지 마세 / 태황조의 깊은 은택 / 잊지 마세

모든 위험 무릅쓰고 / 악한 짐승 몰아내사 / 해와 독을 멀리하여 / 우리 자손 보호했네 / 잊지 마세 잊지 마세 / 태황조의 크신 공덕 / 잊지 마세

착한 도를 세우시고 / 어진 정사 베푸시어 / 청구산하 빛내시고 천자만손千子萬孫 복주셨네 / 잊지 마세 잊지 마세 / 태황조의 어진 덕화 / 잊지 마세

형제들아 자매들아 / 태황조의 자손된 자 / 우리 형제자매들아 / 천

번 만 번 죽더라도 / 혈성血誠 품고 동력同力하여 / 빛내 보세 빛내 보
세 / 태황조의 높은 이름 / 빛내 보세

『대한매일신보』 1909년 8월 6일자

다양한 장르, 다채로운 수사, 여러 유형의 어조를 통해 단군, 고
구려, 을지문덕, 합소문연개소문 등의 기호들이 찬미되고 있다. 특히 단
군이라는 이름이 유별나게 두드러지는데, 그것은 앞서도 밝혔듯이,
부여족을 중심에 놓는 것과 관련이 깊다. 신채호의 「독사신론」을 보
면, 단군시대는 '영토가 북으로는 흑룡강, 남으로 조령, 동으로 대해,
서쪽으로 요동'이어서 문화와 무공이 빛나던 시대였고, 이후 두 왕조
로 나뉘었는데, 하나는 동부여이고, 다른 하나는 북부여 곧 고구려가
된다. 단군에서 고구려, 그 다음에는 당연히 발해로 이어진다. 동명성
왕, 광개토왕, 연개소문 등이 영웅적 스타로 떠오른 것도 이런 계보
에 입각해서이다. 또 다른 계몽주의 사학자 박은식이 「몽배금태조」夢
拜金太祖에서 금 대조를 예찬한 것도 유사한 맥락이다. 그에 따르면, 금
태조는 '맨주먹으로 일어나 대륙을 평정했던 조선의 후예'이기 때문
에 열렬히 추앙되어야 마땅하다.

　이미 짐작되겠지만, 이 기호들의 계열은 '팽창주의'를 그대로 투
사한 것이다. 단재 자신이 밝히고 있듯이, 이 부여족 발달시대를 통
해 '민족주의, 국가정신, 수천 년 동양의 역사에서 우리 민족이 처한
위치'를 논하고자 하는 것이다. 앞서 밝혔듯이, 민족이 하나의 실체
적 단위로 설정되는 순간, 민족의 내부/외부가 명확해지고, 이 사이

의 대결 투쟁이 역사의 중심 줄거리가 된다. 즉, "부여족이 발달한 실제 자취로서 우리나라 역사의 주요골자로 삼고 기타 각 민족은 우리나라 땅을 차지하고 주권을 다툰 일이 있다고 하더라도 모두 적국의 외침의 한 예로서"신채호, 「독사신론」, 77쪽 볼 따름인 것이다. 그리하여 역사는 주로 한반도와 만주 일대의 패권을 둘러싼 대결관계가 주요내용을 이룬다. 이것은 '현재화된 과거'에 다름 아니다. 고대사를 말하는 것이 목표가 아니라, 현재적 욕구, 아니 미래적 기획을 과거에 투사하고 있는 것일 뿐이다. 제갈량·화성돈워싱턴·가리파가리발디·을파소·물계자·허생원 등이 모두 시공간을 가로질러 하나의 평면 위에 놓일 수 있는 것도 모든 시간이 현재화됨으로써 가능한 것이다.

물론 고대사에 대한 유별난 환기는 중세사를 전복하기 위한 담론적 전략이기도 하다.

단군이 처음으로 나신 성인으로 조선국을 창설하실새 만주를 중히 여겨 그 아들 해부루로 하여금 이것을 개척하여 후세 자손에게 깨쳤더니 그 자손이 중간에 쇠하여 강토를 많이 잃고 몇백 년 역사상에 영광이 나타나지 못하였으나 오히려 만주 한 지경은 가지고 있는 동명왕 주몽이 이것을 자뢰하여 한 채찍을 들어 동으로 가리키매 위씨와 사군이부가 몇백 년 기르고 쌓았던 세력을 일조에 쳐서 항복받았고 그후에 대무신왕 광개토가 이어 일어나서 칠천 리 강토를 넓히고 큰 제국을 세웠으니 이것이 비록 총명예지한 임군의 웅도대략에서 나온 바나 또한 그 근거지의 형세가 있는 연고니 만주는 진실로 한국에 중대한 관계가 있는 지방이로다 …… 본조 오백 년 동안에는 방안에서 잠에 취하여 문 밖의 일을 알지 못하매 만주 일폭은 꿈속에도 생각지 못하였으니……

『대한매일신보』 1908년 7월 25일 기서 「한국과 만주」

슬프다 한국이 지리만 이태리와 같을 뿐 아니라 지난 사적도 이태리와 같은 것이 많으니 광개토왕의 웅노대략이 콘쓰탄트^{콘스탄티누스}와 방불하고 천합소문의 군공은 시저^{카이사르}와 근사하며 중간에 몇백 년을 타국의 기반을 받음도 두 나라가 서로 같고 또 한국의 서남북 세 곳 세력이 다투는 요충이 되는 것도 이태리의 오지리^{오스트리아}, 서반아, 불란서 세 나라 세력 사이에서 곤란을 당함과 같으되 다만 근세 수십 년 이래의 일을 비교하면 이태리는 하늘로 오르고 한국은 땅속으로 빠졌도다 …… 한국이 오늘날 이렇게 타락된 근인은 과연 저의 의론한 바와 같이 수백 년 이래로 악한 교과서『동몽선습』 중에 비루하고 용렬한 구절로 사람의 기운과 뜻을 떨어지게 한 까닭으로 된 바라

『대한매일신보』 1909년 1월 29일 논설 「동양의 이태리(속)」

『삼국사기』 이래 조선후기 역사서술은 기본적으로 정통론적 관점에 입각해 있다. 특히 명청교체 이후 중화주의의 비종족적 해석이 가능해지면서 조선이야말로 소중화라는 의식하에 정통론은 더욱 견고하게 자리를 잡게 되었다. 안정복의 『동사강목』이 대표하듯, 정통

론은 단군보다는 기자조선을 정통왕조로 보고, 기자를 멸망시킨 위만은 비정통으로, 기자조선의 마지막 왕 기준이 남하하여 세운 마한을 정통왕조로 보는 식으로 역사를 구성했다.

계몽기의 역사담론은 이런 유학적 정통론을 전복한다. 신채호가 대표적인 경우로, 그는 기자조선의 허구성을 역설하고, 신라의 삼국통일에 대해 맹렬한 비판을 가한다. "아, 저 신라가 만년의 원대한 계책을 생각하지 않고 도리어 도둑을 도와 형제를 쳤으니 이것 또한 우리 민족역사상 하나의 큰 부끄러움"이며, "다른 민족을 불러들여 같은 민족을 없애는 것은 도둑을 끌어들여 형제를 죽이는 것과 다를 바 없"신채호, 「독사신론」, 99쪽다고 통렬하게 비난한다.

그가 보기에 발해를 역사에서 배제해 버린 김부식이야말로 오도된 역사관의 대표자가 된다. "김부식은 역사에 대한 식견이나 재주가 전혀 없어 지리가 어떠한지도 알지 못하며 역사의 관례가 어떠한지도 알지 못하며, 자기 나라의 높일 만한 것도 알지 못하며, 영웅이 귀중함도 알지 못하고 단지 허무맹랑하고 비열하며 전혀 생각해 볼 가치가 없는 얘기를 끌어모아 몇 권을 만들고 이것을 역사라 하고 또한 삼국사라 한 사람이니, 역사여, 역사여, 이러한 역사도 역사인가"신채호, 앞의 글, 103쪽라고 한탄해 마지않는다. 박은식 또한 금 태조의 입을 빌려, "조선 백성의 정신이 자기 나라의 역사는 없고 다른 나라의 역사만 있으니" "이로써 보건대 천여 년 이래의 조선은 단지 형식상의 조선뿐이지 정신상의 조선은 망한 지가 오래된 것"「몽배금태조」이라고 하여 정통역사관을 단지 '노예정신'의 발로로 치부한다. 삼국시대나

고려시대에 있어 대륙의 여러 종족들의 부침이나 그 외교적 역학관계는 전혀 고려되지 않는다. 물론 조선조의 중화주의에 대한 평가 역시 마찬가지이다. 중국은 단지 이민족으로서만 인지되고, 중화주의의 그 복잡한 지층은 외세의존이라는 단 하나의 결론으로 수렴되고 만다. 그리하여 조선왕조는 "본조 오백 년 역사로 의론하여도 근일이 중간시대만 못하고 중간시대가 국초 때만 못하여 일체 정치와 공장과 제반 사물이 날로 퇴보하며 날로 타락"『대한매일신보』 1908년 8월 13일자 논설 「진보와 강쇠」하는 쇠퇴의 과정일 뿐이다. 맥락은 좀 다를지언정, 유원표가 『사서삼경』, 『고문진보』 등을 "전국 인종의 자멸지장본"이라고 통박해 마지않는 것도『대한매일신보』 1907년 9월 6일자 「밀아자경력」 유사한 지평 위에 있다.

결국 계몽기의 역사는 민족을 위기에 빠뜨린 조선왕조의 정통성을 뒤엎기 위해 저 멀리 고대사를 복원함으로써 제국주의에 맞서고자 했던 것이다. 그런 점에서 고대사는 '오래된 미래' 혹은 '백 투 더 퓨처!'인 셈. 이렇게 해서 혈통적 순수성과 단일민족의 서사는 하나의 선분 위에 그대로 중첩되었다.

3. '한'(恨)은 우리 민족 고유의 정서인가?

먼저 결론부터 말하자. '한'恨은 분명 20세기 초반의 산물이다. 한이 무엇이던가? 그것은 슬픔과 비극을 넘어 생과 사의 경계를 무시로 넘나드는 자들의 깊이를 가늠할 수 없는 비탄, 한마디로 비애의 극한, 슬픔의 절대적 경지 같은 것 아니던가?

그런데 한 번 잘 따져 보자. 조선왕조 500년 동안 전쟁은 단 두 번뿐이었다. 그것도 병자호란은 초전에 깨졌기 때문에 전쟁의 직접적 피해를 겪은 건 아주 짧은 시기였다. 결국 전쟁의 참화를 겪은 것은 임진왜란이 전부였던 셈이다. 그리고 조선을 지배한 성리학은 유학 가운데서도 가장 현세적인 사유체계이다. 죽음, 혹은 생의 이면에 대한 탐구는 가능한 한 배제하는 담론이라는 뜻이다. 상층에서는 당쟁이, 하층에서는 민란이 지속적으로 일어났지만, 이것 역시 100여 년에 걸쳐서 전국시대를 겪은 일본이나, 끊임없이 이민족의 침입에 시달리고 왕조의 교체가 무시로 일어났던 중국에 비해 볼 때, 그 파장의 강도는 상대적으로 미미한 편이다. 그럼 대체 한을 어떻게 체험하지?

되짚어 보아야 할 것 또 하나. 고전문학 텍스트에서 비극을 체험하기란 정말 어렵다. 아니, 해피엔딩 아닌 텍스트를 찾기가 하늘의 별 따기다. 통속적 대중물인 '영웅소설'은 천편일률로 해피엔딩을 향해 달려가고, 사회적 갈등이 두드러진 '판소리계 소설' 역시 결말은 모두 한바탕 신명풀이로 끝난다.『금오신화』나『운영전』이 드물게 비극적 결말을 갖추고 있지만, 그건 아주 예외적인 경우에 해당된다. 아마 독자들은「가시리」와「서경별곡」등을 떠올릴 것이다. 중고등학교 교과서에서 그렇게 배웠으니까. 오, 그건 정말 새 발의 피다. 그리고 잘 음미해 보면, 이 작품들도 한이라는 이름을 붙이기에는 슬폼의 깊이가 그다지 깊지 않다. 요컨대, 일반적인 통념과는 달리 고전문학을 지배하는 미적 특이성은 한은커녕, 유머와 낙천성이라고 해야 훨씬 적절하다. 그게 어디 문학뿐인가? 미술, 음악, 풍속 등 다른 영역에서도 정황은 유사하다.

결국 근대 이전 예술사에서 '한'은 조선적 특성과는 거의 무관한 심미적 자질이었다. 그것은 20세기 초 정말 느닷없이 형성되어 역사 전체로 증폭되어 갔을 뿐이다. 그리고 그 탯줄은 물론 민족담론이다. 대체 어떤 경로로?

피의 메타포, 에로틱한 정염

오직 부재를 통해서만 존재를 확인할 수 있는 기호 ── 민족. 이것이 우리의 계보학적 탐사의 작은 결론이었다. 또 그것은 수많은 역설과 딜레마를 내장하고서 등장한 '상처투성이'의 초월자였다. 바로 이 균열과 간극, 현실적 대응물을 지니지 못한 채 방황하는 '빈 공간'을 메우기 위해 특유의 수사학이 작동한다. 피, 눈물, 칼, 죽음 등의 이미지들이 난무하는 수사학이.

　수심가

　자고야 울지 마라 / 울려거든 너 혼자 울지

　국가사상에 잠 못 든 나까지 / 왜 깨우느냐

　영변의 약산동대야 / 네 부대 평안히 잘 있거라

내 명년 춘삼월에 오거든 / 또 다시 만나자

남산을 바라보니 / 번화하기가 한량이 없구나

언제나 저 사람 이기고 / 잘산단 말이냐

영웅이 예로부터 / 없는 때가 없었건마는

대한강산 삼천 리 위에 / 하나도 없느냐

『대한매일신보』 1907년 9월 5일자

소생단

내 가슴 쓸어 만져 보소. 살 한 점이 없네그려.

굵지 아니하여도 자연 그러하여.

아마도, 우리 국권회복하면, 이 몸 소생.

『대한매일신보』 1909년 1월 16일자

이 작품들은 두 경우 모두 이른바 '노·가·바'노래가사 바꿔 부르기 형식에 해당된다. 「수심가」는 이 시기에 유행하던 서도잡가의 대표적인 레퍼토리이고, 뒤의 시조는 19세기 대중시조의 한 작품을 변형한 것이다. 연인에게 바치는 열렬한 애정이 민족과 국가로 그 대상을 바꾼 것이다. 이렇게 되면 민족의식에는 '에로틱한 정염'이 짙게 드리우게 된다. 계몽적 이성의 정점인 민족주의에 가장 이성에 반하는 정염이 오버랩되는 것. 이 또한 하나의 역설임에 틀림없다.

그런데 이 정염은 부재와 상실 속에서 탄생한 것이기 때문에 눈물과 피로 뒤범벅될 수밖에 없다.

북녘 지방에 봄은 오고 상원달이 밝았는데 애국가 한 소리에 그 고
을 풍호리에 있는 보창학생 오십 인이 모여 집을 보전할 마음을 나
라에 옮긴다는 문제로 연설하다가 새 정자의 풍경이 그 회포를 감
동하며 상전벽해의 변경함이 그 한을 돋으매 개개히 애통하는 말
로 서로 권장하더니 그중에 열일곱 사람은 혈성이 더욱 발발하여
하늘을 가리키며 맹세를 발하여 가로되 한국을 반드시 건지리라,
우리가 우리 삼천 리 강산을 반드시 보전하리라, 우리가 우리 사천
년 역사를 반드시 빛내리라 하고 각각 찼던 칼을 빼어 손가락 한 개
씩을 베어 흐르는 피로 동맹하는 글을 썼다 하니 장하다, 저 열일
곱 학생의 손가락 피여 …… 우리는 이에 대하여 또한 감동함이 있
노니 오늘날 세계는 피세계라 문명도 피가 아니면 사지 못하며, 부
강도 피가 아니면 이루지 못하며, 부패할 사회도 피가 아니면 개혁
하지 못하며, 완고한 민족도 피가 아니면 불러 깨닫게 하지 못하며,
한 걸음을 나아가려 하여도 피가 아니면 못하며, 한 일을 행하려 하
여도 피가 아니면 못할지라 그런고로 그 창자에는 피바퀴가 항상 돌
아다니며 그 눈에는 피눈물을 항상 흘리며, 그 몸은 피로 목욕을 하며,
그 마음은 피로 갈아서 그 백성은 피백성이 되고, 그 나라는 피나라가 되
어야 나라 땅이 엄정하게 되나니, 이제 한국 이천만 인 가운데 저 열
일곱 사람의 피가 적다할 터이나 또한 봄소식을 먼저 누설하는 기
미가 될진저

『대한매일신보』 1908년 5월 16일자 논설 「학계의 꽃」

놀라울 정도로 피의 메타포가 범람하고 있다. '피'를 만물을 움직이는 법칙으로, 인류의 동력으로, 문명·민족·부강의 원천으로 설정하고 있는 것이다. 어디 그뿐이랴. 그것은 구체적으로 구성원들 개개인의 신체에 파고들어 신체 전체가 피로 범벅이 된다. 피바퀴, 피눈물, 피목욕, 피마음, 피백성, 피나라. 이렇게 해서 신체의 일부에서 차츰 나아가 마침내 나라로 이어지는 계열화가 완성된다. 여기서 피는 혈통적 순수성을 증명하는 것이면서 동시에 민족에 대한 전인격적 투사라는 의미를 함께 분사하고 있다.

이렇게 피의 메타포가 범람함으로써 한편으론 격정의 파토스가 고양되기도 하고, 다른 한편 부재와 상실에 대한 비애가 한층 깊어지기도 한다. 이 두 가지 벡터 사이의 동요와 긴장이 근대계몽기의 정서적 스펙트럼을 이루었던바, '한'이라는 특수한 자질이 등장하는 것도 이 어름에서일 터이다.

'영웅'에서 '님'으로

'한'이라는 독특한 정서가 출현할 조짐은 대상적 환유의 전이 속에서 좀더 확연하게 드러난다. 부재와 상실의 정서로 출발했다 하더라도 그것이 열혈의 파토스를 발산해 내는 한, 능동적 벡터가 상대적으로 좀더 강할 수밖에 없다. 그것은 무엇보다 정염이 향하는 인격적 표상이 영웅이라는 사실과 긴밀하게 맞닿아 있다.

내가 해외 각국으로 여행해 본즉 그 나라의 영웅이 칼을 휘두른 곳에 몇천 몇백 인이 구가하며 피를 흘린 곳에 몇천 몇만 인이 뛰고 춤추어, 몸이 있는 자는 자기 몸을 영웅에게 바치며 재주가 있는 자는 자기 재주를 영웅에게 바치며 학문이 있는 자는 자기 학문을 영웅에게 바쳐 온 나라가 영웅을 외쳐 부르고 함께 나아간다.

안창호, 「을지문덕 서叙」, 민족문학사연구소 편, 『근대계몽기의 학술문예사상』, 소명출판, 2000, 105쪽

저 각국 사람들의 영웅 숭배열은 어떠하뇨? 영웅의 혀 끝의 말 한 마디를 얻어 들으면 평생의 지극한 영광으로 과장하며, 영웅 복장의 실오라기 하나를 습득하면 천하의 지극한 보배로 받들어 모시며, 탁 트인 대도에 우뚝 선 동상은 영웅의 전신이요, 금궤석실의 찬연한 서적은 영웅의 역사요, 일상의 연극에 영웅이 출동하며 읽을 거리에도 영웅이 종횡한다. 나무꾼과 소 치는 아이가 모두 영웅을 노래하며, 부인 여자가 모두 영웅을 수놓으니, 광막한 대천세계에 영웅이 가장 많은 부분을 점령하였도다. …… 우리나라 국민의 영웅을 숭배하는 사상이 어찌 다른 나라 국민들에 뒤지리오. 다만 과거 오백 년간의 풍조는 이른바 상등사회에서 영웅을 숭배하지 않았을 뿐 아니라 영웅의 종자를 박멸한 시대로, 무엇으로 해서 그렇게 말하는 것인가? 과거 오백 년간에 국민이 태두같이 우러러 보는 자는 유림파요, 국민의 생살기관을 장악한 것은 귀족당이라.

박은식, 「천개소문전 서론」, 『근대계몽기의 학술문예사상』, 141쪽

이처럼 영웅은 초인적인 능력의 소유자면서 일반 국민들의 능력을 최대한 고양시킬 수 있는, 일종의 '공명기계'이다. 민족이라는 초월적 기표를 실현할 수 있는 인격적 화신으로서의 영웅. 물론 영웅은 그 이름 자체만으로 비장한 아우라를 띨 수밖에 없지만, 그럼에도 그 남성적 속성으로 인해 강하고 전투적인 이미지를 뿜어 댄다. 따라서 영웅에 대한 그리움은 에로틱한 정염인 것은 분명하지만, 그 비탄의 속성은 아직 수동적 체념이나 한탄으로 떨어졌다고 하기는 어렵다. 그러나 1910년이 가까워 가면 영웅이라는 메타포는 차츰 빛이 바래고, '조선혼', '너', '내 사랑'이라는 메타포로 전이되어 간다.

텰진이 선봉되고 나팔륜이 부장되어 천병만마 영솔하고 서슬있게 달려와도 오직 국혼 있으면 그 무엇이 두려우며 외교권도 있지 않고 내치권도 없어져서 일간두옥 못 지키고 밭 한 뙈기 없더라도 오직 국혼 안 잃으면 그 무엇이 염려될까 전능하고 신성함은 다만 국혼뿐이로다 전국 중에 방황하며 내 소리를 높이 질러 조선혼을 부르노라

조선혼아 조선혼아 단군 이래 사천 년을 한반도에 굳게 서서 안으로는 나라 돕고 밖으로는 도적 막어 윤태사의 말이 되어 만주들에 횡행하며 양만춘의 화살 되어 당 태종의 눈을 쏘며 이충무의 배가 되어 왜적들을 소멸터니 오늘날에 이르러는 어찌 그리 무력한가 죽었느냐 살았느냐 죽었으면 이어니와 살았거든 일어나서 네 민족을 보호하라

조선혼아 조선혼아 참담할사 저 동풍은 네 토지를 걷어가고 흉용할사 저 홍수는 네 종족을 침몰하니 방관자도 한심하여 크게 소리 지르거늘 당사자가 되어서야 정신 아니 차릴손가 조불여석 이 판국이 바람 앞에 촛불 같은 오늘날을 당하고도 어찌 그리 무심한가 죽었느냐 살았느냐 죽었으면 이어니와 살았거든 분발하여 네 국가를 호위하라

조선혼아 조선혼아 칠야 중에 홀로 앉아 가슴 타는 우국자와 초야간에 왕래하여 소리 치는 애국자가 금궁옥궐 지어 놓고 너 오기만 축원하며 일단성심 예배하여 너 오기만 기도한다 칠 년 대한 비 바라듯 구 년 지수 해 바라듯 지성으로 바라는데 어찌 그리 무정한가 죽었느냐 살았느냐 죽었으면 이어니와 살았거든 대답하여 내 소원을 성취하라

『대한매일신보』 1910년 4월 15일자 시사평론

조선혼을 애타게 부르는 이 계몽가사는 마치 훗날 김소월의 「초혼」을 예감하게 하는 비극적 진폭을 지니고 있다. 특히 '죽었느냐 살았느냐 죽었으면 그만이나 살았거든 대답하라'는 마지막 구절은 상실의 진폭이 지닌 엄청난 괴리를 격하게 표현하고 있다.

간다 간다 나는 간다 너를 두고 나는 간다 잠시 뜻을 얻었노라 까불대는 이 시운이 나의 등을 내밀어서 너를 떠나가게 하니 이로부터 여러 해를 너를 보지 못할지나 그동안에 나는 오직 너를 위해 일하리

니 나 간다고 슬퍼 마라 나의 사랑 한반도야

간다 간다 나는 간다 너를 두고 나는 간다 저 시운을 대적타가 열혈들을 뿌리고서 네 품속에 누워 자는 내 형제를 다 깨워서 한번 기껏 해 봤으면 속이 시원하겠다만 장래일을 생각하여 분을 참고 떠나가니 나 간 후에 더 힘써라 나의 사랑 한반도야

간다 간다 나는 간다 너를 두고 나는 간다 내가 너를 작별한 후 태평양과 대서양을 건널 때도 있을지며 서비리^{시베리아}와 만주들을 다닐 때도 있을지라 나의 몸은 부평같이 어느 곳에 가 있든지 너를 생각할 터이니 너도 나를 생각하라 나의 사랑 한반도야

간다 간다 나는 간다 너를 두고 나는 간다 지금 이별할 때에는 빈 주먹만 들고 가나 이후 상봉할 때에는 기를 들고 올 터이니 눈물 흘린 이 이별이 기쁜 맞이 되리로다 음풍폭우 심한 이때 부디부디 잘 있거라 훗날 다시 만나 보자 나의 사랑 한반도야

나의 사랑 한반도야

『대한매일신보』 1910년 5월 12일자 시사평론

이 작품은 안창호가 중국으로 망명을 가면서 부른 노래라고 전해진다. 여기서는 조선혼이 '너', '나의 사랑' 등의 메타포로 표상되어 있다. 이제 민족은 내가 기대고 우러러보는 영웅이나 초인의 형상이 아니라, 내가 보호해야 할, 그러나 운명적으로 결별해야만 하는 연민의 대상이 되었다. 에로틱한 정염에 연민과 상실감이 접속할 때 이 정서는 깊은 비애의 늪에 잠길 수밖에 없다.

영웅론을 가장 비장하게 펼친 신채호조차 1910년을 통과하면 이제 영웅 대신 사랑하는 연인의 이미지를 수락한다.

한 나라 생각

나는 네 사랑

너는 내 사랑

두 사랑 사이 칼로 썩 베면

고우나 고운 핏덩이가

줄줄줄 흘러내려 오리니

한주먹 덥석 그 피를 쥐어

한 나라 땅에 고루 뿌리리

떨어지는 꽃마다 꽃이 피어서

봄 맞이하리.

최초의 자유시라고 평가되기도 하는 이 작품은 이제 한용운, 김소월 등이 대표할 님이라는 메타포의 출현을 예견하기에 부족함이 없다. 영웅에서 님으로, 비장한 파토스에서 수동적인 비애로 바뀌는 그 지점에서 '한'은 민족 고유의 정서라는 착종이 일어난다. 한과 민족주의는 이제 떼려야 뗄 수 없는 내연의 관계가 되어 버린 것이다.

물론 이것은 출발에 불과하다. 1910년대 이후 문명론이 문화론으로 이동하면서 다방면에서 조선적인 것들에 수동적이고 여성적인 이미지들이 착색되어 간다. 이른바 전통의 재구성이 시작된 것이다.

이 작업에 1920년대 국학파나 시조부흥운동론자들이 큰 기여를 한 것은 말할 것도 없지만, 무엇보다 우리가 주목해야 할 인물은 '조선의 미'를 주창했던 일본 미술학자 야나기 무네요시柳宗悦이다.

> 나는 조선의 역사가 고뇌의 역사이고 예술의 아름다움이 비애의 미라는 것을 말했다.아나기 무네요시,「조선의 미술」,『조선과 그 예술』, 이길진 옮김, 신구문화사, 1994, 93쪽

> 나는 조선의 예술──특히 그 요소라고도 할 수 있는 선의 아름다움──이야말로 그들에게 있어서 사랑에 굶주린 그들 마음의 상징이라 생각한다. …… 쫓기고 억압된 그들의 운명은 어쩔 수 없이 쓸쓸함과 그리움에서 위안의 세계를 찾았던 것이다. …… 나는 그 예술을 생각할 때마다 눈시울이 뜨거워지지 않을 때가 없다.야나기 무네요시,「조선인을 생각한다」,『조선과 그 예술』, 23~24쪽

야나기의 이런 논리는 1920년대 이후 조선예술론 전반에 두루 침투하여, 조선의 미는 곧 비애미라는 등식이 널리 유포된다. "'국문학사'에서 '한국문학의 특성'을 말하기 시작했던 그 순간부터, 혹은 '한국미술사'에서 '한국미술의 특성'을 말하기 시작했던 그 순간부터, '한국적인 미'를 말하는 모든 담론에는 야나기의 흔적이 남아 있다"채운,「미에 복속되는 삶, 과거에 복속되는 미래 : 야나기 무네요시와 근대 미美담론의 지형도에 대한 몇 가지 단상」(미발표 글)고 할 정도로 야나기의 영향력은 지대했다. 일본

인에 의해 조선의 미가 발견되다니. 참, 어처구니없는 일이지만, 달리 생각해 보면, 이거야말로 '한'이라는 '민족 고유의 정서'가 태생적으로 지니고 있는 아이러니를 한눈에 보여 준다.

서편제, 그리고 멜로드라마들

임권택 감독의 영화 <서편제>를 기억하는지. 지금은 한국영화가 관객 몇백만을 동원하는 일이 다반사가 되었지만, <서편제>는 처음으로 관객 동원 백만을 넘은 최초의 흥행대작이었다. 게다가 이 영화는 한국적인 정서를 탁월하게 영상화했다는 이유로 대통령을 위시하여 사회 지도층 인사들이 대거 관람에 참여한, 말 그대로 범국민적 화제를 일으킨 작품이었다. 그저 단순한 흥행작이 아니라, 민족 정서를 담은 영화로서 각별하게 평가되었던 것이다.

잘 알다시피 영화 <서편제>가 표현한 한국적 정서가 바로 한이다. <서편제>는 정말 한을 주제로 삼고 있다. 소리를 얻기 위해 여주인공의 눈을 멀게 만드는 비극적(사실은 엽기적인) 스토리가 한이 아니고 대체 무엇일 수 있겠는가. 그런데 사실 이것은 판소리의 미학과는 거리가 멀다. 판소리 여섯 마당 어디에도 그런 식의 자학에 가까운 비극은 없다. 비록 비극으로 시작했어도 결말은 한바탕 대축제로 마무리된다. 가장 비극적인 작품 「심청가」도 마지막에는 오히려 심봉사뿐 아니라, 수많은 봉사들이 눈을 번쩍번쩍 뜨는 환희로 마무리되지 않는가. 그럼에도 판소리를 영화 <서편제>식으로 해석하고, 또 그것을 민족 고유의 정서로 수용하는 이 정서적 기제는 철두철미 근대의 산물일 뿐이다. 근대 초기에 형성된 비탄의 정서가 식민지 경험과 결합되면서, 그것이 역사 전체로 확산되어 가는 과정에서 어느 순간 자명한 진리로 전도되어 버린 것이다. 이것은 현재까지도 과거에 붙들어 매어 놓는다는 점에서 강력한 중력장치이다.영화 <서편제>에 대한 자세한 논의는 이 책 말미에 실린 「서편제 ― '한'과 '예술'의 은밀한 공모」를 참고

다른 한편, 나는 그 면면한 계승과 변주를 우리 시대 멜로드라마 속에서 확인한다. 멜로드라마가 성공하는 이유는 대개가 비극의 과잉에 의해서이다. 그 작품들에 깔린 전제는 사랑은 엄청난 비극과 스트레스 속에서만 순수하게 빛을 발한다는 전도된 표상이다. 사랑의 능동적 환희를 통해 삶의 경계를 넓혀 간다는 식의 발상은 아예 시도조차 되지 않는다. 상처에 대한 과장, 비약을 통한 해결, 그리고 그것을 통해서만이 사랑의 깊이를 가늠하는 것은 한을 통해서만이 민족적 정체성을 확인하는 오래된 방식과 참으로 닮아 있다.

4. 맺으며 ― 최면술, 기억, 달라이라마

아마 독자들 가운데는 그럼 대체 우리에게 무슨 선택이 있었느냐고 반문할지도 모르겠다. 또 민족이나 한이 설령 근대적 상상물이라 할지라도 그것이 그토록 뿌리 깊게 박힌 것이라면 하나의 실체로 인정해야 하지 않느냐고 반박하는 이도 있을 것이다. 모두 맞는 말이

다. 제국주의와 맞서기 위해서 민족주의를 통해 집단적 정체성을 확인해야 했고, 그것이 역사와 전통 속에서 민족 고유의 것이라는 여러 기억장치들을 환기할 수밖에 없었다는 점, 충분히 인정할 수 있다. 비록 그것이 위안과 기만의 행로였다고 하더라도 이것을 비난할 도덕적 근거는 없는 셈이다. 내가 말하고 싶은 것은 '지금, 여기'에서 '무엇을 할 것인가'의 문제이다. 한 시대가 불가피하게 요구했던 어떤 사유와 행동의 체계들이 오직 중력의 장치로만 기능할 때, 그것은 다만 억압기제일 뿐이다. 게다가 이 질곡을 질곡으로 보지 못하게 할 정도로 '반동적'reactive인 힘이 작용할 때, 방법은 오직 하나. 그 근저를 폭파함으로써 그로부터 결별하는 도리밖에는 다른 방법이 없다.

　언젠가 텔레비전에서 최면술 다큐멘터리를 본 적이 있다. 최면요법은 뺑소니차량를 잡는 데 주로 사용되는 수사기법으로, 기억이 불투명한 목격자에게 기억을 투명하게 환기시키는 방법을 말한다. 신체를 편안한 상태로 만들어 무의식 깊은 곳에 잠겨 있는 기억을 수면 위로 끌어올리는 것이다. 그런데 내가 정말 흥미로웠던 것은 그렇게 해서 명료하게 떠오른 기억들 가운데 실제 사실과 다른 경우가 종종 있다는 사실이다. 아무런 이해관계나 의도가 배제되어 있는데도 사실과 다르게 기억하다니. 그건 신체가 이미 욕망의 특정한 배치하에 놓여 있다는 사실을 단적으로 보여 주는 셈이다. 말하자면, 어떤 사람도 무중력상태에서 사유하고 상상하는 것이 아니라는 사실이다. 짧은 기억이 이러할진대, 긴 기억(민족, 인종, 역사)의 경우야 말할 것도 없으리라. 모든 주체들은 이미 견고하게 짜여진 틀 위에서 사유하고 기억하도록 '코드화'되어 있다. 따라서 우리가 시도해야 할 것들은 이러한 기억들의 배치를 변환하는 것이다. 그리하여 상상의 잠재력을 가능한 한 증식하는 것. 이것이 무의식의 심층을 탐사하는 진정한 목표이다.

사이버시대라고 하는 이 첨단의 시대에도 전 지구상의 대부분의 국가를 움직이는 이념은 민족주의이다. 다른 종류의 이념들이 20세기 동안 부침을 거듭한 반면, 민족주의는 모든 이념들의 '지존'의 위치에서 한 번도 내려온 적이 없다. 이것이 끔찍한 이유는 이 중력장 아래서는 출구가 없기 때문이다. '아我'와 '비아非我'의 투쟁이라는 이분법의 레일 말고는.

물론 아주 희망이 없는 것은 아니다. 예를 들어, 티베트의 경우, 그 나라는 중국이라는 대국에 의해 일방적으로 점령당하고, 인도 다람살라에서 40년째 망명 상태에 있음에도 민족주의에 갇혀 있지 않다. 최고 통치자이자 티베트인들의 스승이기도 한 달라이라마는 티베트의 해방을 화두로 제기하는 적이 없다. 어디를 가든 전 세계인들의 행복을 위해 가르침을 펼치고 있을 뿐이다. '행복하라.' 그것이 그의 가르침의 전부다. "우리가 늘 화를 내고 있다가 어느날 갑자기 세계 평화를 외친다면 그건 별 의미가 없습니다. 그러니 먼저 우리 개개인이 평화를 배워야 합니다. 우리는 이것을 실천할 수 있습니다. 그렇게 하면 우리는 세상의 다른 사람들을 가르칠 수 있을 것입니다."게일런 로웰, 『달라이라마 나의 티베트』, 이종인 옮김, 시공사, 2000, 140쪽 달라이라마가 침략국 중국과 정치적 협상을 할 때도 그 내용은 언제나 인류 전체, 아니 나아가 '우주의 절대적 상생'이라는 대원칙하에서 제기된다.(1987년 그는 티베트를 '지구상의 가장 큰 자연보호 지역'으로 만들자고 제안하였다.)

나는 솔직히 이런 유형의 정치를 상상해 본 적이 없다. 단언하건대, 한국인들의 무의식을 이루는 민족, 애국주의에는 이런 상상력이 작동할 여지가 없다. 물론 달라이라마 방식을 비현실적이라고 냉소할 수는 있다. 하지만 그러기에는 우리의 사유가 지닌 가능성의 부재를 보는 것이 더 시급한 일이 아닐까. 또 하나 놀라운 점은 티베트 민족은 그토록 가혹한 탄압을 겪었음에도 자신들의 종족적 특질을 '유머'로 규정한다는 사실이다. "더 중요한 국민적 특징으로는 우리 티베트인이 농담을 좋아한다는 것입니다. 우리는 늘 웃음거리를 찾아냅니다. 아주 어려운 상황을 빼놓고는 유머감각이 우리 곁을 떠나는 법이 없습니다." 로웰, 『달라이라마 나의 티베트』, 120쪽

그 길고도 참혹한 비극이 그들의 낙천성에 어떤 상처도 남기지 않은 것이다. 그럴 수 있었던 것은 그들이 근대화 프로젝트에 맹목적으로 포섭되지 않았기 때문일 터이다. 중국에 의해 강요된 근대화에 그대로 포섭되었다면, 그들 역시 미국이나 다른 강대국에 의존하여 근대 국민국가의 코스를 밟을 수밖에 없었으리라. 부국강병, 합리주의, 도시화 등으로 이어지는. 그러나 그들은 아주 낯설고 이질적인 길을 열어 감으로써 '근대의 외부'로 남아 있었던 것이고, 그것이 지금 근대의 임박한 파국 앞에서 놀라운 빛을 발하고 있는 것이다.

그에 비하면, 우리는 근대화코스에 가장 성공적으로 진입했으

면서도, 아니 바로 그 때문에 근대의 절정에서 심각한 정신적 공황을 겪고 있는 것이 아닐까? 다시 말해, '미완의 근대'가 아니라, '근대의 외부'를 사유할 수 있는 상상력의 빈곤함——진정 우리가 돌파해야 할 벽은 이것이 아닐는지.

4장
근대적 '앎'의 배치와 '국수'(國粹)

"학문하는 묘리는 다른 것이 없다. 모르는 것이 있다면 길 가는 사람을 붙들고라도 물어야 한다. 어린 종이라도 나보다 한 자를 더 안다면 그에게 배울 것이다. …… 옛날 순임금은 밭을 갈고 씨를 뿌리며 그릇을 굽고 물고기를 잡는 것에서 임금노릇을 하는 데 이르기까지 어느 것도 남에게서 배워오지 않은 것이 없었다. 공자는 말하기를 자기가 어려서 미천했기 때문에 상일에 아주 익숙하였다고 했으니, 그 역시 밭 갈고 씨를 뿌리며 그릇 굽고 물고기 잡는 따위의 일일 것이다. …… 순임금과 공자가 성인이 된 것도 남에게 묻기를 좋아해서 배우기를 잘한 데 지나지 않는다."

— 연암 박지원, 「북학의서」北學議序

"우리는 또한 우리가 현재 친숙해져 있는 분절들과 분류들을 의심해 보아야 한다. …… 과학과 문학, 철학, 종교, 역사, 허구 등을 서로 대립시키는 그리고 이들로부터 일종의 거대한 역사적 개별성들을 만들어 내는 장르, 형식 또는 언설의 유형과 같은 구분을 인정할 수 있는가?"

— 미셸 푸코, 『지식의 고고학』

물음 1 한때 뜨거웠던 '줄기세포' 논란은 한국인의 과학상식을 몇 단계 업그레이드시켰다. 체세포니 배아맞춤형 줄기세포니 고매하기 짝이 없는 전문용어들이 무슨 연예인들 이름처럼 인구에 회자되었으니 말이다. 처음엔 분명 난자 제공을 둘러싼 윤리문제였는데, 뒤에 이어진 일들이 점입가경이라 '난자 윤리'에 대한 논란은 홀연 증발되고 말았다. 생명에 대한 근본 질문들 역시 침묵, 봉쇄되었다.

얽히고설킨 내막이야 알 도리가 없지만, 정말 궁금한 건 사건의 전모가 아니다. 줄기세포나 체세포는 '무한 극미極微'의 세계다. 그 세계의 원리를 발견하고 나아가 그 요소들을 인위적으로 조작할 수 있다면 그건 천기에 해당한다. 말하자면, 그 연구에 참여한 과학자들은 '천기누설'을 한 셈이다. 그런데 문제는 그 다음이다. 격물치지하여 우주의 이치, 생명의 비의를 알게 되었는데, 왜 그들은 '깨달음'을 얻지 못하는 것일까? 보통 사람들과 하나도 다를 바 없이 자본과 언론에 휘둘리고, 심지어 자신들의 학문을 국익이니 민족의 영광이니 하는 '낡디 낡은' 명분으로 덧칠하는 것일까? 그 심오한 지식이 어째서 그 지식의 주체들을 단 한걸음도 더 나아가게 하지 못하는 것일까?

물음 2 정화 스님께 들은 이야기로, 일본의 한 원숭이 서식지에서 있었던 일이다. 한 원숭이 무리들이 바닷가에 떠내려 온 고구마를 바닷물에 씻어 먹기 시작했다. 처음엔 무리 중에 좀 유별난 녀석 하나가 우연히 시도했는데, 가까운 친구 한두 마리가 따라하기 시작하다가 마침내 전체 무리들에게 퍼져 나간 것이다. 얼마 있다가, 놀라운 일이 일어났다. 직접적 교류가 전혀 없는 서식지의 원숭이들까지 모두 고구마를 씻어 먹기 시작한 것.

우리는 흔히 지식과 정보는 직접적 교류를 통해서만 전달된다고 생각한다. 그런 판단에는 지식과 정보는 어딘가 별도로 저장되어 있다가 여기저기로 옮겨진다는 전제가 숨어 있다. 하지만 과연 그럴까? 오히려 물고기들이 바닷속을 헤엄치듯, 우리가 지식과 정보의 바닷속을 유영하고 있는 건 아닐까? 원숭이들이 직접적 교류 없이도 특정 '노하우'를 공유하게 된 건 그들이 어느 순간 동일한 앎의 매트릭스에 들어갔기 때문이다. 접속하는 순간, 모든 개체들이 동시적으로 어떤 지식과 정보를 체득하게 되는 '앎의 매트릭스'!

이런 예들은 아주 많다. 요즘 아이들은 거의 본유적으로 인터넷 제국의 시민으로 태어난다. 특별히 배우거나 학습의 과정을 거치지 않아도 인터넷과 게임에 바로 접속한다. 처음 컴퓨터 작동법을 배울때, 명령을 내린 다음 엔터키를 누르는 게 익숙하지 않아 며칠 동안 오로지 그것만 연습했던 나의 경우와는 전혀 다른 '신체'들인 것이다. 그들에게 있어 인터넷은 일종의 '생득적 지知'에 속하는 셈.

머튼이라는 과학자는 '복수의 발견'을 연구하는 데 평생을 바쳤다. 그에 따르면, 중요한 생각은 대체로 한 사람 이상에게 떠오르는 법이며 거의 동시에 나타나는 경우도 있다. 뛰어난 개념들은 대부분 '공중에 떠돌고' 있어서 여러 과학자들은 거의 같은 시기에 각자의 포획을 위한 그물을 휘두르고 있다는 것. 대표적인 예로 다윈과 월리스는 거의 동일한 순간, 동일한 방식으로 진화론을 발견했다. 스티븐 제이 굴드, 『판다의 엄지』, 김동광 옮김, 세종서적, 1998 요컨대 앎은 어딘가 보관하거나 누가 점유하는 것이 아니라, 허공을 가득 메우는 대기 같은 것이다. 우리는 다만 그 사이를 이리저리 가로지르며 그 흐름을 '절단, 채취'할 수 있을 뿐이다. 그러므로 내 마음의 크기가 곧 '나의 우주'를 결정한다. '우리가 사는 게 아니라, 법계法界가 우리를 통해 표현된다'(정화 스님)는 경지도 그런 맥락일까?

1. 이매진 노 스쿨, 이매진 노 커리큘럼!

"Imagine no possession, Imagine no religion ……" 존 레논의 노래 '이매진'Imagine은 소유, 국경, 종교 등 우리가 자명하게 생각하는 것들, 그것이 없이는 결코 살아갈 수 없다고 여기는 바로 그것들이 사라진 세상을 상상해 보라고 하는 노래다. 소유가 없는 세상, 국경이 없는 세상, 종교가 없는 세상. 상상만으로도 유쾌하지 않은가?

내친 김에 이런 상상은 어떨까? 지금 우리가 대학에서 배우는 커리큘럼이 없다면? 또는 지금 구획된 전공분과가 없다면? 아니, 아예 학교가 없다면? 감이 잘 안 온다고? 그럼 문제를 좀더 구체적으로 풀어 보자. 유치원부터 초등학교, 중학교, 고등학교, 대학교, 그리고 또 대학원 석박사 과정 ——이 길고 긴 학교의 사슬은 정말로 필요한 것일까? 이걸 벗어나면 지식의 세계에는 절대 들어갈 수 없는 걸까?

그건 그렇다 치고, 대학의 전공분과는 어디에서 떨어진 것일까?

문과/이과 구분도 그렇고, 이과는 자연과학/공학으로, 문과는 어문계열/인문계열로 나누어져서 다른 선택은 불가능하지 않은가? 예를 들면 수학공부를 하면서 시나리오를 쓰고 싶으면? 임상의학의 탄생을 역사추리극으로 구성하고 싶다면? 철학적 개념을 영상으로 변환하고 싶다면?

그런 사람이 어디 있냐고? 없을 수밖에. 상상력이나 욕망은 주어진 배치에 따라 흘러가는 법. 지금의 조건에선 당연히 그런 식의 욕망은 원천봉쇄되어 있다. 문제적 케이스라고 해봤자 '문학을 공부하고 싶은데 할 수 없이 법대를 가서 고시를 봤'거나 '의사가 적성이 아닌데, 의대를 가서 마음을 못 잡고 방황한'거나 하는 정도가 고작이다. 이미 주어진 배치를 자명하게 받아들인 다음, 그 주변을 빙빙 맴돌 뿐, 그 배치 자체를 의심하거나 전복하지는 못하는 것이다.

더 황당한 건 대학원 전공 안에 있는 커리큘럼이다. 국문학과를 예로 들어 보자. 일단, 문학/어학으로 나누고, 다시 문학은 고전문학/현대문학으로, 고전문학은 한문학, 국문문학, 구비문학으로, 현대문학은 시, 소설, 극, 비평 등으로 전공이 구획된다. 먼저, 문학과 어학 사이에는 만리장성이 가로놓여 있다. 도저히 같은 전공이라는 말이 무색할 정도로 공부법이나 내용이 다르다. 지적 교류 같은 건 상상할 수조차 없다. 다음, 고전문학과 현대문학의 구분법도 어처구니 없기는 마찬가지다. 고전은 원시시대부터 19세기 말까지고, 현대는 20세기다. 현대문학의 경우, 말이 20세기지 주로 식민지시대 20여 년간이 거의 전부다. 이런 분류법이 말이 되는가? 끔찍한 비대칭성!

게다가 시, 소설, 희곡, 비평 등으로 현대문학을 구분하는 장르구분법을 고전에도 그대로 적용한다. 이것 역시 말이 안 된다. 세 가지든 네 가지든 장르 자체가 근대문학을 중심으로 만들어진 개념인데, 그 분류법을 문文·사史·철哲이 하나로 통합되었던 근대 이전의 문장에다 그대로 적용하다니, 이것이야말로 폭력적 동일성의 전형이다. 그러다 보니 참, 어거지로 배워야 하는 과목이 부지기수다. 학생들은 물론 담당교수조차도 이 과목이 언제 어디서 유래했는지, 또 왜 그 내용을 배워야 하는지 전혀 모른 채 무작정 배우고 무작정 가르쳐야 한다.

그런데 솔직히 이 정도는 사소한 문제에 해당한다. 더 근원적인 문제는 지식에 대한 표상에 있다. 대학의 커리큘럼에는 '앎이란 무엇인가?', '앎과 삶', '앎과 행복', '앎과 세계' 등에 대한 질문들이 송두리째 빠져 있다. 심지어 철학과조차도 그렇다. 단지 철학사를 분석·정리할 뿐 사유는 절대 하지 않는다. 그것이 현대철학의 현주소다. 다른 과목이야 더 말해 무엇하랴. 한마디로 종합하면, 많은 이들이 '열나게' 공부를 하는데, 공부를 왜 하는지는 모른다는 사실이다. 그러니 공부가 고역일 수밖에.

잘 알다시피, 한국만큼 교육열이 높은 나라도 드물다. 10여 년 전 미국 이타카에 체류했을 때의 경험이다. 난생처음 미국땅을 밟은 데다 영어에는 완전 깡통인지라 처음 얼마간은 팽팽한 긴장 속에서 보내야 했다. 하지만 뜻밖에도 금방 현지에 적응할 수 있었다. 무엇보다 한국인이 너무 많았기 때문이다. 방문연구원Visiting Scholar에서부터 유학생, 교포에 이르기까지 도처에 한국인, 한국어가 흘러넘치고 있었다. 이유는 간단했다. 그곳에 아이비리그에 속한 한 명문대학이 있었기 때문이다. 그 많은 한국인을 그 오지까지 불러들인 건 바로 그 대학의 힘이었던 것. 뿐만 아니라 그곳의 초등학교에는 한국인 어린이들이 넘쳤다. 어떤 학교의 경우 한 클래스 전체가 한국인이라는 말도 들렸다. 그곳 초등학교 시스템이 좋기 때문에 방문연구원들이 특히 선호한 결과라고 한다.

참, 대단하지 않은가? 좀더 나은 교육을 찾아 그 이역만리까지 찾아온 열성이라니. 정말이지 한국인들의 교육열은 타의 추종을 불허할 지경이다. 한국에선 늘상 접하던 일이라 별 감흥이 없었는데, 낯선 곳이었기 때문일까. 몇 가지 상념들이 꼬리를 물고 이어졌다. 이렇게 배움에 대한 열망이 높은데, 어째서 한국의 인문학은 나날이 황폐해져 가는 것일까? 이 열망이 약간 방향만 바꾼다면 세계를 놀라게 할 인문학적 전망이 쏟아져 나오지 않을까?

과도한 유학붐이나 양질의 교육에 대한 집착을 보통 입시제도의 모순 혹은 학벌경쟁의 산물로 치부하고 마는데, 그건 너무 손쉬운 진단이다. 그래서 별로 효과적이지 않다. 내가 보기에 이 엄청난 교육열에는 분명 그것만으로 환원되기 어려운, 강렬한 지적 열망이 혼재되어 있다. 그런데 문제는 우리 사회에선 그 열망이 능동적으로 접속할 회로가 부재한다는 사실이다.

동서고금을 막론하고 언제 어디서건 입시제도의 모순이나 출세지향적 학문, 과열경쟁 등은 늘상 존재해 왔다. 한 시대를 열어젖힌

전위적 지식은 언제나 그 같은 주류적 풍토에 맞서고자 하는 열정에서부터 비롯되지 않았던가. 한데 우리 사회는 지금 대학뿐만 아니라 지난 20여 년간 상당수의 대안교육 공간들이 만들어졌지만, 정작 생동하는 대안을 창안해 내지 못하고 있는 실정이다. 대안이 없는 대안교육이라? 말장난처럼 들리겠지만, 엄연한 사실이다. 형식적으로야 다양한 방식의 대안교육이 범람하고 있다. 온갖 종류의 문화센터, 각종 아카데미, 평생교육원 등등. 그만큼 배움에 대한 열정이 차고 넘친다는 증거다. 문제는 이런 교육들이 전혀 지식과 교육에 대한 새로운 비전을 던져 주지 못하고 있다는 사실이다. 그저 유행을 좇아가거나 아니면 제도교육과 전혀 다를 바 없는 낡은 틀을 반복하고 있을 따름이다. 당연히 저 부글거리는 지적 욕망들을 흡인할 능력이 없다. 그러다 보니 결국 교육열은 극성스런 유학붐이나 학벌만능주의 이외에 달리 표현될 통로가 없는 것이다. 또 그렇게 획득된 지식은 더 넓은 광장에서 활발하게 소통되지 못하고, 오직 '자기만의 방'에 갇혀 버리는 악순환이 되풀이된다.

사실 양질의 교육을 위해 멀고 먼 미국 변방까지 찾아가지만, 미국에도 결코 대안은 없다. 그곳 역시 근대 지식의 막다른 한계에 봉착해 '오도 가도' 못하고 있는 처지다. 그러므로 내가 미국에서 목격한 것은 미국식 대안이 아니라, 교육열이야말로 한국인의 원초적 본능이라는 것, 이 본원적 욕망이 사적 이기심의 영역을 넘어 광활한 세계로 흘러가도록 이끌어 줄 비전탐구가 절박한 현실, 바로 그것이었다.

그런데 비전을 탐구하려면 무엇보다 우리가 발 딛고 서 있는 지적 기반 혹은 앎의 배치를 정확히 아는 것이 필요하다. 우리가 저 20세기 초, 근대적 지식의 토대가 구축되는 기원의 장으로 돌아가고자 하는 것도 그 때문이다. 우리가 속한 앎의 매트릭스, 그 심연의 주름들을 환히 꿰뚫을 수 있어야만 그 외부를 사유할 수 있는 힘과 지혜가 생길 터이므로.

2. 앎에는 국경이 있다!

알면 사랑한다?

한 시대는 그에 상응하는 앎의 체계를 동반한다. '앎'이란 문자로 된 지식이자 제도와 일상, 무의식의 저변까지 촘촘히 침투해 있는 표상구조 전반을 두루 망라한다. 그런 점에서 시대가 앎을 낳기도 하지만, 앎이 한 시대를 추동하기도 한다.

20세기 초, 이전과는 전혀 다른 앎의 체계가 이 땅에 도래하였다. 『독립신문』을 시발로 하여 『황성신문』(대한제국기), 『대한매일신보』(애국계몽기)에 이르기까지 근대계몽기의 모토는 '교육과 지식'이다. 이때 지식은 문명의 원천이자 민족국가 건설의 원동력이다. 그러므로 자유롭게 선택하고 말 수 있는 사항이 아니었다. 정부가 나서서 총력을 기울이고 법률제도를 동원해서라도 관철해야 하는 필수코스였다.

문제는 지식의 내용이다. 무엇을 배우고 무엇을 가르칠 것인가. 지금, 우리에겐 모든 것이 자명하게 보이지만, 당시로선 결코 그렇지 않았다. 오래된 앎의 체계를 해체하면서 새로운 앎의 체계를 정초하는 작업은 실로 '혁명적 변환'에 해당하는 것이었다.

근대적 앎의 특질을 꼽으라면, 누구든 지식의 대중적 확산을 들 것이다. 사대부라는 특정계급에 한정되었던 지식이 세상 속으로 퍼져 나가 여성, 노동자와 농민 등 전 인민의 소유가 된 것이다. 이른바 '앎의 민주주의'가 실현된 것. 하지만 이것은 결코 자연스런 과정이 아니었다. 누구든 배울 수 있다는 '자유'의 속내에는 누구든 배워야 한다는 '강제와 구속'의 메커니즘이 작동하고 있었다.

방금 세계 열강의 정형을 관찰하건대 저 개명부강한 국민은 모두 애국열심이 유(有)하여 국가의 일을 자기의 일로 담착하여 활발진취하기로 위주함에 만약 그 자국의 권력이 타국에 대하여 일보라도 퇴양하게 되면 전국 인민이 분발격동하여 차라리 그 신명을 포기할지언정 국가권력은 타인에게 불양하기로 인민의 의무를 삼나니 이는 다른 것이 아니라 지식이 개명하여 국가영욕이 곧 자기영욕됨을 인지하는 연고라 지금 대한 인민은 이 일을 당하여 과연 어떠한 경우에 임박하였느뇨 타인의 노예와 가축이 되는 것이 목전에 임박한 일이라 …… 이는 다른 것이 아니라 지식이 개고하여 국가존망이 자기에 상관이 없는 줄로 인지함이라 그런즉 대한 인민으로 하여금 애국열심을 양성코자 하면 민지民智를 모두 활용함에 있

고 민지를 개발코자 할진대 서적이 긴요한지라

『대한매일신보』 1905년 10월 12일자 「서적書籍이 위개발민지지지남爲開發民智之指南」

일찍이 들건대 국지본國之本은 민民에게 있고 민지본民之本은 학술에 있다. 정치·종교·문학·경제·병비 및 농목·상고·공예 등 일과 위국 지구에 말할 나위 없이 학술이 정묘해야 바야흐로 위국지민爲國之民 이라고 말할 수 있으니 이는 나라를 위하는 인민이 되는 의무이다.

『대한자강회월보』 창간호 축사, 1906년

이 글들이 보여 주듯, 지식은 곧바로 애국적 열정의 원천이 된다. 달리 말하면, 애국적 열정이 없는 것은 무식하기 때문이다. 그래서 '국지본은 민에게, 민지본은 학술'에 있다는 테제가 도출된다. 말하자 면, 지식을 추구하다 보니 애국을 하게 되는 것이 아니라, 애국을 위 해선 반드시 지식을 갖춰야 한다는 인식의 전도가 일어난 것이다. 이 를테면 사랑하면 알게 되고, 알면 사랑하게 된다는 것. 그런데 정말 그런가? 여기에는 엄청난 비약이 존재한다. 지식과 애국이 '찰떡궁합 처럼' 포개진다는 보장이 대체 어디 있단 말인가?

하지만, 이미 앎의 내용과 범위가 확고하게 규정되어 있기 때문 에 이런 질문은 원천적으로 성립되지 않는다. 이제 앎은 철저히 국가 와 민족을 위한 것으로 한정되었다. 앎의 영역에 국경이라는 표지가 아로새겨진 것이다. 아는 것과 애국하는 것이 동일한 말이 될 정도로 그 표지는 '명석판명'clear and distinct 했다.

한문은 중국의 것!

이건 실로 낯선 배치이다. 근대 이전, 앎에 있어 국경이란 표지는 있을 수 없었다. 앎은 언제나 우주 전체를 대면하는 것이었고, 따라서 문명이라는 대전제 위에서 추구됐기 때문이다. 공자의 인仁, 붓다의 깨달음, 노자의 무위자연無爲自然 —— 여기에 대체 국경이라는 개념이 들어설 자리가 어디 있는가. 구도자에게 국적이 어디 있으며, 천하의 이치를 궁구하는 성리학자에게 국적 따위가 무슨 의미가 있는가.

물론 근대적 지식도 서구적 문명론에 기반하고 있기는 하다. 그러나 근대적 문명은 철저히 '부국강병'이라는 지향점을 지닌다는 점에서 '천하의 공기公器', 곧 보편적 앎을 추구했던 중세적 문명론과는 날카롭게 결별한다. 따라서 근대적 지식은 구학舊學, 중세적 지식체계에 대한 전면 부정을 통해 자신을 정립한다.

> 시금 천하는 이십 세기의 신천지가 아닌가. 정치·법률·학문·기예는 말할 것도 없거니와, 조수·초목·산천·강하를 막론하고 역시 새로운 광채를 발하지 않는 것이 없다. 옛것은 날로 더욱 없어지고 새것은 날로 더욱 생겨나 문득 한 10년 남짓을 지나고 보매 육주대륙이 상전벽해를 이루어 섬뜩 놀라 범접할 수 없는 것이 이처럼 극도에 이르렀다.
>
> 최재학, 「『문장지남』文章指南 자서自序」, 『근대계몽기의 학술문예사상』, 민족문학사연구소 편, 소명출판, 2000, 43~44쪽

대저 파괴가 없으면 건설이 없으리니 구학설이 불파괴하면 신학설
이 불건설될지며 구사상이 불파괴하면 신사상이 불건설될지며, 구
학설·구제도가 불파괴하면 신습속·신제도가 불건설될지라

『대한매일신보』 1910년 1월 6일자 담총談叢

최재학의 글은 계몽주의자들이 20세기 초를 어떻게 인식했는가
를 잘 보여 주는 자료이다. 조수, 초목, 산천, 강하 등이 온통 신광채를
발하여 눈이 부셔서 똑바로 바라보기가 어려울 정도로 세상이 뒤바
뀐 것이다. 세상이 바뀌었다는 건 세상을 보는 '눈'이 판연히 달라졌
음을 의미한다. 신채호의 것으로 추정되는 두번째 글이 그에 대한 구
체적 대응이다. 저자는 구학설, 구사상을 철저히 파괴해야만 신학설,
신사상이 건설될 것이라고 주장한다.

이 과격한 어법에는 한편으론 새로운 앎이야말로 신세계를 구축
하는 물적 토대가 될 것이라는 확고한 믿음이, 다른 한편으론 그 앎
에 대한 전유가 절박하다는 위기감이 동시에 공존하고 있다. 이런 배
치하에서 구학은 더 이상 지식이나 학문이 아닌 것으로 간주되었다.

슬프다 세계 창조시에 인종이 처음에 아세아에서 나서 오대주에
퍼졌거늘 어찌함으로 아세아 사람은 구미 양주 사람들의 문명과
이다지 층차가 많으뇨 …… 지금 문명진보가 세계에 뛰어났고 아
세아 사람은 한서 두 글자에 깊이 병이 들어 아는 것이 편안한 것과
인순하는 것뿐이라 한문에 깊이 병이 들었다 함은 한문을 못 쓸 글

이라 하는 것이 아니라 자고로 한문을 공부한 사람이 무슨 이치를 숭상하여 세계에 뛰어난 일 한 것이 하나도 없고 한문 속에서 지금 하는 일이 죽도록 공부하여도 『시전』, 『서전』, 『논어』, 『맹자』 권이나 읽고 시부나 지으면 유식다 하나 그 하는 일을 상고하여 보면 새로 한문 속에서 정치학문과 부국 술법은 하나도 없고 헛되이 청춘세월을 보내어 옛적 사기나 기록할 따름이니

『독립신문』 1898년 9월 19일자 '유지각한 친구의 글'

우리나라에서는 아비와 스승된 자가 『천자문』과 『동몽선습』으로 자제들을 가르치며 나아가서는 『통감』, 『사략』 등에 이르고 있으니, 대개 이런 유의 책들은 모두 천부의 자유를 방기하고 노예의 습성을 양성하는 것이다. 이로 말미암아 풍교·정령으로부터 가요, 패설, 언어, 문자에 이르기까지 오로지 외국을 위주로 하여 남을 받들어 섬기고 자국은 얕잡아 보아, 오늘의 패망에 이르게 되었다.

현채, 「『유년필독석의』幼年必讀釋義 서문」, 『근대계몽기의 학술문예사상』, 31쪽

『시경』·『서경』·『논어』·『맹자』·『통감』·『사략』 등 '수신제가 치국평천하'를 위해 반드시 요구되었던 천고의 대문장大文章들이 졸지에 헛되이 청춘을 소비하는 허랑한 소일거리가 되어 버렸다. 심지어 자유를 방기하고 노예의 습성을 양성하는 코스라는 치욕을 감내해야 했다. 이렇게 하여 중세적 앎이 전제하고 있던 모든 준칙들은 일거에 폐기되어 버렸다. 특히 주목해야 할 것은 구학舊學이 '외국의 것'으로

치부되었다는 점이다. '한문이 중국의 문자인 만큼 한문을 읽고 쓰는 지식체계는 마땅히 중국의 것이다, 따라서 그것은 철저히 배격되어야 한다'는 것이 기본논지이다.

한문이 중국의 것이라니? 맙소사! 수천 년간 동아시아를 감싸고 있던 한자 매트릭스에 중국이라는 국적을 붙임으로써 졸지에 그 휘장을 걷어치우는 무모함이라니. 이거야말로 지식을 특정주체, 특정집단의 소유물로 보는 근대적 사유의 부산물이다. 그러니까 지식에 국경이 새겨진다는 건 특정지식에 단지 이런저런 국적의 딱지를 붙이는 데서 그치지 않는다. 지식이 오로지 주체의 내부로 들어앉게 된것 역시 그 연장선상에 있는 사항이다.

아무튼 여기서 우리는 학문의 영토에 국경이라는 경계가 선명하게 아로새겨지는 광경을 목격하게 된다. 어떤 지식의 진리성을 평가함에 있어 그 무엇보다 국경이라는 심급이 강력하게 작동하기 시작했다는 것 ──이것이야말로 근대적 앎의 배치가 지닌 첫번째 특질이라 할 수 있다.

3. 천리[天理]에서 격치[格致]로

최종심급은 이익

국경이라는 심급은 늘 또 하나의 척도를 그림자처럼 끌고 다녔다. 동어반복처럼 들리겠지만, 부국강병, 곧 민족의 '이익'이 되고 국가를

'강성하게' 해준다는 척도. 즉, 앎의 또 다른 준거는 다름 아닌 '이익'이었다. 맹자가 양혜왕에게 "하필 이익을 말하십니까?"何必曰利라고 했던 그 '이'利가 바야흐로 앎의 지상목표가 된 것이다.

> 저 서구열강을 보라. 학술의 발달이 저 같으며 도덕의 진보가 저 같으되 그 나라가 융흥하여 날로 강성해 가니 이는 그 문화가 동양 고대의 인민을 몰아서 전제하에 굴복케 하던 문화가 아니라 자유를 구가하며 모험을 숭상하는 문화인 까닭이니 한국의 유지군자여! 자국 고유의 장점을 보존하며 외래 문명의 정화를 채취해서 일종 신국민을 양성할 만한 문화를 진흥할지어다
>
> 『대한매일신보』 1910년 2월 19일자 논설 「문화와 무력」

학술과 도덕, 강성이 아무런 매개 없이 그대로 연결되고 있다. 그러기 위해서는 학술이라는 개념 안에 도덕과 강성을 보장해 줄 내용들이 남겨 있어야 한다. 즉, 나라를 강성케 하는 지식이 되려면 "사서삼경四書三經과 시부詩賦" 등 "경제상에는 실효가" 거의 없는 허문虛文은 버리고, 실상을 밟아 가는 학문을 해야 한다. 곧 "천문학·지지학·산술학·측산학·격물학·화학·중학·제조학·정치학·법률학·부국학·병학·교섭학" 등 "나라를 부강케 할 실리학문", 곧 실학을 배워야 하는 것이다.『매일신문』 1898년 11월 5일자 이 대목에서 우리는 근대적 분과학의 이면에 부국강병이라는 경제적 이익이 절대적 준거로 작용하고 있음을 확인하게 된다.

그런데 이렇게 이익이라는 척도가 전면에 작용하려면 그 이전에 '앎'에 대한 근본전제가 달라져야 한다. 과연 그렇다. 가장 먼저, 자연과의 관계가 현격하게 달라졌다. 중세의 학문은 천리天理, 즉 우주자연의 이치를 깨닫는 것을 목표로 했다. 그 이면에는 인간을 자연의 일부로 사유하는, 혹은 인간과 자연을 연속적 흐름 속에서 파악하는 인식론이 자리잡고 있다. 자연은 끝없는 탐구의 대상이지만, 그것은 어디까지나 인성론으로 전화되어야 한다. 주자의 자연학이 그 탁월한 성과에도 불구하고 인성론의 지반을 벗어나지 않은 것도 이런 맥락에서이다.

그에 반해, 근대적 앎은 무엇보다 '인간과 자연의 연속성'이라는 이 고리를 해체해 버렸다. 자연은 그것을 세계라 부르건 우주라 부르건 오직 분석하고 측량하고, 그 다음엔 지배하고 착취해야 할 대상으로 전이되었다. 그러므로 자연의 이치를 파악한다는 것은 천리를 터득하여 윤리적으로 내면화하기 위함이 아니라, 오로지 이용가능한 자원으로 전환하기 위함이다. 계산가능성의 영역으로서의 자연. 이제 자연은 우주적 지평을 벗어나 단지 '격치학'格致學이라는 분과학의 영역이 되었다. 다음의 자료가 그 점을 아주 확연하게 보여 준다.

사람이 세상에 날 때에 골격과 오관이 분명하고 또 영혼과 지각이 있은즉 여러 가지 동물 중에 제일 귀한 것이라 …… 그 이치는 세계만국 사람들이 다 일반이언마는 격물치지에 지정지묘함은 동서양이 판이한즉 그 까닭은 다름이 아니라 동양 선비는 자고로 허문을 숭상하고 실지를 잃어버린 까닭이니 다만 주역팔괘와 서전오행과 음양 이치와 풍수지설을 빙자하여 세상 물건이 이치와 기운 두 가지뿐이라고 만 하고 빙빙설거하여 해박히 말한 바 없으니 격치학에도 이를 생 각하다가 반도이폐한 것이오 서양 선비들은 생각하기를 사람이 세 상에 생기매 만물을 관리할 권리가 있은즉 한 가지 물건이라도 그 소용 을 잃어버리지 못할 것으로만 깨달은 고로 생각이 기기묘묘한 지경에 이 르러 허문을 버리고 실지를 얻은 것이니 …… 그런 고로 서양 사람의 격치학문이 이후에 더 기기묘묘할 것이 있을는지도 모르거니와 지 금으로 말할지라도 윤선·윤거가 생겼은즉 천만 리를 몇 날 몇 시간 에 내왕할 것이오 전보·전화가 있은즉 천만 리 상격에 성음이 조석 상통할 것이오 기타 자명종·시표라든지 일용사물상의 신기묘원하 여 변환무궁한 여러 가지 이치를 말할진대 어찌 탄복할 바 아니리 오 국부민강이 그속에 자재한 것이오 동양 사람들은 옛사람의 격치 지용이 없는 것은 아니로되 후생들이 분발할 생각이 없는고로 물건 다스 리는 권리를 잃어버린지라 그렇기에 농사하는 사람들은 다만 인력만 쓸 줄 알고 물건 수운하는 사람은 어깨에 메고 다닐 줄만 알고 세상 에 허다한 지음과 편리한 이익을 꿈속에 잊어버리고 누웠으니 어 찌 그 국민이 부요하기를 바라리오

『독립신문』 1899년 4월 25일자 「사람은 일반」

'서양인들은 만물을 관리할 권리를 적극 향유한 데 반해, 동양인 들은 도무지 물건 다스리는 권리를 상실해 버렸다'는 것이 요점이다.

이것만 해도 인간과 자연이 맺는 관계가 얼마나 달라졌는지를 짐작하고도 남음이 있다. 이로써 '음양의 원리'의 구현체로서의 자연 혹은 천天 개념은 폐기되었다. 대신 오직 지리적 공간으로서의 우주가 출현하였다. 따라서 자연에 대한 탐구는 격치학, 소위 물리학의 영역으로 제한되었다.

당시에 출간된 『간명물리교과서』에서는 이렇게 말한다. "대저 물리라는 것은 무엇인가? 무릇 지구상의 물질·형기形氣·성광聲光·화전化電에 그 작용이 무궁하고 변화가 일정치 않은 고로 그 이치를 탐구하고 그 묘함을 추론하는 것"이다. 그러므로 인간은 "그 이치를 격치格致함으로써 활동을 유지하는 작용을 얻게 되는 터"인데, 서양인들은 일찌감치 "그 운영에 참여하고 그 실제효과를 거둘 수 있었다는 것"이다. 장지연, 「『간명물리교과서』서序」, 『근대계몽기의 학술문예사상』, 383쪽

자연이 이렇게 격치의 대상이 된 이상, 거기에서 철학이나 인성론이 도출될 리 없다. 물리학이 축소되면서 동시에 철학 역시 인간이라는 좁은 영역으로 한정되어 버렸다. 이제 물리학자는 더 이상 철학을 하지 않고, 철학자는 더 이상 천지자연의 이치를 탐구하지 않는다. 다른 분과학들도 철학이나 자연의 이치를 탐구하지 않는다. 철학과 물리학이 좁은 울타리에 갇히면서, 다른 분과학 역시 모두 '자기만의 방'에 틀어 앉고 말았다. 깊이를 갖추기 위해선 어쩔 수 없지 않느냐고 반문할 수도 있겠다. 그럴지도 모른다. 하지만 이때 깊이란 오직 '도구적' 지식의 측면에서일 뿐이며, 진정한 깊이는 넓이를 수반한다는 사실을 환기할 필요가 있다.

수학의 특권화

수학이 자연과학의 중심이자 근대지식의 총아로 부상하게 된 것도 같은 맥락에 있다. 인간과 자연이 분리되면서, 이제 자연의 모든 현상은 측정과 분석의 대상이 되었다. 그래야만 실용적 이익으로 응용가능하기 때문이다. 그리고 측정과 분석의 가장 적합한 도구가 바로 수數였다. 모든 질적 차이들을 한꺼번에 정리해 주는 도구로서의 수. '자연의 수학화!'야말로 근대 자연과학의 모토가 된 것이다.

> 수는 육예六藝의 하나로 들어 있으니 성학의 문에서 학과를 설치함에 필수로 되어 있었다. 그런데 말세에 이르러 예가 파괴되고 악이 무너짐에 사와 어 또한 단절되고 말았다. 이에 수학 또한 함께 폐지되었다. 심한 경우 그것을 술수로 지목하여 관심을 갖는 것조차 좋아하지 않게 되었으니 한숨을 쉬지 않을 수 없는 노릇이다. …… 무릇 기하幾何·비례比例의 원리와 구고句股, 직각삼각형에서 직삭을 낀 두 변·활환割圜의 법을 모두 상세히 분석하여 그 소이연所以然을 추구하니 돌아보건대 평생 배워 익힌 것이 자못 많았다.
>
> 권재형, 「『정선산학精選算學 서문」, 『근대계몽기의 학술문예사상』, 387쪽

이처럼 수학 관련 교과서들은 한결같이 숫자를 다루는 학문이 '술'에서 '학'으로 업그레이드 되어야 한다고 주장하고 있다. 19세기 중엽, 박규수의 학문적 반려자이자 『해경세초해』海鏡細草解라는 수학

저서를 남긴 남병철이 설파한 "무릇 수란 안도 바깥도 없고, 적재할 수도 파괴할 수도 없"어 "오직 변하는 대로 적용되어 이용이 무궁"하여, "격치의 실학이며 가국家國의 실용이니 경세經世를 담당한 자 먼저 힘써야 할 바"임형택, 『실사구시의 한국학』, 창비, 2000, 131~132쪽라는 관점이 본격적으로 담론의 표면에 떠오르게 되었다. 서구문명의 저력이 수학의 발전에서 유래한다고 본 것이다. 이렇게 하여 구학의 배치에선 가장 낮은 등급으로 분류되었던 산술이 신학문의 도래와 함께 특권적 지위를 부여받게 된 것이다.

더 중요한 사실은 이러한 수학의 특권적 지위가 단지 자연과학의 범주에만 머무르지 않았다는 점이다. 푸코의 말을 빌리면, "수학적 형식화가 불가능한 모든 것은 아직 과학적 실증성을 갖지 못한 것이라고 상정하면서 실증적 영역을 가능한 한 수학에 가깝게 하고자 노력하며, 인문과학에서 수학화가 가능한 모든 것의 목록을 작성하고자 하는 시도가"미셸 푸코, 『말과 사물』, 이광래 옮김, 민음사, 1986, 398쪽 이루어진다. 즉, 자연과학의 영역뿐 아니라, 인문과학에서도 수학적 증명이 엄청난 권위를 부여받게 된 것이다. 통계가 발휘하는 위력을 떠올려보라. 아무리 황당한 내용이라도 숫자가 동원되면 일단 권위를 인정받게 된다. 마치 수야말로 누구도 범할 수 없는 객관적 진리를 표현하고 있다는 듯이 간주하는 것이다. 따지고 보면, 이 점은 지극히 당연한 귀결이기도 하다. 수학이 부상하게 된 배경에는 자연의 소외, 곧 인간중심주의가 자리하고 있기 때문이다. 자연의 모든 이질성이 제거되고, 모든 것이 숫자들로 환원된다는 것은 인간이 자연의 지배자로 우뚝 선다는 사항과 맥을 같이한다.

그러므로 근대의 인문학은 철저히 '인간을 위한, 인간에 의한, 인간의' 학문으로 자리매김되었다. 물론 여기서 말하는 인간은 보편적 인류가 아니다. 민족과 국가라는 범위 안에, 곧 국경의 울타리 안에 갇힌 특수한 인간, 곧 '근대인'이다. '인간'이라는 개념은 근대와 더불어 출현했다!(푸코). 역사와 문학은 물론이려니와 정치학, 사회학, 법학, 신문방송학, 경영학, 심리학 등등 근대 인문학의 분과들은 전적으로 이 기반 위에서 구성되었다. 오직 인간의 삶과 내면만이 학문적 탐구의 대상이 된 것.

신체성의 증발

이 대목에서 꼭 환기해야 할 사항이 있다. 근대적 지식은 비판과 분석을 주요방법으로 삼는다. 비판과 분석이란 철저히 주체와 대상의 분리를 전제한다. 다시 말해, 지식활동이란 어떤 대상을 날카롭게 분석하는 것이거나 자신과 다른 입장에 대해 논리적으로 비판하는 것이라고 간주한다. '당연한 거 아냐?'라고 생각할 것이다. 물론 아니다.

근대 이전의 공부법에 비추어 보면, 비판과 분석은 매우 기이한 방법이다. 비판과 분석이라는 척도에는 일단 지식이란 오직 언어, 곧 논리의 영역에서만 이루어진다는 전제가 작동한다. 하지만 근대 이전에는 어떤 담론도 언어와 그 외부, 혹은 주체와 대상 사이의 간극을 설정하지 않았다. 언어 혹은 논리는 앎을 표현하는 여러 방편들 가운데 하나였을 뿐이다. 신체를 통해 터득되는 직관, 우주적 합일에의 충동, 물아일체 등이 앎의 근본전제이자 목표였기 때문에 앎이란 언어를 통해 표현되긴 했지만, 늘 언어의 외부를 사유하고자 하였다. "말이되 말에 머물지 않고 말을 떠나게 만드는 가르침", "삶을 명사화하지 않는 무상무아의 흐름"(정화 스님)을 지향했기 때문이다. 언어가 사건이나 사물을 하나의 고정된 지점에 가두는 속성이 있음을 경계한 것이다.

그에 반해 근대적 지식은 언어의 논리 안에 사건이나 대상을 체계적으로 배열하고자 노력한다. 이른바 이성적 사고를 추구하는 것이다. 언어를 떠나기 위해 언어를 활용하는 앎과 모든 것을 '언어화'하기 위해 언어를 구사하는 앎, 이 둘 사이엔 화해할 수 없는 간극이 있다. 그런 점에서 근대적 이성은 '언어의 제국' 위에 구축되었다고 할 수 있다. 그 제국의 번성과 더불어 언어 외부, 직관이나 감정의 영역, 다시 말해 '신체성'은 증발되고 말았다.

근대 이전의 앎은 언제나 신체의 문제였다. '지행합일'知行合一을 모토로 내세운 양명학은 말할 것도 없고, 유불도 삼교가 모두 신체적 격발을 가장 중요한 척도로 삼았다. 가장 극단적인 케이스가 선불교일 것이다. 거기서 도를 깨우친다는 건 신체를 조성하는 요소들의 변환을 의미한다. 지상에서 가장 기이한 문장, 『벽암록』을 보면 선사들은 제자들을 깨우치기 위해 툭하면 30방망이를 날리고, 코를 비틀고, 고함을 친다. 좋게 말하면, '우주적 농담'이지만, 비판과 분석이라는 근대적 기준에서 보면 그건 '아닌 밤중에 홍두깨'지 결코 지식이 아니다! 선불교에 비하면, 상당히 체계화된 주자학의 경우도 그저 텍스트만 외우고 논리만 갈고 닦아서는 어림 반푼어치도 없다. 쉬임없이 '정좌'靜坐를 하여 문득, '활연관통'豁然貫通하는 문턱을 통과해야만 한다. 우주 혹은 천리를 내 안에 품는 것, 아니, 신체의 분포도를 바꿈으로써 우주의 역동적 흐름과 접속하는 것 ——그것이 앎의 궁극적 목표였다.

근대지식은 바로 이 점이 결정적으로 결락되었다. 먼저 자연이 대상화되면서 지식이 오직 주체의 문제로 제한되었고, 그 다음엔 국경과 이익이라는 표상이 새겨지면서 지식은 한낱 소유물이 되었다. 이를테면, 지식은 구체적으로 '어떤 국적'을 가진, '어떤 개인'의 소산이 되어 버렸다. 또 항상 실용적 이익을 수반해야 하므로 경제적 재산의 일부가 되었다. 참, 너무나 간단명료하지 않은가. '사적 소유와 민족주의의 견고한 결탁'이 앎의 배치에서도 일어난 것이다. 바야흐로 '앎' 자체가 아니라 누구의 앎인가, 그리고 그 '누구'의 국적이 어디인가가 더 중요해진 것이다.

이 지식이 추구하는 실용성을 18세기 지식인들의 '이용후생'과 혼동하면 곤란하다. 후자가 자연과의 공생을 기반으로 지식과 생활을 일치시키려는 노력이라면, 전자는 철저히 자연을 착취, 이용하는 것을 전제로 한다. 생태계의 파괴나 무자비한 동물실험 등이 과학이나 지식의 이름으로 가능한 것도 그 때문이다. 따라서 이런 지식은 '활연관통'하거나 '백척간두진일보'百尺竿頭進一步하는 도저한 과정을 겪을 수도, 겪을 필요도 없다. 이성적 사고, 곧 언어로 표현된 논리의 영역만 잘 갈고 닦으면 된다. 분석하고 비판하기 위해. 따라서 이성이 부각되면 될수록 앎의 영역에서 신체성은 증발된다. 결국 지식과 몸은 따로 놀게 된다. 근대 지식에 늘 비장하고 음울한 그림자가 따라다니는 것도 그런 맥락의 결과다. 단언컨대, 근대 지식인들은 앎의 즐거움을 잃어버렸다. 앎을 통해 자신의 번민을 구제하지도, 타인의 삶에 희망과 전망을 부여하지도 못한다. 그저 비판과 분석을 통해 자신의 천재성과 지적 권위를 과시할 수 있을 뿐이다.

20세기 초반에 구성된 이런 전제들은 지금까지도 고스란히 이어지고 있다. 2005년 '줄기세포 파동'의 근간에도 민족과 국익이라는 두 가지 코드가 적극 활용되었다. 황우석 박사는 끊임없이 애국심을 자극하는 발언을 하고, 거기다 어마어마한 경제적 이익이 따라올 거라는 '장밋빛 환상'을 유포함으로써 민족의 영웅으로 부상할 수 있었다. 생명의 근대적 경계를 근본적으로 허물 수 있는 초첨단과학을 다루면서도 지식과 삶에 대한 관념에 있어서는 근대계몽기의 틀에서 단 한걸음도 나아가지 못했던 것이다. 그것은 근대과학의 태생과 숙명을 그대로 밟았다는 점에서 한편 비극이고, 또 한편 희극이다.

4. '국민 만들기'와 국수(國粹)

연암은 박제가가 쓴 『북학의』에 대한 서문에서 이렇게 말했다. "우리나라 선비들은 한 모퉁이의 구석진 땅에서 편협한 기풍으로 버릇이

굳어진 데다가, 발로 중국땅을 밟지도 못하고, 눈으로 중국사람을 보지도 못하고, 늙어 병들어서 죽기까지 국경 밖을 나가지 못했다." 그래서 우물 안 개구리처럼 편견에 가득 차 삶에 유익한 기구를 만들지 못한다. 그건 다름이 아니라 배우고 물을 줄 모르는 탓이다.──이 것이 연암의 학문적 전제다. 그렇다면? 마땅히 중국으로부터 배워야 한다.

비록 오랑캐가 지배하고 있기는 해도 중국의 문화는 여전히 광활한 스케일과 정밀한 사유, 깊고 원대한 제도와 빛나는 문장들로 넘쳐난다. 비록 오랑캐라 해도 배울 것이 있다면 열심히 배워야 하거늘 하물며 중화문명의 찬란한 광명이 여전함에 있어서랴.

북학에 대한 이 확고한 신념과 열정이 연암과 연암그룹을 이끌어간 지적 토대다. 이렇듯, 중화문명의 배치하에서 '앎'은 국가, 민족이라는 경계를 갖지 않는다. 아울러 분과학의 체계를 갖추지도 않는다. 중화라는 전범을 축으로 문文·사史·철哲이 천지자연의 장 위에서 자유자재로 혼융될 뿐이다. 그러나 20세기와 더불어 그러한 문명론적 토대는 붕괴되었다. 지식이란, 교육이란 무엇보다 모든 구성원들을 국민으로 호명하는 주체생산의 기제가 되었기 때문이다. 국민이란 무엇보다 국가, 민족에 대한 의식이 투철함을 의미한다.

'국수'(國粹)로서의 역사

국수國粹란 자는 자국의 전래 종교·풍속·언어·역사·습관상의 일체

수미粹美한 유범을 지칭한 것이다. …… 고로 파괴라 함은 국수를 파괴함이 아니요 악습을 파괴하여 국수를 부식扶植함이다.

『대한매일신보』 1910년 1월 13일자 담총談叢

그럼, 국민이 되기 위해선 어떤 지식을 습득해야 하는가? 민족지民族知의 정수, 곧 국수國粹를 터득해야 한다. 국수에 대한 열정, 그것은 곧 이후 인문학의 토대를 이루는 국학의 단초에 해당된다. "국민국가를 지향하는 역사 단계에서 제기된 신학술은 당초부터 민족 자아의 인식과 함께 본국학——자국의 역사 및 실태에 대한 지식이 강조되었거니와, 이에 이르러 국학 의식 또한 뚜렷이 싹트게 된 것이다."임형택,「국학의 성립과정과 실학에 대한 인식」,『실사구시의 한국학』, 19쪽 따라서 국수의 가장 근본적 내용은 역사와 지리이다. 이 당시에 출간된 수많은 역사서와 지리교과서가 그 점을 입증한다.

우리는 스스로 자기 눈을 가리고 스스로 마음을 닫고 아울러 자국의 역사 또한 알지 못해 남의 나라 사람을 향해 우리의 계보를 물어보고 있으니, 부끄러움이 이보다 심할 수 있으며 욕됨은 또한 어떠한가? …… 세계 오대주의 이름을 아는 사람이 몇이나 되는가? 오대주도 알지 못하는데 어떻게 그 안에 있는 나라 이름과 각각의 강약의 형세를 알겠는가? 또한 외국이 어떠한지는 말할 것도 없고 자기 조국의 현실이 오늘날 어떤 지위에 놓여 있는지, 또한 한번 미루어 생각해 보지도 않는다.

현채, 『동국사략』東國史略 자서自序, 『근대계몽기의 학술문예사상』, 211~215쪽

우리나라는 개국한 이래 삼사천 년이 지나기까지 강토가 분열되고 통합되는 변천이 빈번하여 확정되지 못하더니, 국조로 들어서면서 판도가 비로소 정해지고 민족이 하나로 합해졌으며, 성교와 문물이 예전에 비해 우뚝 일어났다. …… 이에 이르러 오늘날 우리들이 가장 급급히 강구해야 할 것으로 지리가 절실히 요구되는 데 있지 아니한가? 태서학자들의 말에 "지리학이 일어나지 않으면 애국심이 생기지 않는다"고 하였다. …… 지금 우리나라에서 신학문을 이야기하는 사람들은 외국의 지형과 물정에 대해서는 끊임없이 논하면서도 유독 본국의 지지에 대해서는 연구가 거의 없다.

장지연, 『대한신지지』大韓新地志 서序, 『근대계몽기의 학술문예사상』, 268~269쪽

『동국사략』은 계몽기의 대표적 저술가 현채玄采가 역술한 중등 교과용 역사서다. 일본인 역사학자 하야시 나이스케林泰輔의 『조선사』를 기초로 하여, 단군에서 구한말 당대까지 정치·제도·문화를 구분해서 서술하는 방식을 취하고 있다. 『대한신지지』는 장지연張志淵이 다산 정약용의 『아방강역고』我邦疆域考의 취지를 수용하여 저술한 것이다. 물론 이들 책에는 만국사와 세계지리도 포함된다. 하지만 강조한 부분에서 잘 드러나듯이, 만국사를 배우는 것도, 세계지리를 알아야 하는 것도 우리 민족의 역사와 지리를 알기 위해서이다.

기타 다른 종류의 분과학문들, 곧 국가학, 정치학, 법률학 등도

기본취지는 동일하다.[*]

　다행히 근일에 신학문이 출현하고부터 각종 교과가 다 갖추어지지 않은 것이 없으니, 정치학·법률학은 사士의 학문이요, 농상학·종식학은 농農의 학문이요, 상무학·경제학은 상商의 학문이요, 광학·성학·중학·화학·계기학은 공工의 학문이요, 가정학·국가학·병학 이것은 또한 사농공상 공통의 학문인 것이다. 그 교육이 실시된 당초에는 비록 문명국으로 일컬어지는 나라라도 국민을 반드시 강제로 행하게 하였으니, 자제를 취학시키지 않는 자는 그 부형을 벌하였다. 그러한즉 우리들도 이렇게 할 수 있기를 금일의 정부에 바라는 것이다. 이를 금년에 행하지 못하고 내년에 행하지 못한다면, 마침내 이 나라를 폐허로 만들고 우리 국민을 노예로 만드는 데 이를 것이다.

이기, 『호남학회월보』 서序, 『근대계몽기의 학술문예사상』, 371쪽

　정치학, 법학, 경제학 등 지금 대학에서 인기있는 학과들이 망라되어 있다. 이 학문들은 근대적 정치시스템을 가동시키는, 일종의 '국가학'에 해당한다. 중세의 국가가 관료들에게 까다로운 시문詩文의 수련을 요구했던 것처럼, 근대국가는 제도를 운영하는 실무지식을 요

---

[*] 강명관, 「근대계몽기 출판운동과 그 역사적 의의」, 『민족문학사연구』 14호, 소명출판, 1999. 이 논문에 따르면, 연활자에 의한 근대식 출판은 1883년 박문국의 설립부터이고, 관에서의 본격적인 출판은 1895년 학부령의 반포 이후 학부편집국에서 교과서를 출판하면서부터이다. 이 시기의 서적은 세계역사, 세계지리, 한국지리, 한국역사, 국문독본, 그리고 기타 국가학, 정치학, 법학, 경제학 등 사회과학 서적이 주류를 이루었다.

구하게 된 것이다. 이들 지식은 마땅히 국가의 독립을 위해 정초되어야 한다. 그러므로 국민이 되기 위해선 반드시 이 지식들을 배워야 하고, 만약 그렇지 않을 땐 처벌을 면할 수 없다. '배워야 산다!'는 명제는 배워서 스스로 행복하게 살라는 뜻이 아니고, 배우지 않으면 가만두지 않겠다는 명령이었던 것. 우두법의 정착에 위생경찰의 총칼이 있었듯이 이 시리즈의 3권 『위생의 시대』 참고, 의무교육의 정착에도 이런 강력한 처벌기제가 뒤따랐던 것이다. 물론 배워야 할 내용도 이미 정해져 있다. 역사와 지리, 정치와 법률, 경제학 등등. 이 과목들이야말로 '국민 만들기'의 핵심기제였던 까닭이다.

근대적 의미의 '범국민 교양'이 형성되는 것도 이 어름에서이다. 교양이란 모든 분과학을 가로지르는 공통기반으로서의 앎을 의미한다. 전문지식은 아니지만, 전문적 지식들을 두루 망라하면서 동시에 그것들 사이를 관통하는 앎의 포괄적 형식, 그것이 바로 교양이다. 그런 점에서 교양이란 지식이 전문영역에 따라 분화하는 것을 전제로 할 때에만 가능한 개념이다. 즉, 전문성과 짝하는 개념이고, 그런 점에서 철저히 근대적 산물이다.

인문학의 분화 속에서 그 모든 분과학을 가로지르는 공통의 항목이 하나 있다. 역사가 바로 그것이다. 역사는 모든 분과학의 공통적 지향점이 된다. 예컨대 지리를 배우는 것도 "무릇 이 땅에 섰던 나라에 대하여 그 강역의 분열되고 합쳐지며 얻고 잃음과 흥망성패의 연혁에 대하여" 이원긍, 「『대한지지』大韓地誌 서序」, 『근대계몽기의 학술문예사상』, 253쪽 알기 위해서고, 정치사상을 배우는 이유도 "동서양의 시대변천을 따라 구사상과 신사상의 같고 다름을 비교"함으로써 "우리 국민들로 하여금 국가사상을 <u>스스로</u> 깨달아 계발되게"정인호, 『국가사상학』國家思想學 서序, 『근대계몽기의 학술문예사상』, 309쪽 하기 위해서며, 법률학을 배우는 이유도, 경제학을 배우는 이유도 다 마찬가지다.

이를테면, 역사는 민족적 기억의 총체로서 인문교양의 토대이자 특권적 지위를 점유하게 된 것이다. 마치 역사가 모든 학문을 두루 감싸고 있는 형국인 셈. 푸코는 이 점에 대해 이렇게 말하고 있다. "역사는 각각의 인문과학에 대해 일종의 배경이 됨으로써 인문과학을 정립하는가 하면 인문과학에 하나의 확고한 지반, 즉 고향을 제공해 준다. 역사는 인문과학의 유효성이 인정될 수 있는 문화적 경계 ─ 시간적인 경계와 지리적인 경계 ─ 를 결정한다. 그런가 하면 역사는 역으로, 인문과학의 둘레에 철조망을 침으로써 보편성의 본령 내에서 가치를 획득하려는 인문과학의 요구를 처음부터 무산시켜 버린다."푸코, 『말과 사물』, 423쪽

당시 출판 상황을 보면, 세계사에 대한 관심 역시 뜨거웠다. 특히 량치차오梁啓超의 『월남망국사』는 1906년과 1907년 사이에 6개의 출판사에서 동시에 발행된 베스트셀러였다. 이탈리아, 프랑스, 폴란드 등 독립투쟁의 전과가 있는 유럽 국가의 역사도 역시 주목의 대상이었다. 그런데 유럽의 역사든 식민지 전략사든 이 역사책들의 지향점은 동일하다. 타자를 통해 자기를 발견하기, 즉 외국역사를 통해 우리 민족의 대서사를 재구성하는 것이다.

1장에서 밝혔듯이, 민족의 대서사는 바로 이 시기에 구성된 근

대의 창조물이다. 특히 20세기 초에는 기자조선의 정통성이 전면 부정되면서 부여족의 후예인 고구려와 발해의 역사가 집중 부각되었다. 그와 더불어 광개토대왕, 연개소문, 을지문덕 등 외세를 무찌른 영웅들의 이야기가 탄생된다. 이 이야기를 발판으로 하여 삼국통일과 고려, 조선의 역사는 '외세와의 투쟁'이라는 척도하에 모든 서사가 재구성되었다. 그리고 이 이야기들은 모든 종류의 지식에 침투, 확산된다. 따라서 모든 국민은 이 '국수國粹로서의 서사'를 알아야 한다. 지식인은 물론, 노동자도, 농민도, 그리고 무엇보다 여성들까지. 특히 여성들은 아이들을 애국적인 국민으로 길러내야 하기 때문에 더더욱 역사의식에 투철해야 한다. 다시 말해 국민이 된다는 건 이 대서사를 공유한다는 것을 의미하게 되었다. 이것이 바로 역사가 '범국민적 교양 혹은 지식의 원천'으로 만들어지는 '기원의 장場'이다.

문학, 국민교양의 첨단

역사와 더불어 국수의 한축을 차지하는 항목이 또 있었으니, 국어가 바로 그것이다. 1894년에 단행된 갑오경장 칙령 제14조에는 "법률 칙령은 모두 국문으로 본을 삼고 한문 번역을 붙이며, 혹 국한문을 혼용함"이라고 되어 있다. 진서眞書와 언문諺文이라는 중세적 위계가 전도되는 순간이다. 이로써 중세 보편문언이었던 한문은 졸지에 '외국의 문자'로 전락하면서 한글이 특권적 지위를 점하게 되었다. 그리고 그 양상은 1907년 국채보상운동과 함께 언문일치가 계몽운동의 중심을 차지하게 되면서 한층 가속화된다.

> 대저 세계열국이 각기 제 나라 국문과 국어로 제 나라 정신을 완전
> 케 하는 기초를 삼는 것이어늘 오직 한국은 제 나라 국문을 버리고
> 타국의 한문을 숭상함으로 제 나라 말까지 잃어버린 자가 많으니
> 어찌 능히 제 나라 정신을 보존하리오
>
> <small>『대한매일신보』 1907년 5월 23일자</small>

> 대개 국문이란 것은 아국我國의 문文이요 한문이란 것은 지나支那의
> 문이라 국문을 높이면 아국을 사랑하는 자요 한문을 높이면 타국他
> 國을 사랑하는 자라
>
> <small>이승교, 「국한문론」, 『서북학회월보』 1권 1호, 1908년 6월</small>

이 글들을 보면, 국문과 국어가 곧 나라의 정신과 등치되고 있다.
따라서 언문일치운동이야말로 시급한 당면과제이다. 장지연이 말한
것처럼 "국민의 언어와 문자가 같아진 연후에야 국민의 뜻이 한결같
아지며, 애국사상 또한 이로 말미암아 발전"<small>장지연, 「『대동문수』大東文粹 서
序」, 『근대계몽기의 학술문예사상』, 38쪽</small> 되기 때문이다.

> 우리 조선은 아시아주 동방의 온대지역에 위치하여 북으로 영명한
> 장백산이 빼어나고 동·서·남으로 온화한 삼면의 바다가 둘러싼 반
> 도이니, 옛날에는 장백산이 중앙이요 북쪽으로는 만주벌판을 차지

하였고 그 나머지 삼면은 곧 동·서·남해다. 하늘이 이 구역을 경계짓고 우리 인종의 시조를 낳고 그 소리를 부여하매, 이 지역에서 이 인종이 이 소리를 말하여 언어를 만들고 그 언어로 사상을 서로 전달하여 장백산의 사방으로 뻗은 강역에 번성하더니 허다한 시대를 경과하여 단군 성인이 개국하신 이래로 신성한 정교를 사천 년 동안 전하니 이는 천연특성의 우리 조선어다. 세종께서 하늘이 낳으신 대성인으로 조선어에 상응하는 문자가 없음을 우려하여 조선문 28자를 친히 제정하시매 글자는 간결하고 음성이 두루 갖추어져 있어 바꾸어 기록으로 전환하여 쓰는 데 있어 통하지 않음이 없으니 이는 천연특성의 우리 조선문이다.

주시경, 「『조선어문법』朝鮮語文法 서序」, 근대계몽기의 학술문예사상』, 58~59쪽

이쯤 되면 애초 『독립신문』에 제시되었던, '한글이 한자보다 더 실용적이기 때문에 한글을 써야 한다'든가 '국어를 써야 애국심이 생긴다'든가 하는 명분은 더 이상 불필요하다. 저자 주시경이 보기에, 국어는 하늘에서 울려 퍼지는 신성한 소리이자 우리 인종이 지닌바 고유한 천연적 자질이다. 그것은 실로 고귀한 것이라서 그 무엇으로도 대체불가능하다. 왜냐하면 단군이 개국한 이래 4천 년 동안 이어져 온 '초험적 실체'에 해당하기 때문이다. 한자를 배제할 때는 실용성의 논리로, 국어의 위대함을 증언할 때는 형이상학적 초월론으로. 한마디로 국어에 대한 예찬은 전방위적으로 시도되고 있다.

한글사전의 편찬, 표준어의 규범, 국문학교의 증가 등은 모두 이 같은 '언어민족주의'에 기초하고 있다. 이 과정에 대해서는 최경봉, 『우리말의 탄

생』, 책과함께, 2005를 참고할 것. 그리고 모국어에 대한 이 같은 열광은 무엇보다 글쓰기에 있어 전면적 변화를 가져왔다. 물론 그 중심에는 문학이 있었다. 이 시기에 활발하게 펼쳐진 소설개량, 가곡개량, 동국시계혁명, 연극개량 등 예술개량운동이 언문일치운동과 '오버랩 되는' 지점이 바로 여기이다. "시는 국민언어의 정화"『대한매일신보』1909년 11월 9일~16일자「천희당시화」이며, "소설은 국민의 혼"『대한매일신보』1909년 11월 20일자 담총이라는 선언이 이어졌다. 계몽의 파토스를 담아내기에 문학보다 더 적절한 것은 없다고 여겼기 때문이다.

역사가 기억의 대서사를 통해 국민의 이성을 고양시키는 역할을 담당했다면, 문학은 우리말의 미적 잠재력을 통해 국민의 감성을 촉발하는 역할을 수행하였다(더 솔직히 말하면, 그렇다고 믿어졌다). 그와 더불어 미적이고, 정서적인 글쓰기는 온통 문학이라는 형식으로 수렴되었다. 국어의 지위가 높아가면 갈수록 국어의 미적 잠재력을 총괄하는 문학의 지위 역시 승격될 수밖에 없었다. 그와 더불어, 문학 이외의 글쓰기는 위축되고, 배제되었다. 에세이건 잡문이건 문학 아닌 글쓰기들이 차지할 공간 자체가 사라져 버린 것이다. 물론 근대계몽기의 경우, 계몽의 열풍 속에서 문학이 독자적 위상을 지니지는 못했다. 문학에 투여된 이미지는 더할 나위 없이 고결했건만, 실제로는 계몽의 도구적 역할에 만족할 수밖에 없었던 것이다.

그러나, 1920년대에 이르면 문학은 비로소 근대적 앎의 배치, 그 전면에 나서게 된다. 3·1운동 이후 문맹률이 저하되고, 출판산업이 활기를 띠면서, 그리고 무엇보다 당시를 휩쓴 '연애열풍'에 힘입어 독서는 범국민적 취미이자 오락이 되었다. 이 독서의 중심에 문학, 그중에서도 특히 소설이 있었다. 1920년대 초부터 구소설이나 계몽기의 작품들과는 확연히 구별되는 새로운 소설들이 쏟아져 나오기 시작했을 뿐만 아니라, 서구소설이 대량으로 유입되기 시작하였다. 그 소설들의 주요 테마가 연애인 건 말할 나위도 없다. 소설과 연애는 그야말로 찰떡궁합이었으므로 소설이 많아질수록 연애 또한 다양해지고, 연애가 다양해질수록 소설 또한 진화하게 되었다. 이런 흐름 속에서 소설은 근대적 지식과 매너, 패션 등 문화의 중심이자 첨단을 의미하게 되었다. 요컨대, "소설 읽기와 쓰기는 근대적 교양을 쌓은 엘리트층이 선택한 지적이며 창조적인 행위"천정환, 『근대의 책읽기』, 푸른역사, 2003, 38쪽로 간주된 것이다.

이 과정에서 글쓰기에 대한 욕망은 문학 가운데서도 오직 소설로만 수렴되었다. 헤아릴 수 없이 많은 표현형식이 범람했던 중세는 물론 장르 사이의 다양한 넘나듦을 허용했던 근대계몽기와도 확연히 단절하여 이제 근대적 글쓰기는 소설이라는 영토 안에서만 자기를 표현하기에 이르렀다. 이런 풍토는 20세기 내내 지속되었다. 모름지기 소설을 읽어야 교양인이라는 인식, 대학의 교양학부에서 국문학, 그중에서도 현대소설이 차지하는 높은 위상, 문예창작과의 범람 등이 그 뚜렷한 증거다.

$$* \quad * \quad *$$

애국적 열정을 고취하기 위해선 민족의 대서사인 역사를 알아야 하고 그와 동시에 모국어의 아름다움과 한국인의 인정물태가 담긴 소설을 읽어야 한다!──요컨대, 국사와 국문학은 '국민 만들기'의 두 가지 축이었던 것. 국어, 국문학, 국사 등의 개념어들이 일본 번역어임은 말할 것도 없다. 식민지 시절 당연히 이 용어의 주체는 일본이었다. 국어는 일본어, 국문학은 일본문학, 국사는 일본사 등. 주체가 한국으로 바뀐 건 해방 이후부터다. 동숭동 구舊서울대 문리대 국문과 사무실엔 일본어로 된 자료가 수두룩했다고 한다. 왜냐면, 거기가 바로 경성제대 국문과(일본문학) 사무실이었으니까. 제국주의와 민족주의의 동형성을 실감나게 말해 주는 장면이다.

20세기 초 이래 이 두 과목은 유치원에서 대학에 이르기까지 교육의 전 과정을 관통하는 키워드로 기능하게 되었다. 아울러 이 두 과목이 설정하고 있는 지적 베이스는 다른 분과에까지 스며들어 깊은 영향력을 행사하였다. 그리하여 인문학의 전 분야는 말할 것도 없고, '줄기세포' 같은 초첨단 영역을 다루는 과학자까지도 그 영향권에서 벗어나지 못한다. 그런 점에서 이 두 분과는 다른 어떤 분과보다도 '정치적'이다.

이 두 분과가 정초한 이념적 지평 위에 정치학, 경제학, 심리학 등 나머지 학문분과들이 구축되었다. '교육과 지식'만이 구국의 길이라는 근대계몽기의 이념이 실현된 것일까. 헤아릴 수 없이 많은 대학들이 만들어졌고, 더불어 다종다양한 분과들이 범람하고 있다. 그런데 어찌된 일인지 전문성이 강화되고, 교육시스템이 정교해지면 질수록 대학은 더더욱 수렁으로 빠지고 있다. 게다가 1990년대 후반 이래 '인문학의 위기'에 대한 흉흉한 소문이 유령처럼 대학가를 떠돌고 있다.

대체 무엇이 '대학의 붕괴와 인문학의 위기'를 불러온 것일까? 누구나 인정하듯이 분과 사이의 견고한 장벽이 원인 가운데 하나라는 점은 분명해 보인다. 즉, 정교하게 나누면 나눌수록 지식이 깊어지는 것이 아니라, 실은 그저 좁아질 뿐인 것이다. 푸코는 말한다. "우리는 또한 우리가 현재 친숙해져 있는 분절들과 분류들을 의심해 보아야" 한다고. 그리고 이렇게 묻는다. "과학과 문학, 철학, 종교, 역사, 허구 등을 서로 대립시키는 그리고 이들로부터 일종의 거대한 역사적 개별성들을 만들어 내는 장르, 형식 또는 언설의 유형과 같은 구분을 인정할 수 있는가?"미셸 푸코, 『지식의 고고학』, 이정우 옮김, 민음사, 2000, 45쪽 이매진 노 커리큘럼!

하지만, 새로운 비전탐구가 단지 분과학의 경계를 넘고 전문성과 대중성을 횡단하는 차원에서 이루어지는 건 결코 아니다. 그 이전에 모든 분과학들이 발 딛고 서 있는 '부국강병'이라는 대지 자체를 뒤엎는 작업이 요구된다. 앎의 영토에서 '민족, 국가, 자본'의 흔적을 지워 버리기! 물론 그게 끝이 아니다. 궁극적으로 주체와 타자, 지식과 일상, 인간과 자연 혹은 인간과 기계 등 이 모든 항들을 대립적으로 설정하는, 근대적 인식론의 뇌관을 전복하려는 '무모한 열정'이

절대적으로 필요하다. 그때서야 진정, 우리는 새로운 앎의 매트릭스
로 진입할 수 있을 것이므로.

5. 맺으며 ─ '사막에서 번역하기'

이타카에 체류할 때의 일이다. 처음으로 연구실을 떠나는 터라, 그
저 푹 쉬다 올 생각뿐이었는데, 사람 팔자 알 수 없다고, 뜻하지 않게
이런저런 일들에 엮이고 말았다. 그중 하나가 이타카에 '번역캠프'를
차리게 된 일이다. 사연인즉 이렇다.

　　이타카는 개마고원보다 높은 지대라 겨울이 되자, 폭설은 기본
이고, 바람은 살갗을 파고들 정도로 거셌다. 추위도 벗어날 겸 견문
도 넓힐 겸 나는 서부여행을 나서기로 했다. 마침 그곳에서 유학 중
이던 후배들 셋과 함께였다. 후배들 어학공부에 도움이 될까 하여 나
는 '공동체의 철학'에 대한 칼럼 하나를 영어로 옮겨 보자고 제안했
다. 그리고 장난 삼아 우리는 그 프로젝트에 이름을 붙였다. '사막에
서 번역하기'Translating on the desert라고.

　　LA를 시발점으로 서부의 황량한 사막지대를 옮겨다니면서 낮
에는 관광을 하고, 저녁에는 모텔로 돌아와서 세 시간 정도 번역작업
을 해나갔다. 물론 나의 영어실력은 "Oh my god!" "Shut up!" "You
can try." 정도가 전부라 번역에 직접 참가하는 건 절대(!) 불가능했
고, 대신 번역분량을 체크하거나 이해하기 어려운 용어들을 풀어주

는, 일종의 분위기 메이커 역할을 담당했다.

여행하면서 웬 번역? 이렇게 생각하는 분들이 많을 것이다. 그러나 모르는 말씀! 사랑이든 우정이든 함께할 일이 있을 때 더욱 깊어지듯, 여행 또한 그러하다. 공동의 작업이 생기자 여행도 훨씬 탄력이 붙었다. 신비로운 정적이 감도는 '조슈아 트리', 폭풍의 언덕 '모하비 사막', 현란한 스펙터클과 슬롯머신으로 무려 25불을 따는 행운을 안겨 준 '라스베이거스' 등 우리의 여행은 긴장과 스릴의 연속이었다. 아울러 여행이 끝날 즈음 번역도 마무리되었다. 그리고 마침내 작은 기적이 일어났다. 번역을 앎의 원대한 비전으로 삼는 '번역캠프'를 열기로 작정한 것이다.

20세기 초, 조선에 서구문명이 번역되었다. 일본이라는 메신저를 통해. 새로운 낱말, 낯선 표상체계가 밀려왔고, 정말 순식간에 우리는 그 앎의 매트릭스 속으로 빨려 들어갔다. 말하자면, 일본은 번역을 통해 서구라는 새로운 세계를 이 땅에 이식시켜 준 것이다. 그후 20세기 내내 우리는 늘 '번역된 근대' 속에서 살아왔다. 아, 오해는 마시길. 새삼 서구문명에 대한 종속, 식민지적 종속성 등을 강조하며 핏대를 세울 생각은 조금도 없다. 다만, 번역이란 그저 단순한 소통의 방편이 아니라, 아주 이질적인 삶의 지평을 열어 주는 역동적 필드임을 환기하고 싶을 따름이다. 사카이 나오키酒井直樹의 표현을 빌리면, '이異언어적 말걸기'의 장이기도 하고. 무엇보다 20세기 내내 '서에서 동'으로만 향했던 방향을 이제 그 반대, 곧 '동에서 서로' 전환할 때가 되었음을 환기하고 싶었다.

그리고 그렇게 되어야 영어가 비로소 제국적 영토로부터 탈주할 수 있다. 짧은 미국생활 동안 내가 목격한 건 미국에는 '수많은 영어들'이 있다는 것이다. 이를테면, 미국에 사는 인종의 수만큼이나 많은 영어들이 범람하고 있었다. 그런가 하면, 우리 사회에는 여전히 영어에 대한 두 가지 극단적 태도가 존재한다. 하나는 '네이티브'native에 대한 동경, 다른 하나는 적대적 거부감. 이 두 가지는 겉보기엔 달라 보이지만 영어를 제국의 언어로 묶어 놓는다는 점에선 차이가 없다. 이제는 이 둘 사이에서, 아니 그 둘을 벗어나 영어를 탈제국화하는 운동을 시도해야 할 때다. 솔직히 말해, 영어보다 더 간단명료한 언어체계가 어디 있는가. 그걸 인정한다면, 영어를 적대시하기보다 오히려 국경과 인종을 넘어 전 지구적 연대를 모색하는 도구로 적극 활용해야 하지 않을까.

그리고 이보다 더 중요한 사항이 하나 있다. 번역은 집합적 활동으로서만 가능하다는 점이다. 시간과 정력이 엄청 요구되기 때문에 혼자서는 절대 불가능하다. 하지만 밴드로 움직이면 무엇이든 가능해진다. 그리고 거기에는 우리가 상상하는 것 이상의 심오한(!) 원리가 작동하고 있다.

마음이란 여러 면에서 단지 당신 안에만 존재하는 것이 아니라 다른 사람들, 당신 주변의 인적 자원 안에도 있다는 것입니다. 사람들은 컴퓨터를 이용해 사무실, 공장, 보트 등에서 일하는 작업팀을 연구합니다. 지능이 단지 그 사람의 두뇌에만 독단적으로 있는 것이 아니라 같이 일하는 사람 모두의 두뇌에 있으며, 사람들이 다른 일을 할 때는 다른 사람의 두뇌에 의존한다는 것이 밝혀졌습니다.

허버트 벤슨 외 지음, 『더 오래된 과학, 마음』, 조원희 옮김, 여시아문, 2003, 128쪽

그렇다. 우리의 두뇌는 스스로 알아서 '네트워킹'을 했던 것이다. 번역캠프는 이후 숱한 변천을 거쳐 지금 '감이당' & '남산강학원'에서 진행하는 '중구난방 어학당', '쿵푸스 온 더 로드' 같은 '글로벌'(^^) 프로그램으로 진화 중이다.

그럼 나처럼 영어의 문외한은 뭘하느냐구? 할 일 아주 많다! 일단 멤버들이 모여 편안하게 공부에 몰두할 수 있도록 뒷바라지를 해주어야 한다. 구체적으로 말하면, 쾌적한 공간을 제공하는 것, 아울러 차와 간식, 풍성한 식사를 제공해 주는 것이 그것이다. <웰컴 투 동막골>의 촌장님 말씀처럼 '멕이는 일'이야말로 밴드활동의 원동력이 아니던가. 거기다 앞으로 어떤 나라의 고전과 접속할지, 그 고전과 함께 어떤 여행을 기획할지, 또 거기에 소요되는 비용을 어떻게 확보할지 등등 말하자면 멤버들에게 실제적인 '꿈과 비전'을 제공해 주어야 한다. 그 과정에서 공간적으로는 동양의 지혜가 서구로 흘러가고, 시간적으로는 과거에서 미래를 탐구하는 '문명 간 교류'가 다채롭게 이루어질 것이다. 앎이란 이렇듯 국경을 넘어 흘러가고 흘러오는 것이다. 물론 그것은 엄청난 시간과 노력을 들여야만 가능한 작업이다. 하지만 그게 뭐, 대수겠는가. 함께할 벗과 스승, 평생을 두고 달려가야 할 꿈과 비전이 있다면, 그것으로 충분하지 않은가.

어디 그뿐이랴. 우후죽순처럼 생겨나는 곳곳의 배움터에서 앎이 일상의 혁명이자 공동체적 실천의 장이 되는 기적들이 곳곳에서 연출되기를 바란다. '사막에서 번역하기'를 통해 우리가 그랬던 것처럼.

부록 : 영화로 읽는 근대성

황산벌―거시기! 표상을 전복하다
서편제―'한'(恨)과 '예술'의 은밀한 공모

황산벌—거시기! 표상을 전복하다

'거시기'의 범람

<황산벌>은 참, '거시기한' 영화다. '황산벌 전투'라는 엄숙하기 그지 없는 역사를 심하게 비틀어 버렸다는 점에서도 그렇고, 무엇보다 '거시기'라는 낱말이 시종일관 난무하고 있다는 점에서 그렇다.

> "계백아!"(의자왕)
>
> "야"
>
> "니가 거시기허야것다."(의자왕)
>
> ......
>
> "왜? 벌써 갈라고?"(의자왕)
>
> "거시기할라믄 일찍 자야지라."(계백)

황산벌 전투가 결정되는 비장한 순간이다. 여기서 키워드는 당연히 '거시기'다. 하지만 거시기는 그 자체로는 아무것도 지시하지 못한다. 그것의 용법은 전적으로 상황과 맥락에 달려 있다. 어떤 상황에서도 다 쓸 수 있지만, 일단 상황과 맥락을 떠나는 순간, 그것은 온통 '비의'로 가득차게 된다. 의미가 너무 많거나 아니면 아무런 의미도 없거나. 계백이 부하들에게 하달한 명령, "머시기할 때꺼정 갑옷을 거시기한다"는 평범하기 이를 데 없는 문장이 최고의 고난도 암호가 되는 것도 그 때문이다.

이 영화가 보여 주는 바, 거시기의 변이능력은 실로 눈부시다. 주어와 서술어, 부사어 사이를 제멋대로 넘나들 뿐 아니라, 품사적으로는 동사와 관형사, 고유명사까지 거침없이 종횡한다. 최후에 살아남은 농민, 그의 이름도 '거시기'다. 거시기의 맹활약에 의해 황산벌 전투에 담긴 거대표상들은 삽시간에 각개격파된다. 이름하여, 거시기의 전복적 배치! 영화 <황산벌>이 근대성과 만나는 지점은 바로 여기다.

계보학적 전투

여기 두 개의 계보학이 존재한다. 하나는 기원의 은폐를 통해 정통성을 구축하려는 근대적 계보학이고, 다른 하나는 기원을 파헤침으로써 전도의 과정을 보여 주는 탈근대적(니체식) 계보학이다. 전자는 어떤 가치나 개념의 기원을 가능한 한 멀리 끌어올림으로써 거기에 강력한 권위를 부여하고자 한다. 반면 후자는 어떤 엄숙한 표상도 고유한 진리가 아니라 다만 시대적 배치의 산물임을 환기하고자 한다.

영화건 드라마건 대개의 사극은 단연 전자의 입장을 취한다. 민족사의 위대한 순간을 담아내거나 아니면 영웅의 일대기를 장엄한 서사로 그려 내는 경우, 예컨대 <불멸의 이순신>, <주몽>, <태왕사신기> 등이 바로 그렇다. 한편, 궁중사극이나 역사퓨전극 또한 질감은 다를지언정 기본적으로 전제가 크게 다르지 않다. 아무리 현대적 감각으로 덧칠한다 해도 일단 역사를 다루는 순간, 그 '시간적 무게'가 내뿜는 아우라에서 벗어나기란 쉽지 않기 때문이다.

하지만 영화 <황산벌>은 이런 식의 중력장을 과감하게 배반한다. 감독의 상상력은 참으로 엉뚱하다.(아니, 무모한가?) 야사도 아니고, 궁중비화도 아닌, 삼국통일의 기념비적 사건에 속하는 황산벌 전투에 감히 탈근대적 계보학의 망치를 들이대다니. '우리 배달민족'의 고매하고도 신성한 표상들을 이렇게 제멋대로 가지고 놀다니. 겁도 없이!

이 영화가 망치를 휘두르는 대상들은 민족, 역사, 언어 등 근대적 주체생산의 핵심기제에 속한다. 먼저 민족은 신분으로 나뉘었던 중세적 신민들을 근대적 국민으로 재배치하는 데 결정적 역할을 한 표상이다. 20세기 초 서구의 도래와 함께 이 땅에도 '민족'이라는 상상의 공동체가 구축되었다. 그에 힘입어 중세사회를 지배했던 모든 차이와 이질성들이 한방에 봉합될 수 있었다. 물론 민족이라는 '상상의 공동체'가 가능하려면 그 공동체의 외부(혹은 적), 즉 타자의 존재가 필요하다. 신채호식으로 말하면, 아我와 비아非我의 투쟁이 전제되어야 한다. 이 투쟁의 '대서사'가 바로 역사다. 아득한 고대로부터 면면히 이어져 온, 순수한 혈통으로 구성된 단일민족의, 타자들의 침략에 맞서 싸운 투쟁들의 신성한 궤적, 그것이 바로 역사에 대한 근대적 표상이다.

또 우리말은 이런 장엄한 역사를 가진 우리 민족의 신성성과 단일성을 보장해 주는 결정적 요소다. 20세기 초 우리말의 문법적 기초를 마련한 주시경 선생에 따르면, "하늘이 이 구역을 경계짓고 우리 인종의 시조를 낳고 그 소리를 부여하매, 이 지역에서 이 인종이 이 소리를 말하여 언어를 만들고 그 언어로 사상을 서로 전달하여 장백산의 사방으로 뻗은 강역에 번성하더니 허다한 시대를 경과하여 단군 성인이 개국하신 이래로 신성한 정교를 사천 년 동안 전하니 이는 천연특성의 우리 조선어다".

'민족어'라는 신성한 표상은 바로 이런 식의 담론적 배치 속에서 탄생되었다. 반도라는 지리적 위치, 인종과 소리, 조선어와 조선문, 이 모든 것은 하늘이 부여한 신성불가침의 것이다. 그럼 한문은? 그건 중국의 것이다.(맙소사!) 민족과 역사와 언어, 그 황홀한 삼위일체를 믿어 의심치 않은 것이다.

이후 이런 식의 거대담론은 한국인의 무의식을 완벽하게 장악해 왔다. 감히 누구도 그것의 진리성을 의심하지 않았다. 1990년대 이후 민족담론의 다양한 해체가 진행되어 왔건만 그것은 어디까지나 인문학의 지형에서나 일어난 일일 뿐, 대중문화 영역에선 오히려 더 원색적으로 강화된 감이 없지 않다. <주몽>, <광개토대왕>, <대조영>으로 이어지는, 저 만주벌판에 대한 참을 수 없는 욕망을 보라! 아마 앞으로도 이런 추세는 변함없이 계속될 것이다. 왜냐하면 이 담론들은 논리적 정합성이 아니라 정서적 공감을 통해 작동하기 때문이다. 즉, 민족이 '상상의 공동체'라는 걸 아무리 논리적으로 증명한다 해도 그것이 불러일으키는 '세대공감'의 영역은 결코 축소되지 않는다. 민족이 허구라고? 그래 좋다! 허구면 어떻고 가상이면 어떤가? 우린 그걸 붙들지 않곤 살아갈 수 없는 걸, 뭐 이런 식이다. 대중문화는 바로 이 논리로 환원되지 않는 '정서적 지대'를 집요하게 물고 늘어지는 것이다.

이준익 감독 역시 그 점에 착안한다. 그는 절대 개념적 차원에서 대결하지 않는다. 그보다는 담론들이 거느리고 있는, 혹은 그 담론들이 으레 환기해 왔던 '정서적 특권'들을 집중포격한다. 그러자, 특권이 사라진 자리에 수많은 정서들의 전투가 벌어진다. 당혹스럽고, 우스꽝스럽고, 혹은 썰렁하고 혹은 토할 것 같고. 니체식으로 말하면, '정서들의 과잉상태'가 만들어지는 것. 이것이 영화 <황산벌>이 수행하는 계보학적 전투의 전략전술이다.

태초에 방언이 있었다?

보르헤스가 쓴 소설 가운데 「피에르 메나르, 『돈키호테』의 저자」라는 단편이 있다. 20세기의 작가 피에르 메나르가 『돈키호테』를 다시 쓴다는 것이 주내용이다. 메나르는 혼신의 노력을 기울인 끝에 『돈키호테』의 몇 페이지를 그대로 베껴 놓은 작품을 완성한다. 보르헤스는 이 작품이 원텍스트에 비해 '거의 무한정할 정도로 풍요롭다'고 극찬을 아끼지 않는다. 이유는? 세르반테스가 구사한 언어는 동시대의 평범한 스페인어지만, 20세기 프랑스 작가 메나르가 시도한 문체는 17세기 스페인의 고어체라는 것. 그러니 얼마나 개성이 넘치는 문체냐며 호들갑을 떨어댄다. 언어는 용법이자 배치의 산물이라는 걸 이런 괴팍한 방식으로 말하고 있는 것이다.

또 하나. 루쉰의 저작 가운데 『새로 쓴 옛날 이야기』故事新編라는 작품집이 있다. 중국의 신화 혹은 신화에 가까운 역사적 사건들을 현재적 관점에서 '리라이팅'한 작품이다. 예를 들면, 월궁 항아姮娥가 자신의 남편인 활의 명인 '예'羿를 버리고 달나라로 도망간 건 "까마귀 짜장면"을 먹는 게 지겨웠기 때문이라거나, 노자가 『도덕경』을 강론할 때 그 자리에 있던 사람들이 내둥 졸았다든가 또 그가 열나게 설파한 '무위자연'을 그저 실직자의 윤리 정도로 이해했다든가, 한마디로 고전적인 사건들을 기술하면서 신비로운 아우라를 다 걷어내고 평범한 일상의 언어로 재구성해 버린 것이다. 결과는? 뭐라 형언하기 어려운 당혹감과 썰렁함이 전신을 휘감는다. 보르헤스와 좀 다른 방식이긴 하지만, 루쉰의 실험 역시 이질적인 언어를 하나의 평면에 놓음으로써 아주 낯설고 특이한 정서적 효과를 자아내기 때문이다.

<황산벌>의 전략은 한편 보르헤스적이고, 다른 한편 루쉰적이

다. 언어를 전혀 낯선 배치 속으로 밀어 넣었다는 점에선 보르헤스적이고, 역사적 사건에 담긴 비장한 아우라를 가차 없이 지워 버렸다는 점에선 루쉰적이다. 화면이 열리면, 당나라 황제가 고구려, 백제, 신라의 '대빵'들을 모아 놓고 4자협상을 시작한다. 당나라를 중심으로 천하의 질서를 바로잡기 위해서다. '정권의 철학적 정통성', '정치적 경륜', '국론통일' 같은 거창한 말들이 오가지만, 그건 그야말로 명분일 뿐 실제상황은 당과 신라(김춘추) 대 고구려(연개소문)와 백제(의자왕) 사이의 대결구도, 그리고 김춘추와 의자왕 사이의 뿌리 깊은 원한관계다. 가장 먼저 관객의 시선을 붙드는 건 그들이 주고받는 말들의 억양이다. 당나라 황제는 촐싹거리는 중국어 발음으로, 연개소문은 평안도 사투리로, 김춘추는 경상도 사투리로, 의자왕은 전라도 사투리로 옥신각신하고 있다. 순간, 관객들은 홀딱 깬다! 무슨 특별한 장치가 있어서가 아니라, 그저 '있는 그대로'를 보여 주기 때문이다. 사실 사투리라는 말은 틀렸다. 각기 자기 나라 말로 한 것일 뿐이다. 그야말로 역사적 사실에 충실한 재현 아닌가. 그런데 왜 이렇게 그로테스크하게 보이는 거지?

역사적 사실이란 게 본디 그렇다. 워낙 망상으로 직조된 것이라 그것들을 걷어내고 '날것 그대로'를 마주하게 되면 그 자체로 당혹스럽기 짝이 없다. 루쉰의 말대로 사실보다 더 풍자적인 건 없는 셈이다. 관객들은 '그렇지! 원래 삼국의 언어는 지역방언이었지, 그러니 지금도 엄청 다른데, 그때야 뭐 상상 이상으로 달랐겠는걸' 하고 이성적으로는 충분히 납득하면서도 정서적으로는 엄청난 혼란에 빠지게 된다. 이때부터 당나라 황제를 비롯하여 삼국의 왕들이 한낱 '조 폭 오야붕'처럼 보이기 시작한다. 사투리를 쓰게 되면서 권력의 '쌩 얼'이 그대로 드러나기 때문이다.

> "전쟁은 정통성 없는 놈들이 정통성 세우려고 하는 기야."(연개소 문)
> "천하의 질서를 어지럽히는 '악의 축'으로 선포한다!"(천자)
> "악의 축 정도가 아니라, 악의 덩어리라카이."(김춘추)
> "까라면 까!"(천자)

이들의 대사는 절대 개그가 아니다. 배우들의 연기나 미장센은 기존의 사극 못지않게 진지하고 중후하다. 하지만 그래서 더더욱 소 격효과의도적으로 관객의 정서를 차단하는 낯설게 하기 수법가 증폭된다. 사실 사투 리가 아니라면 이런 식의 노골적인 대사는 절대 불가능하다. 즉, 여 기서 사투리를 쓴다는 사실과 자신들의 권력욕을 있는 그대로 드러 낸다는 사실은 뗄 수 없이 결합되어 있다. 절대권력을 지닌 왕들의 사투리라? 거기다 어떤 포장이나 포즈도 없이 그대로 드러나는 권력 투쟁이라니. 참으로 당혹스런 배치 아닌가.

주지하듯, 사투리는 표준어의 변경지대를 담당한다. 20세기 초 민족어의 신성함이 부각되면서 가장 먼저 이루어진 작업이 표준어 를 만드는 일이었다. 그와 더불어 언어의 지역적·계층적 차이들이 표준어의 장 속에 모조리 흡수·통합되었다. 이후, 사투리는 '덜 근대화되고, 좀더 가난하고, 덜 지적이고, 머리보다 몸을 쓰는 하층민들의 언어'라는 이미지가 강력하게 각인되어 버렸다. 그래서 아무리 높은 지위나 권력을 가지고 있다 해도 사투리를 쓰면 누구든 친근하고, 만만하게 보인다. 정통사극에 나오는 상류층이 언제나 가장 세련되고 중후한 표준어를 쓰는 이유도 여기에 있다. 따라서 이 영화에서 네 명의 제왕들이 아무리 진지하고 엄숙하게 기싸움을 해도 관객들은 감정이입이 불가능하다. 왜냐? 관객들은 표준어로 사유하기 때문이다. 라캉이 "언어는 무의식이다"고 했을 때 지금 한국인의 무의식을 직조하는 건 어디까지나 표준어다. 하지만 그렇다고 사투리를 다루는 개그 프로그램을 보듯 마음껏 포복절도할 수 있는 처지도 아니다. 그래서 헷갈린다. 웃어야 하나 말아야 하나. 실제로 후반부에 가면 사투리 자체만으로는 더 이상 웃기지 않는다. 감성이 이미 익숙해져 버린 탓이다.

아무튼 이런 식의 소격효과는 영화 전편을 가로지른다. 오프닝 장면이 끝나고 영화가 본격적으로 시작되면, 서기 660년 6월 백제 사비(부여)궁. 의자왕을 위시하여 왕자들과 중신들이 모여 있고, 첩보원들이 달려와 전황을 보고한다.

전라도 병사, "허벌나게 많당게요."

충청도 병사, "거시기, 있잖어유~"

아, 그렇군. 백제 안에서도 전라도와 충청도는 언어가 상당히 달랐으리라. 이어지는 장면. 인천 앞바다에 소정방의 13만 대군이 들어오면서 신라군 5만이 이동하기 시작했다. 백제 당국은 이 군대가 과연 고구려와 백제 가운데 어디를 향할지를 알아내기 위해 신라군영으로 첩자들을 침투시킨다. 첩자들이 넘어야 할 가장 큰 장애물은 다름 아닌 신라말!

　　"마지막으로 입 한번 풀어 불자. 안녕하십니꺼? 고맙습니데이, 그
　　랬능교? 아인교? 어데예? 은제예? 문디 자슥, 문디 가시나, 가시나."
　　"으메, 신라말 징하게 어렵다이."

　　뜻밖에도 신라말은 다소 여성적으로, 백제말은 거칠고 터프하게 설정되어 있다. 통상적으론 경상도 사투리가 훨씬 억세고 시끄럽게 느껴지는데…… 아무튼 그렇다 치고 나름 치밀하게 준비했음에도 첩자들은 곧바로 정체가 들통난다. '쪼까, 거시기해불게 그라제', 자기도 모르게 이런 어휘들이 튀어나온 탓이다. 아다시피, 이 말들은 지시적 속성이 거의 없다. 이를테면, 잉여적 표현에 해당한다. 하지만 이 표현들이야말로 그 지역방언의 가장 고유한 특이성에 해당한다. 어조와 뉘앙스, 화법 등의 차이를 만들어 내는 결정적 요소인 까닭이다. 따지고 보면, 이런 말들을 자유자재로 구사할 수 있으면 그 지역의 언어는 다 마스터했다고 할 수 있다.
　　자, 상황이 이렇다면, 한번 따져 보자. 민족어 혹은 표준어라는 표상에는 애초부터 신성한 우리말이 존재했다는 전제가 놓여 있다. 그렇다면 이 영화에 나오는 온갖 이질적인 말들 중 어느 것이 순수한 우리말인가? 아니, 그 이전에 언어가 순수하다는 것이 가능하기

나 한가? 박노자의 전언에 따르면, 일제시대에 함경도 사람과 제주
도 사람이 만나면 도저히 말이 안 통해서 일본어로 대화를 했다고 한
다. 지금도 제주도 방언은 통역 없이는 소통이 불가능하다. 어디 그
뿐인가. 지금 우리가 쓰는 표준어는 또 얼마나 잡다한가. 일제시대엔
일본어가, 해방 이후엔 영어가 잡탕으로 뒤섞여 있다. 요컨대 '순수한
우리말'은 한 번도 순수했던 적이 없었다. 언어는 태초부터 잡식성이
고, 최초의 언어는 방언일 뿐!이에 대한 자세한 내용은 윤세진, 『언어의 달인, 호모 로
퀜스』, 북드라망, 2013의 2장을 참조할 것.

　이렇게 이 영화는 근대 이전, 한반도 안에는 무수한 언어들이 범
람하고 있었음을 끊임없이 환기한다. 말과 말들이 충돌하면서 일으
키는 사건들의 연쇄! 뒤에서 다루게 될 암호명 거시기, 욕설대결 등
은 그 하이라이트에 해당한다. 이 이질적 언어들의 각축을 따라가다
보면, 다만 민족어의 고유한 표상은 물론이려니와 삼국통일이라는
'대서사'에 담긴 중력장마저 와해되어 버린다. 그것은 고매하고 신성
한 기념비적 사건이 아니라, 그야말로 온갖 이질적인 힘들의 좌충우
돌이 낳은 우발적 사건일 따름이다.

'민족'은 없다!

20세기 초 신채호는 일본제국주의에 맞서기 위해 '을지문덕주의'를
주창한 바 있다. 을지문덕을 통해 고구려 제국의 영광을 되살리고자

한 것이다. 우리 시대가 끊임없이 소환하고 있는 고구려주의의 원천은 바로 거기에 젖줄이 닿아 있다(2007년 정부에서 만들었던 한미 FTA 광고에는 광개토대왕이 아메리카 대륙으로 진군하는 장면을 전면배치하고 있었다). 물론 신채호의 을지문덕주의와 우리 시대의 고구려주의 사이엔 엄청난 차이가 있다. 전자가 일본제국주의의 침탈에 맞서기 위함이었다면, 후자는 이 땅에 미제국주의를 이식하기 위함이다. 오, 이 기막힌 아이러니!

다른 한편, 신채호의 시대가 지나고 1920년대 중반에 가면 조선주의가 또 다른 축을 형성한다. 시조부흥운동을 시발로 하여 모든 역사와 전통이 조선을 중심으로 재편되기 시작한 것이다. 더 거슬러 올라가면 삼국시대는 신라가 중심이 된다. 왜? 통일을 이루었으니까. 당나라를 끌어들인 거라든지, 영토가 한반도 내로 축소되었다든지 하는 문제는 슬쩍 외곽으로 밀려난다.

고구려주의와 조선주의! 한국인의 역사적 상상력은 이 두 가지 기호를 중심으로 구축되어 있다. 부국강병과 영토확장에의 욕망은 전자에서, 문화적 우월감과 자존심은 후자에서 이끌어 내곤 하는 것이다. 하지만, 사실상 이 두 가지는 양립불가능하다. 전자가 유목적 기반에 근거한다면, 후자는 농경적 정착에 뿌리를 두고 있다. 후자의 관점에서 보면 전자는 야만이요 오랑캐에 해당한다. 조선이 청나라를 되놈이라고 멸시했던 것도 그들이 바로 만주벌판을 떠도는 유목민이었기 때문이다. 만주는 곧 고구려의 옛강토이기도 하다. 또 전자의 관점에서 보자면, 후자는 한심하기 짝이 없다. 신라시대 이후 계속 외세에 의존해 왔고, 특히 조선은 중화주의에 예속되어 종국에는 나라를 말아먹은 왕조이기 때문이다. 철저한 고구려주의자였던 신채호의 관점이 그러했다. 그가 보기에 김춘추는 삼국통일의 위업을 달성한 인물이 아니라, 외세와 결탁하여 나라를 팔아먹은, 결코 용서받을 수 없는 매국노에 해당한다. 김춘추가 이럴진대, 여타 다른 인물들이야 말해 무엇하리.

아무튼 이럼에도 불구하고 근대 민족담론은 그때그때마다 이 두 개의 코드를 임의대로 불러내곤 했다. 그래서 한국인들은 때로는 만주벌판을 내달리는 자랑스런 고구려인의 후예가 되었다가, 때로는 도포자락 휘날리는 선비의 후예가 되었다가 한다. 쩝! 일종의 집단분열증이라고나 할까.

하여, 영화는 이 두 가지 표상을 동시에 격파한다. 연개소문의 무데뽀나 김춘추의 야비함, 의자왕의 비굴함 등, 삼국 어디에도 역사적 정통성이란 없다. 게다가 의자왕과 김춘추 사이엔 대의명분보다는 사사로운 원한관계가 더 지배적이다.

"의자 그 새끼 신병 처리만은 내 손으로 해야 한데이."(김춘추)

삼국의 내부사정도 만만치 않다. 신라의 경우, 먼저 통일의 주역으로 칭송되는 김춘추와 김유신 사이의 갈등도 장난이 아니다.

"몬 되면 내 탓이고, 자알되믄 다 매제 니 꺼네?"(김유신)

"김유신 같은 꼰대는 안 믿는데이."(김춘추)

김춘추의 둘째아들 김인문의 꼬라지는 더 가관이다. 김인문은 소정방의 부관으로 당나라 관복을 입고 돌아온다.

"내는 신라왕자 신분보다 당나라 관직이 우선이다. 난 이제 신라편 몬 든다."(이런 싸가지!)

전쟁이 시작된 다음에도, 내분은 더욱 격화된다. 골품제도도 복잡한 데다 서로 혼인관계로 뒤얽혀 있어, 조카이자 사위요, 매제이자 처남인, 한마디로 '아사리 난장판'이 따로 없다! 역사책에 기록된 삼국통일을 향한 거룩한 연대나 숭고한 연합 따위는 눈을 씻고 찾아도 없다.

나당연합군의 침공을 받은 백제의 경우, 중신들과 왕자들의 이전투구는 눈뜨고 보기 어려울 지경이다. 의자왕이 중신들한테 사병들을 내놓으라고 명령하자, 중신들 왈, "왕이라고 해준 건 쥐뿔도 없음서 툭하면 군사를 내라 마려여." 의자왕이 나라가 망하게 생겼다고 윽박지르자, 그들의 아쌀한 대꾸. "이 나라가 우덜 나란가? 부여씨 나라제." 결국 아내와 자식을 몽땅 죽이고 나온 계백이 이판사판식 협박——"나한테 뒤질래? 아니면 두당 군사 500씩 내놓을래?"——을 하고 나서야 황산벌 전투의 결사대가 간신히 꾸려진다.

그런가 하면, 의자왕과 계백의 관계도 만만치 않다. 둘은 적어도 철딱서니 없는 왕자들이나 자기 밥그릇만 챙기는 중신들처럼 속물적 이해관계로 얽혀 있지는 않다. 나름 깊은 신뢰를 주고받는 관계다. 황산벌 전투가 일어나기 직전, 궁 안 내전에 의자왕이 홀로 앉아 있다. 계백이 문을 열고 뚜벅뚜벅 걸어 들어가 무릎이 깨져라 철푸덕! 꿇어앉는다. 이어지는 대사.

"아야, 무릎 깨져야! 아, 뭘러 그리 쎄게 앉냐? 헌디 거 바닥 괜찮여? 싸게 올라와서 편히 앉거."(의자왕)
"아따, 뭣 할라고 혼자 술은 자시고 계쑈잉! 근디 이것들이 안주도 안 갖다 놓고 뭐하는 거시여?"(계백)

거의 조폭 오야붕과 넘버 투의 관계라고나 할까. 동시에 황산벌 전투와 계백장군을 휘감고 있는 비장한 아우라가 순식간에 걷혀 버린다. 따지고 보면, 계백 또한 고매하고 신성한 대의명분이 아니라, 자기 나름의 욕망에 의해 움직인다. 즉, 그는 '전쟁의 화신'이다. 전쟁을 통해서만 자신의 존재감을 느낄 수 있는, 일종의 전쟁기계다. 뒤에 다시 나오겠지만, 전쟁영웅이라는 이름을 얻는 것, 그것이 바로 그의 욕망이다. "호랑이는 죽어서 거죽을 남기고, 사람은 죽어서 이름을 남긴다."――이것이 계백의 지상명제다. 전쟁터에 가기 전 아내와 세 아이를 감히(!) 죽일 수 있었던 것도 이 때문이다.

상층부가 이럴진대, 일반 평민들이야 말해 무엇하리. 신라고 백제고 간에 일반 병사들은 농사짓다 느닷없이 끌려온 사람들이다. 그들에겐 애시당초 나라나 민족이라는 단위와 아무런 관련이 없다. 백제군 첩자들이 신라군영에 침투하기 직전에 하는 말, "이 작전이 성공해 불면 우리는 집으로 갈 수 있다고 했다." 그들에겐 나라를 구하는 일보다 집으로 돌아가는 것, 돌아가서 씨를 뿌리고 나락을 거두는 일이 더 중요하다.

신라군영에 들어가 이것저것 유도심문을 해대는 이 첩자들한테 신라군사가 하는 말, "야, 임마, 우리가 고구려랑 백제랑 거 뭔 상관이고, 응? 언제 글마들이 요짝으로 가까요 하고 허락받고 가드나?" 전쟁의 목적지나 의미 같은 건 알 수도 없거니와 알 필요도 없다. 다만 살아남아 집으로 돌아가면 그뿐인 것이다.

이런 식으로 이 영화는 '삼국통일'과 '황산벌 전투'을 휘감고 있는 거창한 아우라를 가차없이 날려 버린다. 요컨대, 민족은 없다! 존재하는 것은 다만 서로 다른 힘과 욕망들 사이의 마주침뿐! 아마도 니체라면, 이렇게 말했으리라.

사물들의 역사적 시초에서 발견되는 것은 신성불가침의 동일성이 아니라, 이질적인 사물들의 질서이다. 기원에는 단단한 원자가 보석처럼 반짝이는 게 아니라, 수많은 사물과 사건들이 '직물처럼 엮여 있다'. 고병권, 『니체의 위험한 책, 차라투스트라는 이렇게 말했다』, 그린비, 2003. 416쪽

전쟁은 미친 짓이다!

제목에서 보듯, 이 영화는 전쟁영화다. 소정방이 13만 대군을 이끌고 인천 앞바다에 상륙했다. 김유신이 이끄는 신라군 5만과 함께 백제를 치기 위해서다. 나당연합군의 최고지휘자 소정방은 김유신에게 명령한다. 당나라 군대의 보급품(쌀)을 가지고 7월 10일까지 기벌포에 당도하라고. 기벌포는 백제의 땅이다. 기벌포로 들어가기 위해선 반드시 황산벌을 통과해야 한다. 황산벌이 백제군과 신라군의 최후의 격전지가 된 건 이 때문이다.

앞에서 충분히 확인했듯이, 애시당초 고매한 이념, 신성한 명분 같은 건 없다! 선도 없고, 악도 없다. 누가 더 옳지도 않고, 누가 더 그르지도 않다. 김유신은 김유신대로, 계백은 계백대로 자기의 길을 갈 뿐이다. 그러므로, 이 전쟁은 '전쟁기계'들 사이의 '서바이벌 게임'이다. 단지 이기는 것, 아니 오직 살아남는 것 말고는 어떤 방향도, 목적도 없다. 백전노장 김유신은 말한다. "세상은, 강한 자가 살아남는 기 아니라, 살아남는 자가 강한 기야."

왜? 살아남는 자가 전쟁의 서사를 마음대로 쓸 수 있기 때문이다. 패배한 자는 이 서사의 기술에서 배제된다. 죽은 자는 말이 없으니까. 대의도, 명분도, 정통성도 다 그렇게 해서 만들어져 왔다. 김유신은 이 전쟁의 역학을 정확히 꿰뚫고 있다. 해서, 전쟁은 미친 짓이다! 다시 김유신의 입을 빌리면, "미친 놈들이 하는 짓", "미치지 않고는 할 수 없는 짓", 그게 바로 전쟁이다.

이렇듯, 이 영화는 역사적 표상을 해체함과 동시에 전쟁에 대한 어떤 환상과 포즈도 용납하지 않는다. 전쟁영화의 문법적 궤도에서 완전히 벗어나 있는 것. 하지만 바로 그렇기 때문에 아주 이질적인 전쟁의 국면들이 생생하게 펼쳐진다.

제1라운드— 코드명 '거시기'를 풀어라

"계백아, 니가 거시기해야것다."(의자왕) 여기서 거시기는 '황산벌을 막아야겠다'는 의미다. "역시 밥은 전쟁터에서 묵는 밥이 젤 거시기 혀."(계백) 여기서 '거시기'는 맛있다, 꿀맛이다, 뭐 이런 뜻이리라. 일단 이 두 마디만으로도 계백이 그간 얼마나 많은 전쟁터를 누비고 다녔는지를 짐작하고도 남음이 있다. 그래서 그에게는 긴 말이 필요없는 거다. 거시기, 이거 한마디면 충분하다.

계백에게 주어진 군대는 5천. 이 5천으로 신라군 5만을 상대해야 한다. 계백이 부하들에게 말한다. "그동안 안 죽고 살아 있느라 수고혔다. 느그들! 나랑 거시기해야겄다." 여기서 거시기는 '죽기살기'로 싸우자는 뜻이다. "죽기 전에 신라군 열 명씩 죽이고 죽어라. 할당량 채우지 않고 죽으면 내 손에 죽는다." '죽다'라는 단어의 용법이 이렇게나 많을 줄이야, 허 참. 이름하여, 황산벌 결사대! 결사대는 배수진을 쳐야 한다. 그들의 배수진은 갑옷을 꿰매 버리는 것. 그리고 인류 역사상 가장 단순무식한 작전명이 하달된다.

"머시기할 때꺼정 갑옷을 거시기한다!"

이 문장에는 '때, 갑옷' 말고는 구체적인 지시어가 전혀 없다. 하지만 이게 뭘 뜻하는지는 삼척동자도 알 수 있다. '이길 때까지는 절대 갑옷을 벗지 않는다'는 것이 그것. 어떻게 아냐고? 그냥 안다! 그것이 언어의 현장성이다. 보르헤스와 루쉰의 실험이 보여 주었듯, 낱말들이란 고유한 의미가 있는 것이 아니라, 그 말이 쓰이는 특별한 현장이 있을 뿐이다. 하지만 현장에서 벗어나 '홀로서기'를 하는 순간, 이 말은 천고에 드문 수수께끼가 되어 버린다. '언어가 정보적이고 소통적'이라는 근대 언어학의 공준을 통렬하게 뒤집고 있는 장면이다.

첩자로부터 이 코드명을 전달받은 신라진영은 동요한다. 전문적인 암호해독가가 프리젠테이션을 통해 치밀한 분석에 들어간다. 결론은? "죽어도 모르겠심니다." 덧붙이는 멘트, "지가예, 암호해독 20년에 이런 고난도 암호는 보도 듣도 못했심니다." 그랬을 테지. 이렇게 용법이 많은 단어도 흔치 않으니까. 하지만 반드시 풀어야 한다. 그래서 하는 짓이라는 게 음절을 낱낱이 해체하는 것이다. 거. 시. 기. 머. 시. 기 등으로. 맙소사! 더한층 분절화시켜 버린 것이다. 이렇게 쪼개 놓고 보니 무려 120만 6,128가지의 용례가 나오고, 그중에서 최종적으로 361가지로 압축되었다. 진짜 비밀은 숨겨진 것이 아니라, 만천하에 그대로 드러난 것이라는 말이 있다. 거시기가 바로 그런 경우다. 거시기한테는 어떤 고정된 의미망이 없다. 앞뒤에 뭐가 오느냐에 따라 자유자재로 변신할 뿐이다. 수많은 의미들이 범람하기 때문에 지각불가능한 코드가 되어 버린 기호, 거시기! 결국 신라군은 진군을 멈춘다. "거시기의 정체를 정확히 파악할 때까진 총공격을 절대 몬한다카이."(김유신)

계백은 계산이 없다. 아니, 계산하고 자시고 할 게 없다. "아쌀하게 거시기하는" 것 말고 달리 뭐가 있겠는가. 반면, 김유신은 엄청 잔머리를 쓴다. 하나하나 치밀하게 재고 또 잰다. 무데뽀로 달려드는 적을 '오만 가지'로 계산을 하면? 당연히 계산하는 쪽이 지게 된다.

1라운드 : 계백의 승리.

제2라운드— 우리의 '욕'이 우리의 무기다!

전쟁터에도 일상이 있다. 병사들은 살이 튀고 피가 흐르는 전투만 하는 것이 아니라, 밥도 먹고 잠도 자고 휴식도 취한다. 그런 것을 일러, 참호전이라고 한다. 루쉰에 따르면, 어떤 전쟁터에선 참호에서 전람회도 열렸다고 한다. 생각해 보라. 전람회를 준비하다가 적이 공격해 오면 후다닥 뛰어나가 적을 향해 총을 쏘는 장면을. 그러다가 옆에 있는 전우가 죽으면 슬픔과 분노에 싸여 전율하다가 또 다시 전람회를 준비하고. 좀 낯설긴 하지만, 따지고 보면, 지극히 당연한 모습이기도 하다. 전투와 일상이 하나의 리듬을 타는 것, 이것이 전쟁의 진짜 모습이 아닐까.

이 영화는 참호전의 다양한 양상을 보여 준다. 맞짱——양쪽 진영의 대표선수들이 나와 활과 창검으로 한판 뜨는 일종의 이벤트다. 물론 목숨이 달려 있다. 탐색전——일종의 응원전이다. 노래를 통한 기싸움인데, 운동회나 월드컵 때 하는 노래들처럼 명랑하고 유쾌하다. 뱃노래, 쾌지나칭칭나네, 우리집에 왜 왔니 등등.

최고의 압권은 신경전이다. 이름하여, 욕설의 대향연! 신라군이 백제군을 참호 밖으로 끌어내기 위해서 고안한 작전이다. 신라군 선발대가 백제군 참호로 다가온다. 창검을 던지고, 방패를 내려놓고, 마지막으로 갑옷을 벗는다. 무장해제를 한 것이다. 어리둥절한 백제군을 향해 신라군들은 경상도 지역의 무지막지한 욕설들을 쏟아낸다. '문디새끼들'을 중심으로 성행위를 표현하는 저급한 주먹질과 엉덩이까기 등등. 동요하는 백제군. 거의 쓰러지기 직전이다.

이에 질세라, 백제군은 초강경책을 쓴다. 나면서부터 욕을 물고 나온다는 '보성, 벌교' 출신들을 뽑아 선발대를 짰다. 과연 선발대답게 '니미랄 육시랄 씨부럴'을 위시하여 온갖 엽기적이고 추악한 상황에 대한 묘사가 난무한다. 한 명씩 돌아가면서 어마무지한 욕설을 쏟아내면 후렴구처럼 선발대 전체의 코러스가 울려 퍼진다. "씨벌~". 더 이상 더러울 수 없고, 더 이상 유치할 수 없는 이 욕설의 대공세 앞에서 신라군들은 게거품을 물고 쓰러진다. 역시 계백군의 승리.

이 시퀀스는 두 가지 점에서 전복적이다. 하나, 이미 짚었다시피, 우리의 고유한 말이라든가 민족어라는 표상에 숨어 있는 고귀함을 여지없이 무너뜨린다. 욕설의 향연에서 민족어의 고귀한 기원을 찾는 이는 없으리라. 신성한 소리, 고귀한 언어 따위는 없다. 삶이 잡스런 만큼 언어도 잡되다. 욕설만큼 그 잡스런 삶을 적나라하게 보여주는 것이 어디 있으랴. 다른 하나는 암호명 거시기에서와 마찬가지로, 언어가 지시적 기호를 통해 소통하는 것이 아니라 정서적 감응을 통해 소통하는 것임을 환기한다. 욕이란 무엇인가? 언어의 지시성이 아니라 잉여성이 고도로 발휘되는 언표행위다. 욕은 개념이나 의미로 승부하지 않는다. 그것은 입 밖으로 나오는 순간, 주체와 대상 모두에게 강력한 신체적 울림(역겨움, 낯뜨거움, 끓어오름 등등)을 야기한다. 그런 점에서 어떤 무기보다도 더 효과적이다. 언어의 물질성 혹은 신체성의 가장 뚜렷한 증거! 미제국주의에 맞서 멕시코에서 무장투쟁을 하고 있는 사파티스타의 구호 가운데 이런 것이 있다. "우리의 말이 우리의 무기입니다." 이걸 살짝 패러디해서 말해 보면, "우리의 욕은 우리의 무기다!"

제3라운드— 전쟁에는 절차가 있다?

초반의 기세를 계백한테 빼앗기자 김유신은 진퇴양난에 빠진다. 소정방이 정한 데드라인 7월 10일이 임박해 오면서 안팎으로 '총공격'에 대한 압박이 심해진다. 코너에 몰린 김유신. 하지만 그는 역시 백전노장이다. 혼자서 칼을 빼든 채 진영을 마구 뛰어다니며 '총공격' 원맨쇼!를 펼친다. 그의 황당한 퍼포먼스를 멀뚱히 바라보고 있는 군사들. 차오른 숨을 헐떡이며, 김유신은 말한다. "전쟁엔 절차가 있는 법이데이."

절차라? 이 전쟁엔 어떤 이념이나 명분이 없다. 국제질서나 삼국 통일 따위는 윗선에서나 통하는 '뻥'이다. 나락을 거두다가 혹은 보리밭을 매다가 끌려와선 빨리 집으로 돌아가기만을 고대하는 병사들한테 그 따위가 통할 리가 없다. 이 무명의 전사들을 전쟁에 미쳐 날뛰게 하려면 뭔가 좀 특별한 기제가 필요하다. 백제군은 결사대다. 그들이 죽음을 각오한 건 나라에 대한 충성심 때문이 아니다. 자신들의 장군인 계백이 처자식을 모조리 죽이고 왔다는 그 사실 때문이다. 그 비범한 결단이 계백과 군사들 사이에 아주 특별한 정서적 연대감을 구축한 것이다. 이렇게 '죽음의 연대'가 이루어지면, 아무도 못 말린다. 절대 '쪽수'로 해결될 문제가 아니다. 김유신이 '떨고 있는' 건 바로 이 점이다.

김유신은 처음부터 다시 시작한다. 앞뒤로 꽉 막힌 상황을 타개하기 위해선 오히려 절차를 차근차근 밟아 나가는 게 더 중요하다고 여긴 것이다. 먼저, 직접 계백을 만난다. 그리고 장기를 둔다. 장기를 통해 계백의 마음을 탐색하려는 심산인 것. 여기서 장기는 게임이자 실전이다. 두 장군이 장기를 두는 동안, 마당에는 장기판과 똑같은 그림이 그려져 있고, 각각의 위치엔 장기돌 대신 군사들이 포진하고 있다. 그래서 두 장군이 한수 한수 둘 때마다 군사들이 실전을 치른다. 치고 때리고 쓰러지고. 장군들의 한수 한수에 따라 군사들은 목숨이 오락가락한다. 사실 그렇지 않은가. 전쟁시, 장군이 취하는 행동과 말 하나하나는 모두 부하들의 목숨과 직계된다. 게임과 실전을 오버랩시킨 절묘한 미장센이다.

장기판 위에서 김유신과 계백, 두 전쟁기계의 사유가 첨예하게 부딪친다.

"니는 전쟁은 알아도 정치는 모른데이. 정치를 모리는 장군은 부하들을 개죽음하게 만드는 아주 무책임한 장군이데이."(김유신)
"어, 니는 정치를 잘 아는 장군잉께 쌀배달 다니는구마?"(계백)

둘은 서로의 약한 고리를 너무나 잘 알고 있다. 계백은 저돌적이다. 전쟁의 정치적 맥락 따위엔 아예 관심이 없다. 그 때문에 부하들을 하나로 결집할 수 있지만, 바로 그래서 결국은 개죽음으로 몰아갈 수밖에 없다. 반면, 김유신은 전쟁과 정치 '사이'를 오가는 인물이다. 즉, 전쟁의 정치적 맥락을 속속들이 알고 있다. 그래서 절대 무모한 싸움은 하지 않는다. 하지만, 이 싸움은 누가 뭐래도 당나라 군대한테 쌀을 전해 주기 위한 것이다. 장군으로선 참으로 욕된 행보다. 계백이 그 점을 까발려 버리는 순간, 김유신은 외통수에 걸린다. 하지만 김유신은 노련하다. 부채질을 하면서 계백더러 갑옷 좀 벗으라고 채근한다. 그러자 계백은 아무 개념 없이 갑옷에 대한 비밀(?)을 내뱉어 버린다. 김유신은 그 순간을 잡아챈다. 드디어 코드명 '거시기'를 풀어낸 것이다. 김유신의 역전승.
"계백아, 인간은 지가 아무리 날고 긴다 캐도 지 입으론 지 팔꿈치도 핥지 못하는 존재데이." 선문답 같은 말을 남기고 떠난다. 이젠 계백이 이 말의 의미를 풀어야 한다. 그동안은 김유신이 계백의 페이스에 놀아났다. 무엇보다 코드명 '거시기'의 불가해성 때문이었다. 하지만, 이제 전세는 역전되었다. 계백한테 엄청난 질문이 던져졌기 때문이다. 상대가 제출한 문제를 푸는 처지에서 상대에게 문제를 던지는 존재가 되는 것, 이것이 김유신이 말하는 전쟁의 첫번째 절차다.

제4라운드— 영웅은 태어나지 않는다, 다만 '조작'될 뿐이다.

두번째 절차는 아군의 사기. 사기가 하늘을 찌를 듯 솟구치려면 전쟁영웅이 있어야 한다. 계백이 가족을 몰살시킨 것에 버금가는 '피의 향연'이 필요하다. 그래야만 오합지졸인 병사들의 마음을 하나로 묶을 수 있다. 그럼, 영웅은 어떻게 만들어지는가? 간단하다. '영웅적으로' 죽으면 된다. 영웅적 죽음의 조건은 이렇다. 먼저, 고위층이어야 한다. 하층민이 죽는 건 결코 영웅이 될 수 없다. 개죽음조차 되기 어렵다. 또 '젊은이'가 죽어야 한다. 채 피지도 못한 꽃이 허무하게 질 때의 비장감, 안타까움, 설움을 야기할 수 있으므로. 그리고 그래야만 불멸을 얻을 수 있다. 비장한 것은 순수하고, 순수한 것은 아름답고, 아름다운 것은 영원히 살 수 있다. '꽃은 화려할 때 지는 거야!' 죽음을 통해 영원성을 확보하려는 이 어이없는 아이러니!

　바로 이때가 삼국통일의 원동력이라 칭송되는 화랑이 역사의 무대에 등장하는 순간이다. 이 전쟁을 지휘하는 최고위층의 자제인 화랑 반굴과 관창이 간택된다. 반굴의 아버지는 반굴에게 말한다. "니 오늘 폼나게 죽으면 니 천 년을 산데이. 내도 죽고 싶다. 죽고 싶어 미치겠다. 하지만 내는 죽어 봐야 약발이 안 맥힌다."

관창의 아버지는 더 노골적이다. 겁에 질려 "아버지, 지금 누가 시켜가 이라는 거 아이지예? 아버지, 이거 진짜 개죽음 아이지예?" 이렇게 울먹이는 아들에게 그 아버지가 하는 말.

"니는 뜬데이, 뜬데이, 반드시 뜬데이. 꿈은 이루어진데이. 그랄라 믄 니 기냥 죽으면 안 된다. 정신 바짝 차리고 죽어야 한다."

정신 차리고 죽으라고? 대체 어떻게? "폼나게, 비장하게, 장렬하게." 그래서 그들은 경극배우처럼 진하게 분장을 하고서 적진을 향해 돌진한다. 역사의 무대를 장식하는 '배우'들이라는 뜻이렸다. 그리고 백제군을 향해 무작정 죽여 달라고 떼를 쓴다. 한바탕 전투를 치르면서 죽어야겠지만, 그러기엔 뭐, 함량미달이다. 그러니 그저 가능한 한 처참하게 죽임을 당하는 것 말고는 달리 수가 없다.

계백은 이 사건의 배후를 직감한다. 해서, 화랑들을 절대 죽이지 말라고 명령한다. 하지만, 집요하게 죽음을 '요구하는' 화랑들을 끝내 거역하지 못하고(?), 처참하게 죽여 버린다. 반굴과 관창의 뒤를 이어 꽃다운 화랑들이 하나둘씩 계속 스러져 간다. 신라군 진영에 비로소 피냄새가 돌기 시작한다.

이 영화는 이런 식으로 화랑이라는 역사적 기호에 덧씌워진 낭만과 신화를 처참하게 묵사발내 버린다. 신화는 없다! 서기 660년 황산벌에선 전쟁이 있었고, 전쟁에 이기기 위해선 군사들을 "미쳐 날뛰게" 만드는 피의 향연이 필요했다. 그래서 화랑은 그 향연의 제물로 동원되었을 따름이다. 요컨대, 영웅은 태어나는 것이 아니라, 만들어지는 것이다. 그것이 자신이 진정 원한 것인지 아니면 장군과 아버지의 명령에 의한 것인지는 중요하지 않다. 따로이 욕망의 주체가 있는 것이 아니라, 욕망의 배치가 있을 뿐이다. 피의 순교를 요구하는 욕망의 배치가.

제5라운드— 진흙탕의 개싸움

결전을 앞두고 김유신은 세 가지 전술을 구사한다. 하나는 백제에 대한 적개심의 유포. 백제와 신라 사이를 잘 구별하지 못하는 군사들에게 '아'와 '비아'에 대한 경계를 명확히 심어 주는 것이다. 구체적인 내용을 볼작시면, '백제와 신라 사이엔 원래 조상이 다르다', '백제는 언어가 너무 천박하다', '백제인들은 원래 음흉하다', '후손들을 위해선 백제를 무찔러야 한다' 등이다.

　어디서 많이 들던 가락 아닌가? 맞다. 근대 민족담론이 구사하는 어법과 똑 닮아 있다. 그러니까 민족주의가 작동하는 곳에는 어디서건 다 이 비슷한 방식으로 말들이 조직되는 법이다. 또 다른 하나는 대기의 흐름을 읽는 것. 김유신은 흥미롭게도 노인들의 신체를 이용한다. 비가 올 만하면 허리와 무릎이 쑤시는 노인들을 불러모아 '인간 기상관측소'를 조직한다. 그들은 정말로 언제쯤 비가 올지를 정확히 예측해 낸다. 허 참, 좌우지간 병법에는 버릴 것이 없다더니. 그리고 마지막으로, 이 전쟁의 도덕적 정당성을 스스로에게 부여한다.

"우리는 우리 자신을 위해 '살'^쌀배달 가는 기다!"

가장 약한 고리, 즉 소정방의 똘마니짓에 불과하다는 이 전쟁의 더러운 맥락으로부터 스스로를 구출하고 싶었으리라. 이런 식의 자기암시라도 있어야 한바탕 피의 학살에 뛰어들 수 있는 법이니까.

드디어 결전이 시작되었다! 양측 군대가 엉망으로 뒤엉킨 뒤, 마침내 비가 몰려오고 신라군은 진흙덩이를 소나기처럼 퍼붓는다. 백제군들의 갑옷이 진흙으로 범벅이 된다. 결사항전의 의미였던 갑옷이 천근만근이 되어 버렸다. 자승자박! 계백은 비로소 김유신이 던진 선문답 같은 충고를 알아차린다. "이것이었나?"

하지만 이미 늦었다. 계백은 군사들한테 갑옷을 벗지 말라고 호통친다. 하지만 명령은 더 이상 통하지 않는다. 갑옷을 벗어 던진 백제군한테 다시 신라군이 몰려온다. 하늘을 까맣게 뒤덮은 진흙덩어리들과 함께. 황산벌은 마침내 아비규환의 지옥이 되었다. 진흙과 칼과 피가 뒤엉키는 지옥! 이 시퀀스는 상당히 길고 처절하다. 아마도 감독은 보여 주고 싶었으리라. 어떤 명분을 내걸건, 어떤 기념비적 의미를 지니고 있건, 전쟁이란 결국 '진흙탕의 개싸움' 이상이 될 수 없다는 것을.

고로, 전쟁은 미친 짓이다! 선악도, 시비도 없듯이, 궁극적으로 승자도 패자도 없다. 김유신은 이겼고, 계백은 졌다. 하지만 승자 김유신 앞에 놓인 건 전리품을 둘러싼 더럽고 치사한 야합과 갈등뿐이다. 패배가 허망하듯, 승리 또한 그토록 허망한 법이다.

에필로그 - 그리고 삶은 계속된다!

김유신 앞에서 무릎을 꿇고 죽어가는 계백. 그 위로 다시 그의 아내와 아이들이 죽어가는 장면이 오버랩된다. 계백이 사약을 앞에 놓고 아내에게 말한다. "살아서 치욕을 당하느니 명예롭게 죽어야제."
　아내는 절규한다.

　"씨만 뿌려 놓고 밤낮 칼쌈하러 싸돌아 댕긴 인간이 말이여, 인자와 갖고 뭐시 어쩌구 어째?"
　"전쟁을 하든가 말든가, 아, 나라가 처망해 붙든가 말든가."

　그녀는 계백이 지금 어떤 표상에 붙들려 있는지를 꿰뚫고 있다. 계백은 물론 권력투쟁에 혈안이 된 저질 지배층이 아니다. 하지만 그는 '명예로운 죽음'이라는 망상에 사로잡혀 있다. 삶보다 이름이 위에 있는 인간. '호랑이는 죽어서 가죽을 남기고 사람은 죽어서 이름을 남긴다'는 계백의 구호(?)를 그녀는 이렇게 뒤집는다.

　"아가리는 삐뚤어졌어도 말은 똑바로 씨부려야제. 호랭이는 가죽

땜시 뒤지고, 사람은 이름 땜시 뒤지는 거여. 이 인간아~!"

이 대목은 루쉰의 『새로 쓴 옛날 이야기』 가운데 「홍수를 막은 이야기」의 한 장면을 떠오르게 한다. 우임금은 황하의 범람을 막고 천하의 물길을 바로잡은 성군이다. 천하를 위해 애쓰느라 7년 만에 집앞을 지나가면서도 그냥 지나쳐 갔다고 한다. 참으로 감동적인 장면이다. 하지만 그의 아내의 입장이라면? 루쉰은 바로 그 점에 착안했다. 그리고 사건을 이런 식으로 비틀었다. 우임금의 부인이 우임금을 만나러 궁으로 갔다. 하지만 문지기는 그녀를 들여보내지 않는다. 여자와 아이들은 관청에 들어갈 수 없다는 거다. 우부인은 잠시 멍하게 있다가, 두 눈썹을 치켜뜨면서 몸을 돌리며 이렇게 소리친다.

"이 천 번 만 번 죽일 놈! 무슨 장사 지낼 일 있다고 그렇게 뛰어다 닌담! 제 집 문앞을 지나면서도 코빼기도 보여 주질 않다니! 네 장 사나 치러라! 벼슬, 벼슬, 벼슬이 뭐 대단한 거라고. 하는 꼬라질 보 면 제 애비처럼 변방에 유배돼 못에 빠져 자라나 되라지! 이 양심이 라곤 없는 천 번 만 번 뒈질 놈!"루쉰, 「홍수를 막은 이야기」, 『새로 쓴 옛날 이야 기』(루쉰문고 07), 유세종 옮김, 그린비, 2011, 70쪽

루쉰은 여성적 시선을 통해 거룩한 신화의 이면을 까발리고 있 는 것이다. 신화적 표상이 남성적 척도에 입각한 것이라면, 여성적 시선이란 그러한 남성중심적 척도로부터 벗어난 외부자의 그것을

뜻한다. 외부란 무엇인가? "계산되지 않은 힘들의 영역, 지배의 그물에서 살짝 벗어나 있는 힘들의 영역"고병권, 『니체 천 개의 눈 천 개의 길』, 252쪽이다. 이 영화에선 계백의 아내가 바로 거기에 해당한다.

그리고 또 하나의 외부자가 있다. 바로 농민 '거시기'다. 그를 지배하는 욕망은 먹는 것, 그리고 살아남는 것이다.

"우리는 한 끼를 먹어도 반찬이 40가지가 넘어, 이 씨벌놈들아!"

욕설대결투에서 '거시기'가 내뱉은 이 말에 옆에 있던 동료들이 가장 크게 당황한다. 어떤 욕지거리보다도 충격적이었으리라. 왜? 자기들이 가장 원하는 바를 발설한 까닭이다. 그리고 탈출하기 직전 계백에게 하는 말.

"시방 나락이 여물었을 것인디. 울 엄니 혼자서 겁나게 고생하게 생겼네, 씨……."

거시기에겐 국가나 통일, 충성 따위는 아무 의미가 없다. 그에게 중요한 건 살아남는 것, 그리고 집으로 돌아가 엄니와 함께 농사를 짓는 것이다. 따라서 거시기는 고유명사이기도 하고, 삶 그 자체일 수도 있다. 민족, 국가, 역사, 이름 등의 기호로부터 벗어난, 아니 그 기호들로 포섭불가능한 삶의 역동성! "푸코는 계보학자의 탐사 작업을 '잃어버린 사건들의 해방'이라고 불렀다"고병권, 앞의 책, 65쪽는데, 거시기의 삶이야말로 그 잃어버린 사건에 다름 아니다.

　이준익 감독의 다른 영화들처럼 이 영화 역시 아주 극적인 만남의 장면으로 마무리된다. 벼이삭들이 물결치는 푸르른 논두렁이 펼쳐지고 몇몇 여인네들이 나락을 거두고 있다. 저 멀리 거시기가 달려오고 엄니는 멀리서도 '거시기'의 목소리를 바로 알아듣는다. 거시기와 엄니의 뜨거운 포옹!

"엄니, 엄니, 저 왔어라!"
"아이구, 내 거시기, 내 거시기!"
"살아왔어라, 엄니."
"아이구, 세상에! 반쪽이 디았네, 반쪽이."
"엄니, 배고파라우."
"밥 묵으야제."

가슴이 저릿하고 코끝이 찡한, 한마디로 '겁나게 거시기한' 장면이다. 그리고 삶은 계속된다!

*　　*　　*

키르케고르는 말했다. 사유의 체계는 가능할지 몰라도 삶의 체계는 불가능하다고. 삶이 얼마나 다양한지를 이해하는 사람은 그것을 하나의 이론적 체계로 담으려는 시도가 얼마나 부질없는지도 이해한다. 그런 시도에 대해 삶은 "존재의 낄낄거리는 웃음소리"로 답할 것이다. 고병권, 『니체 천 개의 눈 천 개의 길』, 3쪽

영화 <황산벌>에는 그야말로 민족이라는 보편적 체계 아래 침묵, 봉쇄된 말과 사물들의 낄낄거리는 소리가 전편에 가득하다. 이 소리에 감응하는 신체를 가지고 있다면 함께 낄낄거릴 수 있겠으나, 그렇지 못할 땐 이 영화에서 어떤 의미도, 감흥도 찾아낼 수 없을 것이다. 아니, 심하게 불쾌감을 느낀 관객도 적지 않았으리라. 그만큼 이 영화는 우리나라 사극의 일반적 궤도에서 벗어나 있다. 이 작품에 비하면, 역시 이준익 감독의 걸작 <왕의 남자>는 참으로 평범한 편이다. 세련된 볼거리, 흥미진진한 서사적 역동성을 지니고 있긴 하지만, 그 사유의 지평은 우리에게 꽤나 낯익은 것들이다. 트라우마, 동성애, 연극과 살인 등등. 이를테면, <왕의 남자>가 봉상스(상식)에 기초한 작품이라면, <황산벌>은 패러독스(역설)가 난무하는 작품에 속한다.

그래서 영화의 엔딩신이 올라갈 때 나는 장탄식을 했다. 아, 이 기막힌 걸작이 절대 해외에 수출될 수가 없겠구나! 왜냐구? '번역불가능한' 작품이기 때문이다. 사투리 억양이야 그렇다고 치고, 전편에 흘러넘치는 저 '거시기'의 범람을 대체 어떤 외국어로 바꿀 수 있단 말인가. 오호라!

서편제—'한'(恨)과 '예술'의 은밀한 공모

하필 서편제?

<서편제>. 1993년, 이청준의 소설을 거장 임권택 감독이 영상으로 옮겼다. 한국영화사상 처음으로 백만 관객을 돌파한 블록버스터. 지금이야 백만이면 '쪽박'이지만, 당시로선 거의 '환상적인' 숫자에 해당했다(참고로 <서편제> 이전의 최고 기록을 보면, <겨울여자>가 67만, <별들의 고향>이 70만 정도). 게다가 백만이라는 이 숫자에는 대통령에서부터 문화예술계 지도층 인사들에서 저 시골의 보통사람에 이르기까지 전 계층이 두루 망라되어 있다. 한마디로 '범국민적' 흥행작이었던 것. 이런 수준의 전방위적 관객 확보는 한국영화사상 '전무후무한' 사건에 속한다. 천만을 돌파한 <왕의 남자>나 <괴물>도 그런 수준은 아니었다. 이런 기록이 가능했던 이유는 대체 뭐였을까? 원작자 이청준과 거장 임권택 감독의 카리스마, 우리나라 산천의 사계절을 그대로 담은 아름다운 영상, 소리꾼 부녀에 얽힌 비련의 서사

등등. 다 맞는 말이다. 하지만 뭐니뭐니 해도 핵심은 판소리에 있다. 우리 민족 고유의 전통예술인 판소리를 영상화했다는 것, 이에 대한 깊은 공감이 없었다면 그런 '범국민적' 호응은 불가능했을 것이다.

판소리가 전통예술인 건 맞다. 그런데 서편제가 곧 판소리인 건 아니다. 서편제는 판소리의 여러 유파 중 하나일 뿐이다. 하지만, 이 영화의 성공과 더불어 한국인들은 서편제와 판소리를 등가화하게 되었다. 말하자면, 서편제는 판소리의 또 다른 이름이 되고 말았다. 언제나 그렇듯이, 고유한 전통이란 없다. 전통의 현대적 '절단, 채취' 가 있을 뿐! 그래서 나는 진정 궁금하다. 왜 하필 서편제였을까? 그리고 관객들은, 아니 우리 국민들은 판소리의 서편제적 버전에 왜 그토록 열광했을까?

판소리에 대한 상식 두서너 가지

판소리는 18세기 민중예술의 꽃이었다. 전라도 지역에서 일어난 장르라 남도 민요와 시나위, 서사무가 등에 젖줄이 닿아 있다. 판소리가 크게 인기를 얻게 되자, 그 내용들을 소설로 찍어 낸 것이 바로 '판소리계 소설'이다. 「춘향전」, 「흥부전」, 「별주부전」 등 한국인들에게 가장 널리 알려진 고전소설들이 여기에 속한다.

판소리 창은 고수 하나에 광대 한 명으로 진행된다. 당연히 창을 맡은 광대가 주연이지만, '일고수鼓手 이명창二名唱'이라는 경구가 말해 주듯, 고수의 역할 또한 광대 못지 않다. 공연의 전체 분위기를 끌어가는 일종의 지휘자에 해당하는 셈이다. 광대의 구연방식은 창과 아니리말로 주워섬기는 대목를 통해 조였다 풀었다를 반복한다. 여기에 고수의 추임새가 군데군데 끼어든다. 미학적으로도 비장과 골계가 계속 변주된다. 한마디로 웃겼다 울렸다 하는 것이다. 그렇기는 해도 판소리 미학의 핵심은 단연 '신명'이다. 내용을 봐도 「변강쇠가」를 제외하고는 모두 해피엔딩으로 끝난다. 장단은 진양조·중모리·자진모리·휘모리·엇모리로, 조調는 평조·우조·계면조로 나뉜다. 평조는 온화하고 화평정대한 창법이고, 우조는 웅장하여 남성적이고 씩씩한 창법이며, 계면조는 아름답고 애원처절하여 여성적인 창법이다.

처음 열두 마당으로 시작했다가 19세기에 이르면 다섯 마당으로 압축되었다. 이 과정에서 동편제, 서편제, 중고제로의 분화가 일어났다. 동편과 서편은 섬진강을 중심으로 좌우로 나눈 것이고, 중고는 경기와 충청 지역을 뜻하는 말이다. 동편제는 19세기의 슈퍼스타 가왕歌王 송흥록이 발전시킨 것으로 웅장하고 호탕한 소리를 자랑한다. 영화 속에도 송흥록에 대한 대사가 잠깐 나온다. 서편제는 역시 19세기의 명창 박유전이 계면조 위주로 판을 짜면서 시작되었다. 부드러우면서 애원처절한 것이 특징이다. 중고제는 이름대로 동편제와 서편제 중간 정도로 생각하면 된다.

판소리의 관객층은 초기에는 평민이었다. 그러나 판소리가 널리 유통되면서 19세기에는 양반·관료·부호층이 주요 관객층으로 부상하게 되었다. 그러자 평민적 해학보다는 세련된 비장미가 더 강화되

었다. 예나 이제나 고상한 상류층은 왠지 좀 무겁고 슬퍼야만 예술적
이라고 여기는 경향이 있다. 가장 느리고 처연한 가락인 진양조의 발
달이나 계면조의 부상은 그런 배경과 관련되어 있다 .

이 과정에서 가장 중심적 역할을 담당한 인물이 바로 신재효다.
그는 일종의 연예기획사 총매니저 같은 존재였다. 대원군을 위시한
왕족 및 부호층이 그의 패트런이었다. 판소리의 영향력을 전국적 차
원으로 확대했고, 아울러 수많은 명창을 길러냈다. 또 이런 권위를
적극 활용하여 '전주대사습놀이' 같은 전국 규모의 경연대회를 개최
하였다. 이 대회는 지금까지도 계속되고 있다. 처음으로 여창女唱을
시도한 것도 그였다. 창으로 불리는 판소리 사설을 정리하면서 유가
적 합리주의에 입각하여 전면적으로 개작한 것 역시 바로 그였다. 지
금 전해지는 유일한『판소리사설집』이 바로 그의 작품이다.

20세기와 '소리'의 운명

20세기에 들어 서구문명이 도래하면서 판소리사는 새로운 국면에
접어든다. 판소리의 근대적 변용은 창극이라는 형식이었다. 일인창
형식에서 서구식 오페라 형식으로 탈바꿈한 것이다. 이렇게 되면 일
단 무대가 복잡해진다. 일인창 형식은 아무데고 마당만 있으면 되지
만, 창극이 되면 사정이 달라진다. 세트가 설치된 정식 무대가 필요
한 것이다. 당연히 연극적 영역이 넓어지면서, 창의 위상은 상대적으

로 떨어질 수밖에 없다. 또 시각적 효과가 중시되기 때문에 광대들의 인물과 너름새(연기)가 중요하게 부각된다. 또 이렇게 대규모의 극단이 유지되려면 당연히 자본과 시장의 영향력이 확대된다.

그렇다면, 이제 판소리는 어디로 가야 하는가? 창극의 도래 앞에서 판소리가 자신을 지키는 방법은 전통적 방식을 고수하면서 득음의 경지를 향해 매진하는 것밖엔 없다. 영화 <서편제>의 주인공 유봉이 서 있는 지점이 바로 여기다. 자신의 동료들은 창극단원이 되어 한창 주가를 올리고 있다. 하지만, 그는 시장과 자본으로부터 도주하여 변경을 떠돌기 시작한다. 물론 창극의 운명 또한 바람 앞의 등불이다. 머지 않아 창극보다 더 대중성이 강한 악극단이 등장하면 창극의 배우들 역시 몰락의 길을 걸을 수밖에 없다. 영화에서도 그 과정이 나온다. 유봉의 라이벌이자 창극의 스타였던 명창 송도상이 결국 낙향하여 마약중독자로 연명하는 장면이 바로 그것이다.

아무튼 이렇게 봉속적 대중문화가 만연할수록 판소리는 더더욱 시장과 대중으로부터 고립될 수밖에 없다. 그리고 그렇게 멀어지면 질수록 진정한 예술, 곧 득음에 대한 열망이 드높아진다. 판소리의 근대적 변용이 일어나는 지점은 바로 여기다. 19세기까지 가장 통속적이고 대중적인 장르였던 판소리가 가장 순수하고 예술적인 장르로 거듭나는 순간! 이것은 또한 예술이 삶으로부터 분리되는 지점이기도 하다.

이 영화에 나오는 판소리 창은 대략 이렇다.

1. 갈까부다 갈까부다 님을 따라 갈까부다

2. 어쩔거나 어쩔거나 님 없는 세상 어쩔거나

3. 암행어사 출두 장면(마당놀이 장면)

4. 보고지고 보고지고 한양낭군을 보고지고

5. 사랑 사랑 내 사랑이야

6. 「십장가」

7. 아이고 여보 도런님 나를 어쩌고 가시려오

8. 사람이 살면은 몇백 년을 사나

9. 「홍보가」 중 돈타령(시장에서 약장수할 때)

10. 「옥중가」, 다 쓰러져 가는 집에 울려 퍼지는 '귀곡성'

11. 「심청가」 중 공양미에 몸 파는 대목

12. 「백발가」(유랑하는 장면, 사계절이 오버랩)

13. 심청이 인당수에 몸을 던지는 장면, 심황후가 심봉사와 해후하는 장면

한두 곡을 빼고는 거의 다 비장미와 여성성이 두드러진다. 이 영화에서 다루는 주요 레퍼토리는 판소리 다섯 마당 가운데 「춘향가」와 「심청가」다. 「적벽가」, 「수궁가」, 「홍보가」 등 다소 거칠고 해학적인 작품들은 거의 등장하지 않는다. 또 「춘향가」와 「심청가」 중에서도 경쾌하고 신명 넘치는 대목은 생략되고, 처량맞고 애원처절한 대목만 주로 등장한다. 요컨대 영화 <서편제>는 판소리의 미학적 흐름 가운데 '비련에 찬 리듬'만을 절단, 채취한 것이다. 그리고 바로 여기

서 두 가지 전도가 일어난다. 하나는 전통의 탄생. 또 하나는 예술에 대한 근대적 판타지. 판소리를 포함하여 전근대적 전통을 '한'(恨)이라는 표상하에 재배치하는 것이 전자에 해당한다면, 한과 예술 혹은 아름다움을 긴밀하게 연계시키는 것이 후자에 해당한다. 그런 점에서 이 영화는 실제 '서편제'에 대한 것이라기보다 20세기 근대문명의 도래 앞에 선 소리의 운명, 나아가 자본의 공세 앞에 선 예술의 행로에 대한 '대서사'다.

'한'(恨)에 대한 '한없는' 동경

> "서편소리는 말이다. 사람의 가슴을 칼로 저미는 것처럼 한이 사무쳐야 하는데, 니 소리는 이쁘기만 하지 한이 없어."
> "이제부터는 니 속에 응어리진 한에 파묻히지 말고 그 한을 넘어서는 소리를 혀라."

영화의 테마가 집약된 대사들이다. 주지하듯, 이 영화의 키워드는 '한'이다. 소리의 원동력도 한이고, 소리가 도달해야 할 궁극지점도 한이다. 그뿐 아니다. 사는 게 곧 한을 품는 일이고, 한을 품는 것이 곧 사는 일이란다. 그 한을 쌓기 위해 유봉은 하나밖에 없는 딸 송화의 눈까지 멀게 했다. 대체 왜 이토록 한을 쌓아야 하는가? 한을 넘어서기 위해서란다! 이거야 뭐, 악순환도 이런 악순환이 없다.

대체 어떻게 이런 맹목적 동경이 가능할 수 있을까? 잠깐, 그전에 따져 봐야 할 사항이 하나 있다. 판소리의 여러 흐름 가운데 하필 서편제를 택한 것도 문제지만, 서편제의 미적 특질을 한(恨)이라고 하는 것, 또 득음의 경지를 한의 미학으로 규정하는 것 역시 비약이자 전도된 표상이다. 다시 말해, 서편제의 비장미가 곧바로 '한'이 되는 건 아니라는 말이다.

일단 간략하게 정의를 내려 보면, 한이란 슬픔의 강도가 생사의 경계를 넘을 때, 그것이 가슴속에 응어리져서 운명을 지배하게 될 때의 정조를 말한다. 현대사의 험난한 굴곡 속에서 이런 식의 정조를 체험할 가능성은 얼마든지 있다. 문제는 그것이 여타의 모든 정서를 뛰어넘어 혹은 모든 정서적 특질들을 승화, 수렴하는 기제로 작동하는 독특한 배치에 있다. 특히 그것이 저 멀리까지 소급되어 고유한 전통이 될 때, 참으로 난감해진다. 즉, 반만 년의 역사 속에서 우리 민족은 늘 외침에 시달렸고, 민초들은 가난과 핍박 속에서 갖은 수난을 다 겪어야 했으며, 그 슬픔이 쌓여 마침내 한으로 응결되었노라는 식의 이야기가 한국인의 상식이 되어 버린 것이다. 하지만 이것은 전적으로 20세기 이후의 산물이다. 근대는 참으로 여러 가지 전통을 만들어 냈다. 서구가 동양을 자신의 눈으로 덧칠한 것을 '오리엔탈리즘'이라고 한다면, 똑같은 방식으로 근대는 근대 이전의 역사를 '근대적' 방식으로 덧칠했다. 그 대표적인 예가 바로 '한'이라는 정서다. 결론부터 말하면, 한은 절대 전통적 정서가 아니다. 소위 우리 역사의 흐름 속에서 한의 정조가 특권적 위치를 점한 적은 한 번도 없다. 판소리에 대해서는 이미 앞에서 밝혔고, 향가와 고려가요, 시조와 사설 시조 그리고 잡가, 영웅소설 등 모든 고전문학은 유머와 신명, 해피 엔딩이 기본이다.

　혹시 판소리 광대들의 처절한 수련과정을 염두에 둔 것이라면, 이것 역시 큰 착각이요 오해다. 조선후기 명창들 중에는 득음을 위해 처절하게 수련한 경우가 많이 있다. 하지만 그 누구도 한을 쌓기 위해 몸부림친 예는 없다. 오히려 가슴속에 쌓인 슬픔이나 상처로부터 자유로워져야만 득음의 경지에 도달할 수 있었다. 요컨대, 득음과 한을 연계시키는 건 판소리사의 흐름에서도 참으로 낯선 배치라는 것이다. 그렇다면, 대체 이것은 어떤 과정을 거쳐 만들어졌던가?

　산산이 부서진 이름이여!
　허공 중에 헤어진 이름이여!
　불러도 주인 없는 이름이여!
　부르다가 내가 죽을 이름이여!

　심중에 남아 있는 말 한마디는
　끝끝내 마저 하지 못하였구나
　사랑하던 그 사람이여!
　사랑하던 그 사람이여!

　붉은 해는 서산 마루에 걸리었다.

사슴의 무리도 슬퍼 운다.

떨어져 나가 앉은 산 위에서
나는 그대의 이름을 부르노라.

설움에 겹도록 부르노라
설움에 겹도록 부르노라
부르는 소리는 비껴 가지만
하늘과 땅 사이가 너무 넓구나

선 채로 이 자리에 돌이 되어도
부르다가 내가 죽을 이름이여!
사랑하던 그 사람이여!
사랑하던 그 사람이여!

  잘 알려져 있듯이, 이 시는 김소월의 「초혼招魂」이다. 죽음으로 인한 별리와 설움이 천지를 가득 메우고 있다. 한이라고 하면 「진달래꽃」과 함께 가장 먼저 떠오르는 작품일 것이다. 그런데 이들을 이토록 처절한 비탄에 빠뜨리는건 사랑하는 이, 곧 '님'이다. 님이 환기하는 이름들은 아주 많다. 민족 혹은 연인, 그리고 철학, 진리 등등. 만해 한용운이 『님의 침묵』 서언에서 밝혔다시피, '기룬 것'은 다 님이다. 아무튼 님에 대한 사무치는 그리움, 이것을 빼고 한의 정조를 말하기란 어려우리라. 한이 정서적 차원의 명칭이라면, 님은 그것의 대상적 이름이라 할 수 있다. 그만큼 두 개념은 서로 겹쳐진다. 그런 점에서 1920년대 중반에 나온 두 개의 시집, 소월의 『진달래꽃』과 만해의 『님의 침묵』이 '한'의 표상을 만드는 데 있어 주도적인 역할을 했음은 말할 나위도 없다. 하지만 가장 결정적인 역할을 한 이는 다름 아닌 일본 미술학자 야나기 무네요시였다. 1916년의 조선 여행 이후 그는 '조선의 미'에 대해 이렇게 규정했다.

"조선 역사의 운명은 슬픈 것이다."
"나는 그 역사가 맛본 쓸쓸한 경험에 끝없는 동정을 가지고 있는 사람이다."
"선의 아름다움은 실로 사랑에 굶주린 그들 마음의 상징이라 생각한다. 눈물로 흐르는 갖가지 호소가 이 선에 나타나 있다. …… 그들은 아름다움에서 적막함을 이야기하고, 적막함 속에 아름다움을 포함시킨 것이다."
"오랫동안 참혹하고 처참했던 조선의 역사는 그 예술에다 남모르는 쓸쓸함과 슬픔을 아로새긴 것이었다. 거기에는 언제나 비애의 아름다움이 있다. 눈물이 넘치는 쓸쓸함이 있다. 나는 그것을 바라보며 가슴이 메이는 감정을 누를 길이 없다."

온통 슬픔에 대한 예찬으로 가득하다. 쓸쓸함과 슬픔, 비애와 적막. 그야말로 눈물의 범람이다. 그는 '까칠한' 방관자가 아니었다. 진심으로, 온 힘을 다 기울여, 조선의 미와 슬픔에 공명하였다. 하지만 이렇게 하여 조선의 미는 오직 비애미로 규정되었고, 해학과 낙천성, 신명나는 해피엔딩 등은 변경으로 밀려나고 말았다.

소월과 만해가 쏘아올린 '님'이라는 은유의 그물망에는 열렬한 기다림, 지독한 설움, 사무치는 그리움 등의 정서가 차고 넘친다. 그런데 이 정서적 울림이 저 비애와 눈물의 미학과 마주치면 어떻게 될까? 거기서 바로 '한'이 탄생된다. 그리고 그 순간, 한은 우리 고유의 전통이 되고, 전통은 곧 한의 역사가 된다. 이런 식의 '만들어진 표상'은 이후 소설과 시, 노래와 영화 등을 통해 전방위적으로 변주, 확산되어 갔다. 그러한 변주의 영화적 결정판, 혹은 1990년대적 버전이 바로 <서편제>다.

삶과 불화하는 예술

19세기 서양의 예술 사조 중 하나인 낭만주의는 병·광기·죽음 등의 불가해성이나 폭력성을 예술의 중요한 원천으로 보았다. 피를 토하며 글을 쓰는 작가라든지 주위 사람들이나 세상과 끊임없이 불화하는 예술가의 이미지는 대체로 그 시기에 생겨난 것들이다. 채운, 『예술의 달인, 호모 아르텍스』, 북드라망, 2013, 36~37쪽

그렇다. 슬픔과 비애는 달리 말하면, 삶과 불화하는 예술의 이미

지다. 이 영화에선 유봉이 이 모든 특징을 다 지니고 있다. 그는 "왜놈과 양놈 노래"가 몰려 오는 시대에 소위 우리 고유의 가락인 소리를 하는 광대다. 하지만, 그는 믿고 있다. "판소리가 판을 치는 세상이 오고야 말 테니." 이것은 미래적 비전이라기보다 일종의 집착이요 망상이다. 어긋난 시차, 엇갈린 욕망. 그에 부응하여(?) 그의 삶 또한 심하게 뒤틀린다. 그는 자기 스승의 애첩과 놀아나는 바람에 문파에서 추방된 인물이다. 말하자면, 그는 이중적으로 추방을 겪은 존재다. 먼저 근대화의 물결 속에서 그가 인생을 다 걸고 있는 소리 자체가 변경으로 추방되었고, 다시 그 소리꾼들의 세계에서도 추방된 것이다. 그런 그를 지탱시켜 주는 건 오직 자존심이다. 창극단 공연을 하러 온 옛 동료들과의 술자리에서 그가 내뱉은 말들을 보라.

> "친구 좋아하시네. …… 내가 이렇게 들개처럼 떠돌아다녀도 니까짓 놈들 하나도 겁 안 나. 두고보자고!"
> "(자존심) 그거 없었으면 벌써 미쳐서 죽었다."
> "내가 (서울) 올라가면 니들 다 죽어."
> "야, 거드름 떨지 말고 소리나 잘해, 자식아."

변경을 떠돌면서 자신의 소리를 알아주지 않는 세상을 향해 으르렁거리는 외로운 들개! 이런 존재가 자신을 지탱하는 방식은 대략 이렇다. 자신과 세상 사이에 선명한 경계선을 긋는 것, 그 다음 저 더럽고 속악(俗惡)한 세계와는 절대 섞이지 않겠다고 결연히 선언하는 것.

이것은 사실 자존심이라기보다 자의식에 가깝다. 고독한 솔로의 예술적 자의식.

　이런 존재에게 있어 세상은, 그리고 삶은 온통 불평거리투성이다. 예컨대 이런 장면들이 그렇다. 송화가 요정에서 창을 하다가 한량들한테 희롱을 당한다. 그러자 유봉이 한량들과 한판 붙는다. 그리고 돌아와선 송화의 뺨을 무지막지하게 때린다. 분노하는 동호. "저런 것이 아부지여?" 동호는 한량들보다 아버지 유봉의 행동에 더 분개한다. 또 약장사들과 같이 다니면서 시장바닥에서 창을 할 때다. 송화는 창을 하고 동호가 북을 잡았다. 주점에서 술을 마시던 유봉은 버럭 성을 내며 달려가 동호한테서 북을 빼앗는다. 취중에도 동호의 북소리가 귀에 거슬렸던 것이다. 그리고 또 한 장면. 한참 시장통에서 '돈타령'을 부르고 있는데, 이젠 창극을 밀어내고 새로운 악극이 떴다. 창을 듣던 사람들이 졸지에 악극단을 향해 몰려간다. 유봉은 판을 접는다. "소리꾼 목구녁이 갈보년 밑구녕보다 못한 세상이라더니, 정말이로구만. 치워라!"

　세상과의 불화가 깊어지면서 그의 몸과 마음도 쇠락해 간다. 알코올중독에 폐결핵, 그리고 광기. 근대 낭만주의 예술가들이 간 길을 그대로 밟아 가고 있는 것이다. 그와 동시에 그의 예술은 더한층 사람들의 공간으로부터 멀어져 간다. '진도아리랑 롱테이크'는 이 영화에서 가장 아름다운 장면으로 꼽힌다. 유봉과 송화가 노래를 하고 동호가 북을 치면서 셋은 논밭 사이의 길을 가로지른다. 노래의 흥취가 오르면서 화면 가득 드넓은 벌판이 펼쳐진다. 소리와 풍광의 밝고 아름다운 화음! 영화에서 이런 분위기가 연출된 건 이 장면이 거의 유일하다. 하지만 여기서 절대 놓치지 말아야 말 사항. 이들의 노래를 들어준 건 오직 산과 들, 자연뿐이라는 사실이다. 그들의 무대는 텅 비어 있다. 완벽한 고요와 정적뿐! 그들의 소리, 아니 예술은 어떤 공명도 일으키지 못한다. 감독은 전혀 의식하지 못했을 테지만, 이것은 아주 역설적으로 이들의 소리가 철저히 세상과 분리되었음을, 그리하여 철저히 자족의 공간에 갇혀 버렸음을 말해 주는 장면이다.

그리고 이어지는 유봉과 동호의 갈등. 다 쓰러져 가는 흉가에서 송화가 귀곡성을 배우는 장면에서 동호의 분노가 드디어 폭발한다. "이젠 소리로는 먹고살기 힘든 세상이여. 그까짓 소리 하면 쌀이 나와? 밥이 나와?" 유봉은 동호를 마구 두들겨 패면서 말한다. "쌀 나오고 밥 나와야 소리 하냐? 지 소리에 지가 미쳐 가지고 득음을 하면은 부귀공명보다도 좋고 황금보다도 좋은 것이 소리여."

'지 소리에 지가 미치는' 것, 그것이 바로 유봉, 아니, 소리의 세계다. 마침내 동호는 이 미적 궤도에서 이탈한다. 그리고 저 언덕 너머의 '세상 속으로' 달려간다. 하지만, 송화는 고목나무 아래 여전히 '소리의 세계'에 남아 있다. 이 세계엔 이제 유봉과 송화 둘뿐이다. 처음 유봉의 식구는 넷이었다. 그러나 동호의 어미가 아이를 낳다 죽었고, 이제 동호마저 떠났다. 송화마저 떠난다면? 그건 곧 소리의 마감이자 생의 종말이다.

벼랑 끝에 선 유봉. 이제 더 이상 물러날 곳도, 의지처도 없다. 그 절체절명의 상황에서 그가 붙든 것이 바로 '한'이라는 표상이다. 질병과 광기, 가난과 치욕, 세상과의 모든 불화를 저 높은 경지로 끌어올려 주는 것, 한이란 바로 그런 것이기 때문이다.

한, 삶을 지배하다

"서편소리는 말이다. 사람의 가슴을 칼로 저미는 것처럼 한이 사무쳐야 되는데, 니 소리는 이쁘기만 하지 한이 없어. 사람의 한이라는 것은 한평생 살아가면서 이 가슴속에 첩첩이 쌓여서 응어리지는 것이다. 살아가는 일이 한을 쌓는 일이고, 한을 쌓는 일이 살아가는 일이 된단 말이여. 니는 조실부모한 데다 눈까지 멀었으니 한이 쌓이기로 말하면 남보다 열 배, 스무 배 더할 텐데 어째 그런 소리가 안 나오냐?"

동호가 떠난 뒤, 송화는 식음도 끊고 소리까지 작파한 채 그가 떠난 고목나무 아래서 하염없이 동호를 기다린다. 영화에선 뚜렷하게 표현되지 않았지만, 원작 소설에선 유봉의 고뇌가 분명하게 표현되어 있다. 한편으론 송화마저 떠날지 모른다는 두려움에서, 다른 한편으론 득음의 경지에 도달해야 한다는 강박증에서, 유봉은 애가 탄다. 그때부터 그는 '서편소리의 한'을 말하기 시작한다. 자신이 겪은 모든 고난을 한이라는 고매한 표상으로 수렴함과 동시에 그것을 통해 득음을 할 수 있으리라는 표상에 붙들린 것이다.

여기서 또 하나의 엄청난 전도가 일어난다. 소리를 추구하다 보니 한의 경지에 도달하는 게 아니라, 한을 품게 함으로써 득음을 하고야 말겠다는 전도가. 그렇게 되는 순간, 한은 삶의 현장을 떠나 저 아득한 미지의 허공을 떠도는 초월적 기표가 되어 버린다. 그는 마침내 한약 속에 부자를 과하게 넣어 먹임으로써 송화의 시각을 빼앗아 버린다. 한에 대한 맹목적 열정이 딸을 '맹목'으로 만드는 이 어이없는 역설! 시력이 완전 소멸되기 직전, 송화는 말한다. "전 이제 하늘도 달도 별도 영영 못 보게 되나요? 전, 전 이제 장님이 되었나요? 추워요."

이 대사도 참 의미심장하다. 왜 송화는 '하늘과 달과 별'에 대해서만 말하는 것일까? 왜 그녀의 세계에는 사람이, 친구가 없는 것일까? 아무튼 이렇게 해서 송화에겐 저 더럽고 속악한 세계로 통하는 유일한 창문이 닫혀 버렸다. 송화한테도 이젠 소리밖에 남지 않았다. "저 다시 소리 배우고 싶어요." "「심청가」 배우고 싶어요."

동호가 떠나기 전에는 주로 「춘향가」를 부르다가 이때부터 「심청가」로 판이 바뀐다. 이 또한 기막힌 역설이다. 「심청가」의 심청이는 아버지의 눈을 뜨게 하려고 공양미 3백 석에 몸을 판다. 그 효성이 천지신명을 감동시켜 심청이는 황후로 부활한다. 그리고 마침내 맹인잔치를 열어 아버지를 비롯하여 모든 눈먼 자들의 눈을 뜨게 해준다. 황당하다고? 하지만 이 환상적 낙관주의야말로 판소리의 정수다. 하지만, 유봉과 송화의 관계는 심청이와 심봉사의 관계에 대한 극단적 대칭이다. 아버지의 눈을 뜨게 해주는 딸과 멀쩡한 딸의 눈을 빼앗아 버리는 아버지. 어느 쪽이 더 황당한가? 대체 어떻게 이런 식의 비극적 굴절이 가능할 수 있을까?

하긴, 이청준의 원작에서는 더 끔찍한 방식으로 그려져 있다.

소리꾼의 딸아이가 아직 열 살도 채 못 되었을 때, 어느 날 밤 갑자기 견딜 수 없는 통증으로 아비 곁에서 잠을 깨어 일어났는데, 그녀의 얼굴은 웬일로 숯불이라도 들이부은 듯 두 눈알이 모진 아픔으로 활활 타들어 오는 것 같았다. 그리고 그때부터 그녀는 영영 앞을 못 보는 장님 신세가 되어 버리고 만 것이라 했다. 아비가 잠든 딸의 눈에 청강수(독성이 강한 염산)를 몰래 찍어 넣은 것이라 했다. …… 청강수로 눈을 멀게 하면 눈으로 뻗칠 사람의 정기가 귀와 목청 쪽으로 옮겨가 눈빛 대신 목청소리를 더욱 아름답게 만들어 준다는 것이었다.

딸의 눈에 염산을 찍어 바르는 아버지라니! 예술을 위해, 아름다움을 위해 이런 식의 희생을 치러야 하다니. 마침내 예술은 삶을 망각하게 되었다. 이것은 득음을 위해 절차탁마하는 것과는 차원이 다르다. 득음이란 궁극적으로 자신은 물론 타인들까지도 해방시킬 수 있을 때 가능한 것이지, 고행을 통해 신체를 무능력의 상태로 만드는 것과는 아무런 상관이 없다. 더구나 송화는 소리를 치열하게 수련하는 '과정에서' 눈을 잃는 것이 아니다. 일단 시력을 잃은 다음에 수련을 한다. 참으로 낯설고도 희한한 설정이다. 한이 무슨 보듬고 다니는 소유물도 아니고.

아니나 다를까. 이 모티브는 일본의 샤미센三味線 전설에서 차용한 것이라 한다. 샤미센 연주자들은 대개 맹인이라고 한다. 일본의 근대소설가로 탐미적 작품들로 유명한 다니자키 준이치로谷崎潤一郎의 소설 가운데 이와 비슷한 스토리가 있긴 하다. 하지만 거기서도 스스로 자기 눈을 뺏는 것이지 아비가 딸에게 이런 짓을 하진 않는다. 아무튼 조선의 미학을 한으로 표상하는 데 결정적 역할을 한 이가 야나기 무네요시라는 것과 그 한을 영상으로 옮긴 <서편제>가 일본식 설화에 젖줄이 닿아 있다는 것, 두 가지 사실이 왠지 기묘하게 맞물려 있는 느낌이다.

덧붙여 이 '맹인' 모티브에 하나의 의미를 더 추가할 수 있겠다. 창극이나 악극, 영화 따위처럼 시각을 극대화하는 상품예술과 단절하고자 하는 과격한 결단이라는 의미를. 시각을 포기함으로써 더 고고한 청각의 세계로 들어가고자 한 것이 아닐지. 뭐가 됐건 그것은 결국 '통속적 현실/고결한 예술'이라는 낭만적 이분법의 기반 위에서 예술가의 자의식이 극대화되는 과정에 다름 아니다. 그럼 이렇게 삶을 버리고 한의 공간에 유폐된 다음의 행로는 무엇인가?

"송화야 내가 니 눈을 그렇게 만들었다. 알고 있었제? 그럼 용서도 했냐? (쿨럭쿨럭) …… 이제부터는 니 속에 응어리진 한에 파묻히지 말고 그 한을 넘어서는 소리를 혀라. (쿨럭쿨럭) 동편제는 무겁고 맺음새가 분명하다면은 서편제는 애절하고 정한이 많다고들 하지. 허지만 한을 넘어서게 되면 동편제도 서편제도 없고 득음의 경지만 있을 뿐이다."

한을 강제로 심어 놓고는 다시 한을 넘어서라고? 이 지독한 역설의 의미는 또 무엇일까? 한을 넘어서면 다시 삶을 만나게 되는가? 그런 것 같지는 않다. 오히려 한의 지평보다 더 높은 초월적 세계로 날아오르게 된다. 그리고 일단 그 세계로 날아오르면, 그 다음엔 절대이 속되고 잡스런 지상 세계로 돌아올 수 없다. 처음 소리판에서 추방되어 길 위에 나섰을 때, 유봉의 식구는 넷이었다. 하지만 동호의어미가 아이를 낳다 죽어 버리자 셋이 되었다. 다시 동호마저 떠나자둘이 되었고, 마지막엔 결국 송화 홀로 세상을 떠돈다. 그 다음엔? 전설과 학이 되어 지상을 초월해 버린다! 그런 점에서 <서편제>의 후편이 <천년학>인 것은 얼마나 자연스러운 것인지.

'한'과 에로티시즘 – 지연 혹은 자학

"천 년에 남을 한국의 사랑이 세계의 하늘 위로 날아오르다." <서편제>의 속편이라는 <천년학>의 광고문구다. 영원과 불멸, 고유한 것과 세계적인 것 등이 이 한 문장에 두루 압축되어 있다. 물론 핵심은사랑이다. 한의 계보학에서 확인했듯이, 한이라는 정서와 님이라는메타포는 하나로 포개져 있다. 사랑과 그리움의 정서가 없는 한은 상상할 수 없다.

근대예술의 원천에 늘 에로티시즘이 자리하고 있는 건 그 때문이다. 중세미학에선 그렇지 않았다. 거기에는 예술의 대상과 배경은 자연이 먼저였기에 애욕의 문제는 부차적이었다. 그에 반해, 근대 예술의 장에선 자연과 우주가 사라지면서 원초적 본능, 곧 에로티시즘이 자연의 대체물이 되었다. 그러고 보면, 근대적 배치에서 예술과 삶을 잇는 끈은 에로티시즘이 전부라고 해도 무방하다.

이 영화 역시 그렇다. 영화적 서사는 득음을 향해 달려가는 과정과 오누이의 이루어질 수 없는 사랑, 그리고 아버지 살해라는 오이디푸스 콤플렉스가 오버랩되어 있다. 첫장면부터 소리꾼과 과부(동호의 어미) 사이의 질펀한 애욕으로 시작한다. 제 어미와 소리꾼 유봉의 정사 장면을 어린 동호가 멀뚱히 보고 있다. 참으로 '프로이트적인' 장면 아닌가. 그런가 하면 유봉은 스승의 애첩과 놀아나다 문하에서 쫓겨난 인물이다. 요컨대 유봉의 예술적 열정은 늘 사회적 금지의 선을 넘는 성애를 동반한다.(<천년학>에서는 동호와 창극단 여배우 사이의 진흙탕 같은 애욕이 영화의 전편에 배경으로 깔려 있다. 동호는 통속적 애욕과 고결한 사랑 사이를 오가며 몸은 늘 더러운 현실에 발을 담그고 있으면서도 마음은 언제나 순수하고 고결한 이상을 추구한다. 이런 식의 양분법 역시 예술에 대한 태도와 닮은 꼴이다.)

유봉과 송화의 관계 역시 만만치 않다. 둘은 부녀지간이면서 서로 극진히 사랑하는 사이다. 원작에 담겨 있는 성애적 분위기는 가능한 한 지워 버렸지만, 그럼에도 둘은 '운명적으로' 이어져 있다. 유봉에겐 소리와 송화가 분리되지 않는다. 송화가 있어야 소리의 세계를 지킬 수 있고, 소리가 있어야 송화를 옆에 둘 수 있다. 만약 소리가 아니었다면 동호를 향한 송화의 마음을 어찌 붙들을 수 있으랴. 아무튼 이런 식으로 유봉의 예술적 행로와 성애는 나란히 함께 간다. 그리고 그 에로티시즘엔 죽음의 그림자가 짙게 드리워져 있다. 스승의 애첩이 죽고, 동호의 어미가 죽고, 송화는 눈을 잃고. <천년학>에선 동호의 아내가 된 여배우가 노름과 마약에 빠졌다가 결국 정신병원에 갇힌다. 죽음충동과 에로티시즘의 결합! 근대예술이 가장 즐겨 다루는 모티브다.

동호와 송화의 사랑도 문제적인 건 마찬가지다. 둘은 서로 피가 섞이진 않았지만 남매로 자랐다. 하여 깊이 사랑하지만 사랑을 표현할 수 없는 사이다. 동호는 아비에 대한 증오와 소리에 대한 혐오로 송화를 떠나지만 평생 송화에 대한 그리움을 안고 산다. 무엇보다 이 영화의 전체 구조가 회상과 그리움의 형식을 취하고 있는 것이 그 뚜렷한 증거다. 송화 역시 동호가 떠난 후 늘 그를 기다린다. 한이라는 정서적 기제와 이들의 사랑법은 쌍둥이처럼 닮아 있다.

그리고 마침내 바닷가에 있는 한 초라한 주막에서 동호는 송화를 만난다. 둘은 밤새 소리로 정한을 풀어낸다. 소리는 그들에게 있어 열정을 교감할 수 있는 유일한 표현형식이다. 도중에 송화의 눈이 크게 떠지는 듯한 장면이 나오는 건 소리를 통해 서로를 충분히 알아보았다는 뜻이다. 하지만 둘은 그대로 헤어진다.

"그렇게도 기다리던 사람끼리 왜 서로 모른 척하고 헤어졌단 말인가?" (주막집 주인)

"한을 다치고 싶지 않아서였지요." (송화)

"무슨 한이 그렇게도 깊이 맺혔간디 풀지도 못하고 허망하게 헤어졌단 말이여." (주인)

"우린 간밤에 한을 풀어냈어요." (송화)

"어떻게?" (주인)

"지 소리하고 동생의 북으로요." (송화)

한을 다치고 싶지 않다? 한이라는 게 고이 간직해야 하는 무엇이라는 뜻인가? 한데 또 한을 풀어냈단다. 소리와 북으로. 그럼 한이 풀렸으면, 서로 재회의 기쁨을 나누어도 좋지 아니한가? 삶을 함께 향유해도 좋지 아니한가? 그러면 한이 다치게 된다고? 그래서 다시 한을 잘 보듬고 있기 위하여 모른 척 헤어졌다. 오, 이 한과 한으로 이어지는 무한연쇄의 고리!

요컨대 송화와 동호는 서로 보고 있으면서 보지 않는다. 만남이 이루어지는 순간, 만나지 못하는 데서 오는 그리움의 정조가 무너질까 봐, 지연 자체를 즐기고 있는 것이다. 만남의 무한지연! 그리고 보면, 만남을 끊임없이 지연시키면서 세상을 온통 그리움의 정서로 뒤덮고 있는 소월 시의 리듬과 여러 모로 닮아 있다. 기다림과 그리움, 설움과 한——따지고 보면, 이것은 일종의 자학적 구조에 해당한다. 말하자면, 사랑의 이름으로, 예술이라는 미명하에 자신의 신체와 삶을 계속 슬픔 속으로 밀어 넣는, 참으로 잔인한 구조.

하지만 이제 우리는 이렇게 물어야 한다. 대체 그런 예술은 무엇 때문에 하는가? 누가 그렇게 처절한 예술의 세계를 지키라고 명령했는가? 삶을 부정하는 예술, 슬픔을 통해서만 존재를 드러내는 예술. 대체 왜 이런 예술에 목숨을 거는가? 예술은 왜 기쁨을 표현하면 안 되는가? 니체도 말했듯이, 진정한 예술가란 고통과 불행조차도 기쁨으로 바꿀 수 있어야 하지 않는가? 하여, 야나기 무네요시의 미론에 대한 다음의 비판은 영화 <서편제>의 한과 예술에도 그대로 적용됨 직하다.

야나기 무네요시의 미론으로부터, 그리고 야나기의 궤도를 도는 모든 미론으로부터 나는, '전통'이라는 이름으로 자행되는, 미래적 비전에 대한 억압을 발견한다. 우리의 미담론에 깊숙이 침투해서, '우리의 미'를 언급하자마자 모든 사유를 마비시켜 버리는 '전통'의 폭력을. 따라서 야나기를 읽는 작업은 '우리의 미적 전통은 무엇인가'를 되묻는 것에서 끝나선 안 되며, 반대로 '미적 전통' 자체를 문제삼고 그것의 연속성을 '폭파'시키는 것으로까지 나아가야 한다. 문제는 '전통'을 두려워하거나 참고 견디는 것이 아니라, '전통'에 틈을, 균열을 내는 것이다. '우리의 미'가 무엇인가를 묻는 대신 '새로운 비전을 제시해 주는 미가 무엇인가'를 묻는 것이다. 채운, 「미에 복속되는 삶, 과거에 복속되는 미래: 야나기 무네요시와 근대 미美담론의 지형도에 대한 몇 가지 단상」(미발표 글)

에필로그 – <천년학>의 추락!

2002년 월드컵, 전 국민을 흥분시킨 응원가는 놀랍게도(!) '아리랑' 이었다. 한의 상징이자 설움의 표상이었던 '아리랑'이 승리와 감격, 투지와 열광, 곧 '다이내믹 코리아'를 표현하는 기적을 연출한 것이다. 마침내 한의 중력으로부터 벗어난 것인가? 그렇다. 이 사건이 상징적으로 보여 주듯이, 21세기 들어 한의 중력장은 상당 부분 해체되었다. 그와 더불어 한과 예술 사이의 은밀한 공모관계 또한 상당히 이완되었다.

IMF 경제위기 이후, 우리 사회가 신자유주의에 편입되면서 예술은 상품의 세계로 진입했다. 또 상품이 곧바로 예술이 되기도 한다. 요컨대, 예술과 상품의 경계가 사라져 버린 것이다. 근대예술이 취한 그간의 경로를 생각해 볼 때, 그러한 현상은 필연적 귀결이라 할 수 있다. 한마디로 자업자득이라는 뜻이다. 예술은 삶과 단절됨으로써 자신의 고매한 정체성을 지키려 몸부림쳤고, 바로 그런 희소성을 밑천 삼아 바야흐로 상품의 세계로 진입하게 되었다. 예술이 그러했듯이, 상품 역시 삶을 소외시키고 삶을 지배함으로써 자신의 가치를 높인다. 그런 점에서 우리 시대 예술과 상품은 '한통속'이다.

그렇다고 우리 시대가 '한의 주술'에서 완전히 벗어난 건 절대 아니다. 민족주의와 마찬가지로, 그것 또한 주기적으로 출몰한다. 특히 <겨울연가>, <가을동화>, <천국의 계단> 같은 통속 멜로물들을 통해서. 거기에서 사랑은 늘 처절한 비애와 죽음을 통해서만 자신을 증명한다. 한이 쌓이지 않으면 사랑은 순수하지도, 영원하지도 않다는 공식구가 여전히 반복되고 있다. 말하자면, 한의 정서 또한 철저히 '상품화의 경로' 속에서 소비되고 있는 실정이다.

2007년, <서편제>의 속편인 <천년학>이 나왔다. <서편제>의 뒷이야기가 아니라, <서편제>의 서사를 여러 측면에서 변형하고 첨가한 새로운 버전이다. 각종 매체들의 열화 같은 찬사와 임권택 감독을 존경하는 영화계 후학들의 열렬한 지지에도 불구하고 흥행에는 완벽하게 참패했다. 작품의 구도와 시나리오의 측면에서 보면, <천년학>은 <서편제>보다 절대 뒤떨어지지 않는다. 아니, 어떤 점에선 훨씬 완숙하고 노회하다. 하지만 관객들이 공감하기엔 '미적 배치'가 너무 낡아 버렸다. 관객들은 이제 소리와 한, 전통 그 자체에 몰입하지 않는다. 그것들이 지금, 여기의 '상품적 욕구'와 결합해야만 비로소 반응하기 시작한다. 월드컵 때 아리랑이 그랬고, 2007년에 나온 드라마 <태왕사신기>가 그랬던 것처럼. <서편제>가 나온 1993년과 <천년학>이 나온 2007년, 그 15년 사이에 우리 사회의 물적 토대와 감성의 경로가 그만큼 달라진 것이다.

결국 근대예술은 학이 되어 날아오르지만, 그들을 기다리는 건 드넓은 창공이 아니라, 상품화라는 블랙홀이다. 고로, <천년학>의 추락이 한과 예술의 공모하에 삶을 소외시킨 표상체계의 필연적 귀결이라고 하면 너무 잔인한 평가일까?

예술이여, '평상심'과 접속하라!

나는 자타공인 '반미주의자'다. 미제국주의에 저항한다는 뜻에서의
반미가 아니라, 미美, 다시 말해 예술적인 것에 저항한다는 뜻에서의
반미다. 그렇다고 거창하게 행동을 조직하는 건 아니고, 그저 예술이
나 예술적인 것들과는 가급적 멀리 떨어져 있으려는 정도에 불과하
다. 적어 놓고 보니 참, 쑥스럽고 민망하기 짝이 없다.

내가 이렇게 남사스러운 이념(?)의 수호자가 된 데는 나름의 곡
절이 있다. 2004년 가을, 잠시 미국에 체류했을 때였다. 겨울쯤엔가
뉴욕, 보스턴, 시카고로 이어지는 긴 여행을 하게 되었다. 그때 동행
한 분들 가운데 소위 예술가들이 포함되어 있었다. 그러다 보니 본의
아니게 각 도시별로 미술관 관람이 여행의 주요일정이 되고 말았다.
강원도 산골에서 보낸 어린 시절, 책이라곤 만화밖에 없어 날마다 만
화에 빠져 만화 그리기에 몰두한 것 말고는 평생 미술과는 아예 담을
쌓고 살았던 무지렁이인지라 미술관 관람을 한다는 것 자체가 문화
적 충격이었다. 놀라웠다. 세상에 그렇게 많은 미술관들이 있을 줄이
야. 또 미술관에 드나드는 사람이 그렇게 많을 줄이야.

솔직히 나는 그때까지 미술관이라는 존재를 거의 의식하지 못
한 채 살아왔다. 미술관이란 그저 특별한 취향을 가진 극소수의 사람
들이 가끔씩 여가로 드나드는 곳이려니 했던 것이다.(나의 무지함을
용서하시라!) 하지만 모든 미술관은 도시의 요충지(!)에 자리 잡고 있

었을 뿐 아니라, 미술관 자체가 최고의 예술작품이었다. 시카고 같은 도시는 도시 자체가 세계적인 예술가들의 작품이라고 했다. 나는 미술이 현대예술의 중심이라는 것, 미술이야말로 현대 도시문화의 중심이라는 걸 그제서야 실감하게 된 셈이다. 한마디로 나는 도시문명 전체를 미적으로 가공하는 '예술본색'을 보았다고나 할까.

그것은 분명 충격이었다. 하지만 그것은 감동적 울림과는 거리가 멀었다. 감동은 낯선 세계로 진입하게 하는 힘인데, 충격은 정확히 그 반대의 벡터를 지닌다. 본색을 확인하는 순간, 도주하고 싶어진 것이다. 게다가 미술관 안에 있는 현대미술품들을 감상하게 되면서 그런 저항감은 더더욱 심화되었다. 다 그런 건 아니지만 대개의 작품들이 어둡고 기괴한 자의식에 감싸여 있었다. 처음엔 내가 워낙 미적 안목이 무지해서 그러려니 하고 꾹 참았다. 어떻게든 미적 안목을 길러 볼 참으로 안간힘을 써본 것이다. 하지만, 점점 미술관에 있는 것 자체가 힘들어졌다. 보면 볼수록 나 또한 신경질적이 되어가는 느낌이었다. 마침내 나의 인내력은 한계에 도달했다. 그 이후 나는 가능한 한 미술관 주변에는 가지 않으려고 온갖 잔머리를 다 굴렸다. 그때 동행자들이 내게 붙여 준 명칭이 다름 아닌 반미주의자였던 것.

그때 내가 본 현대예술은 두 가지 얼굴을 하고 있었다. 엄청난 스케일과 화려한 스펙터클로 도시의 판타지를 구성하는 것, 또 하나는 존재와 무의식의 탐구라는 미명하에 신경병리학적 자의식을 럭셔리한 색채와 추상적 선으로 표현하는 것. 이게 얼마나 무지한 견해인지는 알고 있다. 또 좀더 깊이 들어가면 더 심오한 세계가 있을 수도 있다. 예술사의 흐름이라든지 혹은 예술과 현대사상의 만남이라든지. 문제는 그런 탐구를 하고 싶은 욕망이 전혀 일어나지 않았다는 사실이다. 즉, 나는 어떤 감동도 받지 못한 것이다. 예술에 대해서는 모르지만, 감동에 대해서는 알고 있다. 감동이란 무엇인가? 그것은 욕망을 탈영토화시키고 재배치하는 힘이다. 그러므로 예술이 감동을 이끌어내려면 삶에 대한 교묘한 기술이 필요하다. 욕망의 배치란 삶의 기술에 다름 아니기 때문이다.

배고프면 밥을 먹고 목 마르면 물을 마시듯

"평상심이 도다." 지상에서 가장 기이한 텍스트 『벽암록』에서 선사들이 공통적으로 던지는 화두. 인간의 언어로 할 수 있는 모든 사유의 길을 끊고 백척간두로 몰아부친 다음, 그 절체절명의 상태에서 한 걸음을 내디디라고 한다. 그래야 비로소 도를 터득할 수 있다고. 도를 깨닫기 위해선 생사를 넘나드는 결단이 필요하다는 것이다. 그리고 나선 막상 도란 무엇이냐고 하면 배고프면 밥을 먹고, 목 마르면 물을 마시는 것과 같다고 한다. 이런 제길! 고작 개나 소나 다 하는 짓을 위해 생사를 넘고 일생을 다 건단 말인가? 뭔가 대단한 법력을 터득하여 생사를 오가는 직관력으로 사람들을 압도하는 능력을 얻을 줄 알았는데, 고작 밥 먹고 물 마시는 것이 다라니. 너무하잖아?

하지만 그렇지 않다. 그 엄청난 역설의 경지를 다 알 수는 없지만, 가장 위대한 것은 가장 평범한 것 속에 있다는 깊은 뜻은 어렴풋이 납득할 만하다. 그렇다. 누구나 밥을 먹고 물을 마신다. 하지만, 밥을 먹음과 물을 마심이 도라는 걸 아는 이는 없다. 만약 그것이 생사를 넘고 우주를 가로지르는 존재의 표현이라면, 그 심오한 뜻을 깨칠수 있다면, 밥을 먹고 물을 마시는 매일매일의 일상이 온통 존재의 충만감으로 넘치게 되지 않을까. 만약 그럴 수만 있다면, 그거야말로 삶의 가장 벅찬 경지가 아닐까.

예술 또한 이와 다르지 않으리라. 예술은 분명 치열한 수련을 필요로 한다. 때론 존재를 다 건 사투를 벌이기도 한다. 예술작품에서 감동을 맛보는 건 바로 그런 특별한 내공 덕분이다. 마르셀 프루스트 Marcel Proust가 말했듯이 "우리는 오로지 예술을 통해서만 우리 자신으로부터 벗어날 수 있다. …… 예술 덕분에 우리는 하나의 세계, 즉 자신의 세계만을 보는 것이 아니라 세계가 증식하는 것을 보게 된다." 나는 예술을 통해서만 그럴 수 있다는 데는 동의하지 않는다. 하지만 예술이 분명 그런 힘을 가지고 있다는 건 인정한다. 그러나 그러기 위해선 존재를 걸고 생사를 넘는 치열한 수련과정을 거치되 반드시 삶의 표면, 일상의 곳곳에 들러붙어야 한다.

평범한 일상과 유리될 때 예술은 둘 중 하나가 된다. 무용하거나 위험하거나. 일상을 벗어나 상품의 세계로 가는 것, 그것은 무용하다. 아니, 나쁜 것이다. 거대한 자본의 힘을 업고 사람들에게 예술의 기준을 강요하고 감동을 인위적으로 강요할 테니까. 아니, 그것은 이미 그것은 예술이 아니라, 자본과 상품의 세계다. 지금 우리의 삶 주변을 물 샐 틈 없이 장식하고 있는 자본으로서의 예술을 보라. 너무나 매혹적이고 너무나 멋지지 않은가. 예술과 자본의 경계는 이미 사라진 지 오래다. 다른 한편, 그런 흐름에 포획되지 않을 경우 대개는 고독한 광기와 자의식의 세계로 들어앉는다. 그것은 위험하다. 예술가들에게서 느껴지는 괴팍함, 세상의 고뇌를 다 짊어진 듯한 번민, 고독에서 오는 병리적 증상 등이 그런 것이리라. 마치 그것이 예술가의 표징인 양 전제하기도 한다. 그래서 뭔가 기괴하고 특별해야만 감동을 끌어낼 수 있다고 보는 발상. 따지고 보면 이런 한심한 전제도 없다. 병에 휘둘리는 사람이 만들어 내는 예술이 어찌 삶의 깊은 감동을 이끌어 낸단 말인가. 니체가 말했듯이, 진정 건강한 사람은 병과 고통까지도 삶의 행복으로 바꾸는 능력이 있다고 했다. 실제로 위대한 예술가들은 어떤 고통 속에서도 행복을 만들어 냈고, 그들이 주는 깊은 울림은 거기에서 비롯한 것이다.

요컨대 자본과 영합하여 화려한 상품이 되거나 아니면 자기만의 고독한 성채 속에서 병리적 자의식으로 무장하거나. 둘은 모두 예술의 죽음으로 이어질 것이다. 왜? 삶이 증발된 곳에 예술 또한 존재할 이유도, 명분도 없을 테니까. 이 둘 모두를 벗어나려면 예술은 일상과 네트워킹해야 한다. 아니, 무엇보다 예술가들은 삶을 사랑하고 사람들과 네트워킹하는 법을 배워야 한다. 예술가의 직관력과 감성은 사람들과 분리되는 능력으로서 존재해서는 안 된다. 거꾸로 사람들을 엮어 주고 사람들 사이에 전혀 다른 기운을 불어넣는 능력으로 변환되어야 한다. 그리하여 예술가들의 작업장은 사람들의 웃음소리,

떠들썩한 수다, 풍성한 음식으로 가득해야 한다. 일상으로부터 벗어나는 것이 아니라, 더 많은 더 풍요로운 일상을 펼칠 수 있어야 한다. 그런 점에서 예술가는 예술작품을 만드는 존재가 아니라, 삶을 전혀 낯선 것으로 이끄는 코뮌적 리더가 되어야 한다. 그가 있는 곳은 어디든 사람들이 들끓고, 그로 인해 새로운 관계가 만들어져야 한다. 그런 예술이라면 나는 기꺼이 반미주의라는 이념을 포기할 용의가 있다. 그러므로, 예술이여, 부디 폼과 특이함으로 사람들을 휘어잡으려 하지 말고, 평상심과 접속하라! 배고프면 밥을 먹고 목 마르면 물을 마시듯, 예술을 먹고 마실 수 있도록.